अंबेडकर

मिनिआपोलिस, यू.एस.ए. में जन्मी, गेल ओमवेट अब भारतीय नागरिक हैं। इन्होंने कैलिफ़ोर्निया स्थित बर्कले विश्वविद्यालय से समाजशास्त्र में पी.एच.डी. प्राप्त की है और 1978 से महाराष्ट्र के कासेगांव में अपने पति भरत पाटणकर के साथ निवास कर रही हैं। वे नेहरू मेमोरियल म्यूज़ियम में सीनियर फ़ैलो रह चुकी हैं। इन्होंने कई महत्वपूर्ण पुस्तकें लिखी हैं जिनमें से अधिकांश अर्थशास्त्र व समाजशास्त्र पर हैं।

वे इन दिनों अपने पति के साथ मराठी से अंग्रेज़ी अनुवाद कार्य करने में रत हैं।

डॉ. पूरनचंद टंडन दिल्ली विश्वविद्यालय में हिंदी विभाग के विभागाध्यक्ष हैं। वे अनेक वर्षों से अनुवाद सिद्धांत व व्यावहारिक अनुवाद से जुड़े हैं।

अंबेडकर

प्रबुद्ध भारत की ओर

गेल ओमवेट

अनुवाद
डॉ. पूरनचंद टंडन

पेंगुइन बुक्स
पेंगुइन रैंडम हाउस इम्प्रिंट

पेंगुइन रैंडम हाउस
यूएसए | कनाडा | यूके | आयरलैंड | ऑस्ट्रेलिया | सिंगापुर
न्यू ज़ीलैंड | भारत | दक्षिण अफ्रीका | चीन

पेंगुइन रैंडम हाउस इंडिया प्रा. लि.,
चौथी मंजिल, कैपिटल टावर -1, एम जी रोड,
गुड़गांव-122002, हरियाणा, भारत

पेंगुइन
रैंडम हाउस
इंडिया

अंग्रेज़ी का प्रथम संस्करणः पेंगुइन बुक्स इंडिया, 2003
हिंदी का प्रथम संस्करण पेंगुइन बुक्स इंडिया, यात्रा बुक्स द्वारा प्रकाशित, 2005

कॉपीराइट © गेल ओमवेट, 2003, 2005

सर्वाधिकार सुरक्षित

10 9 8 7 6 5 4 3 2

ISBN 9780144001613

टाइपसेटः आकृति प्रिंटोग्राफिक्स, नई दिल्ली

मुद्रक : मणिपाल टेक्नॉलजीस् लिमिटेड, भारत

www.penguin.co.in

MIX
Paper | Supporting responsible forestry
FSC® C043100

This is a legitimate digitally printed version of the book and therefore might not have certain extra finishing on the cover.

प्राची को, भारतीयों, भारतीय-अमेरिकियों तथा अमेरिकियों की अन्य सभी युवा पीढ़ियों को समर्पित, जो अंबेडकर को आधुनिक भारत के महानतम नेताओं में देखना, और जाति एवं ब्राह्मणवाद से निपटने के लिए संघर्ष करना सीख रहे हैं।

विषय सूची

आभार

मैं उन सब व्यक्तियों का धन्यवाद करती हूं जिनके सहयोग, प्रेरणा तथा जिनके द्वारा उपलब्ध करवाई गई जानकारियों के आधार पर डॉ. बी.आर. अंबेडकर की लघु जीवनी का लिखा जाना संभव हो सका। भारत के इस महानायक को समझने तथा उनके बारे में लिखने में वर्षों लग गए।

मैं दलित तथा अंबेडकर संबंधी अध्ययन के क्षेत्र में अग्रणी रहे एलियानोर ज़ेलियॅट का धन्यवाद करती हूं जिन्होंने अपार सूचनाएं उपलब्ध करवाईं और जिनका सुझाव तथा सहयोग मुझे तथा अन्य लोगों को भी निरंतर मिला। मुझे जी. अलोयसिअस, कांचा इलिया, एस.के., विमल थोराट, नरेंद्र जाधव, पी. जोगदांद तथा एस.एम. माइकल जैसे विद्वानों से विचार-विमर्श करने तथा उनके सेमिनारों में शामिल होने से काफ़ी कुछ सीखने को मिला। मैं सुरेंद्र जोंधाले की विशेष रूप से आभारी हूं जिनके साथ वर्षों का वाद-विवाद, चर्चा तथा मित्रता का संबंध रहा। मुझे 1998 में 'रिकंस्ट्रक्टिंग द वर्ल्ड : अंबेडकर्ज़ बुद्धिज़्म' विषय पर महत्वपूर्ण गोष्ठी में भी भाग लेने का मौक़ा मिला। दिसंबर 2002 में 'कास्ट एंड मेंटल डिस्कोर्सिज़' विषय पर सुश्रुत जाधव तथा अन्य प्रतिभागियों के विचार सुनने का मौक़ा मिला, जातिगत भेदभाव के मनोवैज्ञानिक आघात जैसे महत्वपूर्ण पहलू पर इन्होंने प्रकाश डाला है—अंबेडकर को भी यह आघात झेलना पड़ा था। मैं पुणे के त्रैलोक्य बौद्ध महासंघ के लोकमित्र तथा अन्य कार्यकर्ताओं को भी धन्यवाद देना चाहूंगी जिन्होंने अंबेडकर तथा बौद्धधर्म दोनों ही विषयों

पर सहयोग प्रदान किया। साथ ही शरद पाटिल, वसंत तथा मीनाक्षी मून का भी मैं आभार व्यक्त करती हूं जो वर्षों से मुझे मानसिक शक्ति व प्रेरणा प्रदान करते रहे हैं।

प्रस्तुत पुस्तक में मैंने पूर्व में किए अपने शोध-कार्यों से मदद ली है जो पुस्तकों के रूप में उपलब्ध हैं और जिनका नाम है 'रीइंवेंटिंग रिवोल्यूशन : न्यू सोशल मूवमेंट्स एंड द सोशलिस्ट ट्रेडिशन इन इंडिया (1993), दलित्स एंड द डेमोक्रेटिक रिवोल्यूशन (1994) और बुद्धिज़्म इन इंडिया : चैलेंजिंग ब्राह्मणिज़्म एंड कास्ट (2003)। इस पुस्तक को लिखने में विभिन्न स्रोतों से होने वाली आय का योगदान है जिसमें पुणे विश्वविद्यालय में पंद्रह महीने का अध्यापन, भुवनेश्वर के नेशनल इंस्टीट्यूट फ़ॉर सोशल वर्क एंड सोशल साइंसेज़ (एन.आई.एस.डब्लू.ए.एस.एस.) में छह महीने का अध्यापन, जाति तथा 'अंबेडकरिज़्म फ़ॉर द हिंदू' से जुड़े विषयों पर लेखन से आमदनी शामिल है। इन अनुभवों ने मेरे विचारों को प्रेरित किया और शोध-कार्य संपन्न हो सका। मैं पुणे विश्वविद्यालय के एस.एम. दहिवाले, राम बापट, गोपाल गुरु तथा अन्य सहयोगियों और एन.आई.एस.डब्लू.ए.एस.एस. के राजकुमार, आर.के. नायक तथा रामाश्रय रॉय को भी धन्यवाद देती हूं। 'हिंदू' के एन. रवि तथा मालिनी पार्थसारथी के प्रति भी मैं कृतज्ञता व्यक्त करती हूं, जिन्होंने दलित आंदोलन से जुड़े वर्तमान एवं पूर्व के विषयों पर लेखन तथा चर्चा के प्रकाशन हेतु मंच उपलब्ध करवाया।

अंबेडकर ने दलित आंदोलन को दिशा और दशा प्रदान करने के लिए संघर्ष किया। दलित आंदोलन महाराष्ट्र तक ही सीमित न था और इसमें केवल अंबेडकर का ही योगदान न था। लेकिन यह सत्य है कि उन्होंने प्रतिकूल स्थानों पर प्रतिकूल परिस्थितियों में आंदोलन को नेतृत्व प्रदान किया। वह प्रतिकूलता आज भी बनी हुई है। तमिलनाडु के दलित आंदोलन को समझ पाने में अंटोनी राज, डॉ. कृष्णास्वामी, थोल थीरूनावालन और रवि कुमार के सहयोग के लिए धन्यवाद करना चाहूंगी, जबकि एल.एस. बैले, डॉ. अमर सिंह, जी.एस. बाल तथा अन्य लोगों को भी धन्यवाद करती

हूं जिन्होंने पंजाब के दलित आंदोलन को समझने का मौक़ा दिया। उसी प्रकार रॉस मलिक को भी मेरा धन्यवाद है जिन्होंने बंगाल के नामशूद्र आंदोलन के बारे में उदारतापूर्वक सामग्री उपलब्ध करवाई और उस आंदोलन को समझने में सहायता की। मैं बोज्जा थाराक्कम, वी. लक्ष्मीनारायण और अन्य मित्रों के प्रति भी अपना आभार व्यक्त करती हूं जिन्होंने ग़ैर महाराष्ट्रीय क्षेत्रों में इस प्रकार के आंदोलन के बारे में महत्वपूर्ण जानकारियां दीं।

पुस्तक लेखन के दौरान 'बुद्धिस्ट सर्कल' से जुड़े मित्रों का तत्काल सहयोग मिला। यह दलितों द्वारा चलाया जाने वाला एक याहू ग्रुप है जिसका केंद्र दिल्ली में है। इन लोगों से तकनीकी तथा बौद्धिक दोनों प्रकार का सहयोग मिला। इसमें कंप्यूटर पर उपलब्ध सामग्री, पुस्तकें, अंबेडकर से जुड़े वे तमाम संदर्भ शामिल हैं जो मुझे सहजता से नहीं मिल सके थे। मैं इसके लिए मंगेश दहिवाले, धनराज, मीनाक्षी गेडम तथा संतोष एवं वसंत कुंज के सभी मित्रों का धन्यवाद करती हूं। साथ ही महेश सागर, शाक्य उमानाथन, बाबा सेवक तथा अन्य लोगों का भी धन्यवाद करती हूं। पिछले कुछ वर्षों में दलित वेबसाइट तथा ई-मेल के आदान-प्रदान में अभूतपूर्व वृद्धि हुई है। इस संदर्भ में विशेषकर मंगेश दहिवाले, के.पी. सिंह तथा सतीनाथ चौधरी द्वारा चलाए जाने वाले ग्रुप मेरे लिए अत्यधिक उपयोगी साबित हुए।

मैं इस पुस्तक के लेखन तथा संपादन के दौरान नेहरू मेमोरियल म्यूज़ियम तथा लाइब्रेरी में सीनियर फैलो थी। इस पुस्तक में मेरे प्रोजेक्ट 'पर्सपेक्टिव्स ऑफ़ द एंटी-कास्ट मूवमेंट ऑन सोशल-इकोनॉमिक डेवलपमेंट' के भी कुछ अंश लिंए गए हैं। मैं लाइब्रेरी स्टाफ़ का भी उनके अमूल्य सहयोग के लिए धन्यवाद करती हूं, साथ ही मैं अपने अन्य सहयोगियों विशेषकर ओ.पी. केजरीवाल का उदारतापूर्ण सहयोग तथा उत्साहवर्धन के लिए धन्यवाद करती हूं।

मैं प्रकाश अंबेडकर के प्रति भी आभार व्यक्त करती हूं जिन्होंने डॉ. अंबेडकर की पुस्तकों से अंशों को उद्धृत करने की अनुमति प्रदान की और अन्य सहयोग भी किया।

मैं अपने परिवार के सदस्यों भरत, इंदुताई तथा ज्योति का भी धन्यवाद किए बिना नहीं रह सकती, जिन्होंने पुस्तक-लेखन के दौरान धैर्य और सहयोग का परिचय दिया। मैं भरत के प्रति विशेष आभार व्यक्त करती हूं जिनका बहुमूल्य समय मुझे वर्षों से मिलता रहा है।

प्रस्तावना

भारत में गत सहस्राब्दी के ऐतिहासिक पुरुषों में भीमराव रामजी अंबेडकर की प्रतिमाएं ही सर्वाधिक संख्या में देखने को मिलती हैं। उनकी प्रतिमाएं पूरे देश में सभी गांवों, चौक-चौराहों, शहरों के दलित बहुल क्षेत्रों, शैक्षणिक तथा सरकारी प्रतिष्ठानों में लगी मिलेंगी। अंबेडकर अपनी प्रतिमा में हृष्ट-पुष्ट, पश्चिमी कोट-पैंट पहने, टाई लगाए और बांह में पुस्तक दबाए दिखते हैं। यह पुस्तक भारत का संविधान है। रूस में साम्यवादी दौर की समाप्ति और लेनिन की प्रतिमाओं को उखाड़ फेंके जाने की घटना और साथ ही चीन में माओ के मान-मर्दन की घटनाओं के पश्चात भारत के कोने-कोने तथा भारत के बाहर भी अंबेडकर की प्रतिमा एक दलित नेता के स्मारक के रूप में शोभायमान होती हैं।

भारत में हाल के वर्षों में इन प्रतिमाओं की भूमिका राजनीतिक महत्व को रेखांकित करने में रही है। उनकी मूर्तियों को स्थापित करना गौरव की बात मानी जाती है। विरोधियों को भी इन मूर्तियों पर चप्पल की माला डाल कर दलित-उत्थान के प्रति विरोध जताने में गौरव प्राप्त होता है। इसके परिणामस्वरूप दंगे भी भड़के हैं और पुलिस को गोली भी चलानी पड़ी है। एक बात स्पष्ट है कि 'झंडे और प्रतिमाओं' की राजनीति में दलितों ने अंबेडकर को दुनिया के शीर्ष पर ला दिया है।

उनके हाथ में संविधान की प्रति इस बात का प्रतीक है कि अंबेडकर

सिर्फ़ दलितों और समस्त दबी-कुचली जातियों के नेता नहीं थे, बल्कि वे एक राष्ट्रीय नेता थे, लेकिन वे उन अभिजात्य राष्ट्रवादी नेताओं से भिन्न थे जिन्होंने ब्रिटिश औपनिवेशिक शासन के ख़िलाफ़ संघर्ष किया था। अंबेडकर का राष्ट्रवाद उनके जीवन के समस्त कार्यों में परिलक्षित होता है—चाहे उनके विभिन्न राजनीतिक दलों का कार्यक्रम हो, राजनीतिक निर्णय हो, या फिर जातिगत समस्या, मुस्लिम समस्या, अल्पसंख्यकों की समस्या, पाकिस्तान के सृजन अथवा महिलाओं की समस्या पर उनके द्वारा लिखित पुस्तक अथवा लेख हों अथवा लोकतांत्रिक स्वतंत्र भारत के निर्माण में उनकी भूमिका हो। भारत के योजना निर्माण में उनकी भूमिका महत्वपूर्ण थी, साथ ही सिंचाई तथा ऊर्जा नीतियों के निर्माण में भी उनकी भूमिका कम नहीं आंकी जा सकती है। कॉलेजों तथा शैक्षिक संस्थाओं की स्थापना में उनके तथा अन्य जाति-विरोधी नेताओं के योगदान से यही तथ्य उभर कर सामने आता है कि मुक्ति का साधन शिक्षा ही है। भारत की संविधान समिति की अध्यक्षता की महत्वपूर्ण ज़िम्मेदारी निभाने के बाद वे स्वतंत्र भारत के प्रथम विधिमंत्री बने। विधिमंत्री के रूप में उनका सर्वाधिक महत्वपूर्ण कार्य हिंदू कोड बिल तैयार करना था। यह स्वतंत्र भारत में महिलाओं के स्वतंत्रता संबंधी अधिकारों का महत्वपूर्ण दस्तावेज़ है। उनके सारे प्रयास एक ऐसे राष्ट्रवाद को रेखांकित करते हैं जो न केवल राजनीतिक स्वतंत्रता सुनिश्चित करने वाला है, बल्कि इसमें राष्ट्र-निर्माण, सामाजिक समानता तथा उस समाज के एकीकरण का प्रयास भी हुआ है जो युगों-युगों से जाति तथा वर्ण व्यवस्था का शिकार रहा है।

जहां तक गांधी का प्रश्न है उनका नाम आज भी पूरी दुनिया में शांति और अहिंसा के दूत के रूप में लिया जाता है, लेकिन भारत के पद-दलित, शोषित वर्ग का प्रतिनिधित्व अंबेडकर ही करते हैं। वे समानता तथा हेतुवाद के युग की शुरुआत के प्रतीक हैं। वे जिस वर्ग की वकालत करते थे उसकी तुलना अफ्रीका-अमेरिका तथा अन्य जगहों के शोषित वर्गों, जापान के पूर्व अछूतों बुराकूमीन तथा एशियाई समाज के बौद्धों

से की जा सकती है जिन्होंने अपने धर्म के पारंपरिक ताने-बाने के भीतर 'लिबरेशन थियोलॉजी' का प्रावधान कर रखा है और वे सभी मुक्ति के नए मार्ग की तलाश में हैं।

भारत में अंबेडकर को अक्सर गांधी की तुलना में रखा जाता है, यह विरोध दोनों के चित्रांकन में मुखर होता है। गांधी धोती पहने आमतौर पर चरखा चलाते दिखाई पड़ते हैं। इस दृश्य में उनका भारत के गरीबों से तादात्म्य नज़र आता है। वे पारंपरिक भारतीय गांवों को गौरवमय दर्जा देते थे और धार्मिक जड़ता के पैरोकार थे। वहीं 'पश्चिमी' पोशाक पहने अंबेडकर युगों की धरोहर पर दलितों का दाबा ठोकते नज़र आते हैं, वे ब्राह्मणवादी तथा अन्य संकीर्ण सांस्कृतिक राष्ट्रवाद तथा उस आधुनिकता को अस्वीकार करते हैं जो आज भी भारत की उदात्त परंपराओं को चहुंदिश आलोकित कर रही है। यदि गांधी 'बापू' अर्थात समाज के पिता थे—उस समाज के जहां उन्होंने 'हिंदू' ढांचे को बरकरार रखते हुए समानता सुनिश्चित करने का प्रयास किया था तो अंबेडकर अपने लोगों के 'बाबा' थे—एक महान मुक्तिदाता—जो स्थापित ढांचे से मुक्ति चाहते थे। अंबेडकर की सिर्फ़ गांधी से तुलना पर दलितों को बड़ा एतराज़ है। वे अंबेडकर को अंतरराष्ट्रीय व्यक्तित्व मानते हैं जिनकी तुलना सही मायनों में मार्क्स से की जा सकती है। गांधी के संघर्ष का ध्येय ब्रिटिश राज से मुक्ति दिलाना था जबकि अंबेडकर का संघर्ष कहीं बड़ी मुक्ति के लिए था। वे शोषण तथा दमन से मुक्ति के लिए लड़े। उन्होंने स्वयं कहा कि वे मार्क्स की तरह दार्शनिक नहीं हैं जिन्होंने दुनिया की मान्यताओं को पुनर्परिभाषित किया था, बल्कि वे उन लोगों के नेता हैं जो दुनिया का पुनर्निर्माण चाहते थे, वैसी दुनिया का जहां शोषण की गुंजाइश न हो। समाज परिवर्तन के इस आयाम को अन्नाभाऊ साठे ने अपनी कविता में सुंदर शब्दों में पिरोया है। साठे एक दलित नेता थे और आजीवन भारतीय कम्युनिस्ट पार्टी के सदस्य रहे। कविता की एक पंक्ति इस प्रकार है : विश्व को बदलने के लिए क्रांति लानी होगी, प्रस्थान करते हुए अंबेडकर ने कहा – 'स्ट्राइक ए ब्लो टु चेंज द वर्ल्ड, सो अंबेडकर टोल्ड ऐज़ ही लेफ़्ट...' अंबेडकर

'वर्ग' हीनता की भूमिका के मुद्दे पर मार्क्स से दीगर राय रखते थे। साथ ही शोषण की प्रक्रिया में ग़ैर-आर्थिक ढांचे, आध्यात्मिकता तथा दर्शन के महत्व एवं दासता को बरकरार रखने और स्वतंत्रता हासिल करने के तौर-तरीकों पर दोनों में विभेद नज़र आता है। अंबेडकर को अपने प्रश्नों का हल बौद्ध सिद्धांतों में मिल जाता है। इसमें लोगों की सहमति-असहमति हो सकती है, लेकिन उनके द्वारा उठाए गए मुद्दे सभी प्रकार के मुक्ति आंदोलनों के लिए प्रासंगिक प्रतीत होते हैं।

भारत के सर्वाधिक गरीब, अछूत पद-दलित वर्ग में पैदा हुआ यह व्यक्ति स्वतंत्र भारत का निर्माता और नई सहस्राब्दी में नए मुक्ति आंदोलन का किस प्रकार प्रणेता बना; इस पुस्तक में हमने यही बताने की कोशिश की है।

एक

'शिक्षा के बिना... शूद्रों का विनाश हो जाता है'

अस्पृश्य समाज की शिक्षा

शिक्षा के अभाव में ज्ञान का लोप हो जाता है, ज्ञान के अभाव में विकास का लोप हो जाता है, विकास के अभाव में धन का लोप हो जाता है, धन के अभाव में शूद्रों का विनाश हो जाता है।

—ज्योतिराव फुले (1890)

कोलंबिया विश्वविद्यालय से कला निष्णात और अर्थशास्त्र वाचस्पति की उपाधि; लंदन स्कूल ऑफ़ इकोनॉमिक्स एंड पॉलिटिकल साइंस से अर्थशास्त्र में विज्ञान निष्णात और विज्ञान वाचस्पति; लंदन के ग्रेज़ इन से बैरिस्टर एट-लॉ—किसी भी व्यक्ति के लिए इतनी सारी उपाधियां प्राप्त करना बड़ी उपलब्धि है। परंतु उन्नीसवीं सदी के अंतिम दौर में भारत जैसे औपनिवेशिक देश के एक छोटे से ग्रामीण कस्बे में पैदा होने वाले एक अछूत व्यक्ति के लिए यह सब हासिल कर लेना और भी बड़ी उपलब्धि है। इस उच्च शिक्षा के कारण ही भीमराव रामजी अंबेडकर को भारत में बढ़ते दलित आंदोलन को नेतृत्व प्रदान करने में सहयोग मिला। उनकी सफलता में अनेक कारणों का सुसंयोग रहा जिनमें ब्रिटिश औपनिवेशिक शासन द्वारा गतिशीलता का खोला जाना, कतिपय तरक्की पसंद, दूरदर्शी, धनाढ्य तथा उच्च जाति के सामाजिक सुधारकों की मदद, उनके परिवार के सदस्यों का त्यागपरक सहयोग तथा उनकी स्वयं की सहिष्णुता तथा दृढ़-निश्चय शामिल हैं।

उनकी सफलता का प्रमुख स्रोत उनका परिवार ही था। अंबेडकर का जन्म मध्य भारत के एक छोटे से शहर मऊ में एक अछूत परिवार में 14 अप्रैल 1891 को हुआ था। उनके परिवार का सैन्य-सेवा से संबंध था। वे महार जाति के सदस्य थे। महार जाति भारत की अधिसंख्य अछूत जातियों में शामिल है। महाराष्ट्र में इनकी संख्या सबसे अधिक है और इस संदर्भ में वहां एक प्रचलित कहावत है—'जहां भी गांव है वहां महरवाड़ा है'। 'महार' गांवों में नौकर का काम करते थे जो प्रायः गांव के प्रमुख लोगों, राजनीति से जुड़े उच्च लोगों तथा दबदबे वाले लोगों की सेवा करते थे। सेवा के एवज़ में उन्हें छोटे भूखंड मिलते थे। वे कृषक मज़दूर के रूप में भी काम किया करते थे। राज्य के कुछ हिस्सों विशेषकर पूर्वी महाराष्ट्र में कुछ महारों के पास अच्छी ख़ासी भूमि थी, कई तो धनी कृषक बन चुके थे और कइयों की ज़मींदारी भी थी। बंबई तथा नागपुर दोनों स्थानों पर उपनिवेशवाद की अवधि के दौरान कपड़ा मिलों में महार जाति के कामगारों का अनुपात अत्यधिक था (बंबई में लगभग 20 प्रतिशत तथा नागपुर में लगभग 40 प्रतिशत)।

महाराष्ट्र में सोलहवीं तथा सत्रहवीं सदी से ही दलितों के सेना में जाने की परंपरा रही है। महार तथा मांग (उस क्षेत्र की एक अन्य अधिसंख्य अछूत जाति) भारत की लड़ाकू जातियां रही हैं जो सेना में सिपाही अथवा कहीं-कहीं स्क्वाड्रन लीडर के रूप में कार्य करती रही हैं। कहीं-कहीं उन्हें किलों अथवा गार्ड-पोस्टों का प्रमुख बना दिया जाता था। आठवीं तथा नौवीं सदी के शुरुआती दौर के दौरान ब्रिटिश सरकार द्वारा अछूत समुदाय के इन लोगों की भारतीय सेना में अधिक से अधिक संख्या में नियुक्ति की गई जिससे इन लोगों को जीवन के एक नए स्तर का पता चला। अंबेडकर के दादा मलोजी सैन्य सेवा में थे और अंबेडकर के पिता रामजी (जिनका जन्म 1848 में हुआ था), मऊ सैनिक स्कूल के प्रभारी सूबेदार-मेजर थे। 1893 में सेना में अछूतों की भर्ती बंद कर दी गई। अछूतों को 'लड़ाकू जाति' का दर्जा नहीं दिया जा सकता। इस सिद्धांत से जाति-जागरूकता

को और हवा मिली। इस समय तक परिवर्तन का बीज बोया जा चुका था।

महार जाति की धार्मिक-सांस्कृतिक परंपराएं थीं जिनके कारण वे लोग ग्रामीण समुदायों की परंपराओं से व्यापक रूप से जुड़े थे। शायद यही कारण था कि उनमें समानता तथा स्वतंत्रता की अपेक्षाएं बलवती रूप से प्रकट हुईं। उनमें से कुछ वरकारी थे जो विथोबा संप्रदाय के अनुयायी थे। यह संप्रदाय महाराष्ट्र के मुख्य भक्ति आंदोलन का संवाहक था। कुछ महार महानुभाव थे। यह संप्रदाय और भी पुराने समतावादी आंदोलन का हिस्सा था। इस जाति के कुछ लोग घुमक्कड़ भिक्षु थे और देश में मिलने वाली ब्राह्मणिक, ग़ैर-ब्राह्मणिक एवं मुस्लिम परंपराओं को मिला जुला कर उच्चारण किया करते थे। रामजी कबीर के अनुयायी थे और कबीर पंथ की पूजा-प्रार्थना व अनुष्ठानों का पालन करते थे। वे शाकाहारी थे और मदिरा-धूम्रपान से परहेज़ करते थे। अंबेडकर के एक चाचा संन्यासी थे और गोसावी पंथ को मानने वाले थे। 1879 में उनकी अंबेडकर के माता-पिता से अकस्मात भेंट हुई और तब उन्होंने कहा था कि उनके परिवार में एक महान व्यक्ति पैदा होगा जो दबे-कुचले लोगों का दुख-दर्द दूर करेगा।

रामजी और उनकी पत्नी भीमाबाई की चौदह संतान हुईं। उनमें से सात की मृत्यु शैशवावस्था में ही हो गई। यह उस समय के लिए आम बात थी। भीम चौदहवां बालक था जिन्हें भीवा भी पुकारा जाता था। शुरू से ही वे महान बालक के रूप में देखे जाने लगे। वे लाड़-प्यार में बिगड़े बालक थे। वे जैसे-जैसे बड़े हुए उनकी छवि ज़िद्दी व लड़ाकू बालक के रूप में बन गई जो अक्सर अपने सहपाठियों से लड़ते रहते थे। किसी भी खेल में उन्हें हारना गवारा न था। उनकी ज़िद की यह आदत आजीवन बनी रही। हालांकि उनका व्यवहार प्रायः संयमित होता था, फिर भी वे कई बार भावना के अतिरेक में भी बह जाते थे। उनकी पहल जीत के लिए ही होती थी।

भीवा के जन्म के कुछ समय पश्चात ही उनका परिवार रत्नागिरि ज़िले के डपोली स्थान पर रहने लगा और 1894 में सतारा में बस गया जहां रामजी को लोक निर्माण विभाग में स्टोरकीपर के पद पर नियुक्त किया गया। वहीं उनके सबसे छोटे बेटे ने एक कैंप स्कूल में प्रारंभिक शिक्षा शुरू की और वर्ष 1900 में अंग्रेज़ी माध्यम के सरकारी हाई स्कूल में पहली कक्षा में दाख़िला पाया। इस स्कूल में उनका भीवा रामजी अंबेडकर के नाम से दाख़िला हुआ। उनके नामकरण के पीछे भी एक कहानी है।

उनका परिवार संकपाल था, लेकिन रामजी ने निम्न जाति को दर्शाने वाले उपनाम के स्थान पर पुश्तैनी गांव के नाम का प्रयोग करने का निर्णय लिया। महाराष्ट्र में यह एक आम प्रथा है जहां 'कर' से समाप्त होने वाला सभी नाम स्थान-सूचक होते हैं। उनके गांव का नाम अंबावाडे था और इस प्रकार उनका नाम अंबावाडेकर होना चाहिए था। कैंप स्कूल में उनका शिक्षक एक ब्राह्मण था जिसका नाम अंबेडकर था। उक्त शिक्षक का ध्यान अध्यापन कार्य में कम और अपने घर की दुकान चलाने में अधिक रहता था, फिर भी वह बच्चों में पूरी रुचि लेता था। तेज़ बालक भीवा उसका प्रिय शिष्य था। भीवा को वह रोज़ भोजन कराता था ताकि उसे मध्याह्न भोजन के लिए दूर तक अपने घर आना-जाना न पड़े। उसी शिक्षक के सम्मान में बालक का नाम अंबेडकर पड़ गया। बाद के वर्षों में जब अंबेडकर गोलमेज़ सम्मेलन के शिष्टमंडल के सदस्य बनाए गए, उस मौक़े पर उक्त शिक्षक महोदय ने अंबेडकर को एक भावपूर्ण पत्र लिखा। 1927 में जब अंबेडकर की उस शिक्षक से भेंट हुई तो उन्हें गुरु के रूप में सम्मानित किया। इस प्रकार आधुनिक भारतीय इतिहास का यह लोकप्रिय नाम एक ऐसे शिक्षक के नाम पर पड़ा जो शिक्षण कार्य की दक्षता के लिए तो नहीं जाना ज़ाता था लेकिन वह एक नेक इंसान था।

वास्तविकता यही है कि भीवा की शिक्षा का श्रेय किसी शिक्षक को न जाकर उनके पिता को जाता है। 'मैं बी.ए. पास कर लूं इसके लिए मेरे पिता बहुत परेशान रहते थे। सूर्योदय के पहले का समय अध्ययन के लिए उपयुक्त था क्योंकि उस समय मन शांत और अनुशासित होता है। परीक्षा के दिनों में मेरे पिता मुझे सुबह 2 बजे (खैरमोडे, 1968, 1:59) उठा देते थे। 'रामजी स्वयं अंग्रेज़ी, मराठी तथा मोड़ी भाषाएं लिख लेते थे और उन्हें यह चिंता रहती थी कि उनका पुत्र न केवल उत्तीर्ण हो बल्कि अच्छे अंकों से उत्तीर्ण हो। भीवा शुरू में परीक्षा के प्रति लापरवाह थे और पढ़ाई की उपेक्षा करते थे। लेकिन 1904 में जब उनका परिवार बंबई चला आया तब उनका रुझान अध्ययन की ओर हो गया क्योंकि वहां उन्हें पढ़ने के लिए सभी प्रकार की पुस्तकें उपलब्ध थीं। रामजी पुत्र भीवा को प्रोत्साहित करते रहते थे और जिस किसी पुस्तक की उसे ज़रूरत होती उसे अपनी पेंशन राशि से ख़रीदने में कोताही नहीं बरतते थे।' पेंशन की लघु राशि समाप्त हो जाने की स्थिति में वे अपनी बहन के पास पहुंच जाते थे और उससे गहने मांग कर और फिर उन्हें गिरवी रखकर पुस्तकें ख़रीदते थे। पेंशन की अगली किस्त आने पर वे गिरवी के गहने छुड़ाते और बहन को वापस कर देते।

भीवा और उसके भाई शुरू में जब तक सैनिक आवास में रहे तब तक उन्हें कभी अस्पृश्यता का अनुभव नहीं हुआ। लेकिन सतारा आने पर उन्हें जाति-आधारित भेदभाव का शिकार होना पड़ा। भीवा और एक अन्य अछूत विद्यार्थी को कक्षा में अलग बैठना पड़ता था। कोई भी नाई उनके बाल काटने को राज़ी न था। जब उन्होंने संस्कृत पढ़नी चाही तो उन्हें पता चला कि यह अछूतों के लिए प्रतिबंधित है। वे केवल अंग्रेज़ी तथा फ़ारसी में से एक का चयन कर सकते थे।

वर्ष 1904 में रामजी की नौकरी पूरी हो गई और तत्पश्चात वे बंबई आ गए। पेंशन की राशि से अपने दोनों लड़कों को स्कूली शिक्षा दे पाना उनके लिए संभव नहीं था। अंततः उनके बड़े लड़के बलराम ने

एक फ़ैक्ट्री में नौकरी करनी शुरू कर दी। भीवा ने 'एलफिंस्टन हाई स्कूल' में शिक्षा जारी रखी। वहां उन्हें फ़ीस में रियायत मिलती थी। स्कूल में उनका कोई मित्र न था और अधिकांश शिक्षक भीवा की उपेक्षा करते थे। इसी वजह से बालक भीवा का अधिकांश समय पास के बग़ीचे में पढ़ने में बीतता था। इसका एक फ़ायदा यह हुआ कि विल्सन हाई स्कूल के तत्कालीन प्रिंसीपल कृष्ण अर्जुन राव केलुस्कर का ध्यान इस पढ़ाकू विद्यार्थी की ओर गया। केलुस्कर एक सुधारवादी विद्वान थे। वे स्वयं उस गार्डन में जाया करते थे जहां भीवा अध्ययनरत रहा करते थे। केलुस्कर ने अपना परिचय दिया और फिर काफ़ी समय तक भीवा को प्रोत्साहित करते रहे और उन्हें हर प्रकार का समर्थन दिया।

वर्ष 1905 में चौदह वर्ष की अवस्था में भीवा का विवाह रमाबाई से हुआ। तब रमाबाई की उम्र नौ वर्ष थी। सन् 1912 में उन्हें पुत्र रत्न की प्राप्ति हुई जिसका नाम यशवंत रखा गया। तत्पश्चात 1913 से 1924 के बीच उनके चार और बच्चे हुए लेकिन केवल यशवंत ही जीवित रह सका।

वर्ष 1907 में भीवा ने हाई स्कूल की परीक्षा पास की। किसी भी अछूत के लिए यह एक बड़ी उपलब्धि थी। इस उपलक्ष्य में एक बधाई बैठक का आयोजन किया गया। बैठक की अध्यक्षता गैर-ब्राह्मण राजनीतिक नेता एस.के. बोले ने की। उक्त बैठक में केलुस्कर भी शामिल हुए। भीवा-परिवार की आर्थिक तंगी को ध्यान में रखते हुए केलुस्कर ने भीवा के लिए बड़ौदा राज्य से वज़ीफे का प्रबंध किया। तब बड़ौदा भारत की बड़ी रियासतों में से एक था। उसके शासक प्रगतिशील मराठा सायाजीराव गायकवाड़ थे। इसी पृष्ठभूमि में अंबेडकर ने एलफिंस्टन कॉलेज में दाख़िला लिया और वहां सन् 1913 में अंग्रेज़ी तथा फ़ारसी में बी.ए. की परीक्षा उत्तीर्ण की। वहां भी उनका अपने सहपाठियों से बहुत कम ही संपर्क था। इसी दौरान बचपन से चला आ रहा उनका नाम बदल गया और कॉलेज की वार्षिक-पुस्तक में उनका भीम नाम दर्ज किया गया।

जनवरी 1913 में अंबेडकर ने बड़ौदा में नौकरी करने का निश्चय किया ताकि महाराजा के ऋण को उतार सकें। इस बात को लेकर उनका पिता से विवाद हो गया क्योंकि पिता यह चाहते थे कि उनका पुत्र बंबई के खुले वातावरण में रहे। अंबेडकर अपनी ज़िद पर अड़े रहे। हालांकि बड़ौदा पहुंचने पर उन्हें लगा कि उनके पिता का कहना सही था क्योंकि गुजरात में जातिगत भेदभाव कहीं अधिक था। उन्हें रहने के लिए कहीं भी आवास नहीं मिला। केवल सोने मात्र के लिए आर्य समाज कार्यालय में व्यवस्था हो गई। भोजन के लिए उन्हें शहर से दूर बसे अछूतों के मोहल्ले तक जाना पड़ता था। उनके लिए कोई उपयुक्त रोज़गार भी न था। कोई भी विभाग उन्हें नियुक्त नहीं करना चाहता था। उन्हें कोई भी स्थायी काम नहीं मिल सका। अंततः अपने पिता के देहांत का समाचार पाकर वे बंबई वापस लौट आए।

बड़ौदा लौटने के बजाय उन्होंने महाराजा से बंबई में रहने की विनती की। महाराजा ने उन्हें छात्रवृत्ति देकर न्यूयार्क सिटी में स्थित कोलंबिया यूनिवर्सिटी में अध्ययन हेतु जाने का प्रस्ताव दिंया। महाराजा ने अनेक विद्यार्थियों को वहां पढ़ाई के लिए प्रायोजित करने का निर्णय लिया था। चूंकि अंबेडकर की अंग्रेज़ी उत्तम कोटि की थी अतः उनका भी विदेश में अध्ययन के लिए चयन हो गया।

जुलाई 1913 में भीमराव दुनिया के प्रतिष्ठित शिक्षा केंद्र में उच्च शिक्षा के लिए निकल पड़े। दस-बारह सदस्यों के परिवार को वे अपने भाई बलराम के भरोसे छोड़ गए, जो एक मज़दूर का काम करता था।

भीमराव ने न्यूयॉर्क का माहौल बिल्कुल खुला पाया। अमेरिकियों और वहां रहने वाले भारतीयों के लिए छुआछूत का कोई मतलब न था। वहां उन्हें सहपाठियों से सुखद सहचर्य का आनंद मिला। अंबेडकर इस माहौल से अभिभूत थे। उनका दिन नाटक देखने, बैडमिंटन जैसा खेल खेलने तथा आइस स्केटिंग जैसा नया खेल सीखने में गुज़रता था। सहसा उन्हें ज़िम्मेदारी का बोध हुआ और वे अध्ययन में लग गए। ख़ाली समय में वे अत्यधिक पढ़ाई करते थे और पुरानी किताबों की दुकानों में पुस्तकें

ढूंढ़ते। कोलंबिया में उन्होंने सामाजिक विज्ञान और मुख्य रूप से अर्थशास्त्र का अध्ययन किया। वे अमेरिका के सर्वाधिक ख्याति-प्राप्त दार्शनिक जॉन डियू के शिष्य थे। लेकिन उन्होंने अपना एम.ए. अर्थशास्त्र के प्रोफेसर एडवर्ड सैलिग्मैन के निर्देशन में 1915 में किया। उन्होंने पी-एच.डी. के लिए अपना शोध पत्र 1916 में प्रस्तुत किया।

न्यूयॉर्क में उनका संपर्क प्रसिद्ध भारतीय राष्ट्रवादी नेता से हुआ। वे नेता लाला लाजपत राय थे। लाला लाजपत राय जी इंडियन होम रूल लीग की ओर से संयुक्त राज्य अमेरिका का दौरा कर रहे थे और उनका उद्देश्य ब्रिटिश शासन के विरुद्ध लोगों का समर्थन प्राप्त करना था। अंबेडकर ने लाजपत राय के संगठन द्वारा आयोजित अनेक बैठकों में हिस्सा लिया और संस्था के सदस्यों से उनके दोस्ताना संबंध हो गए। अंबेडकर उन लोगों से जाति-पांति की समस्या पर वाद-विवाद करते थे। उन्होंने लाजपतराय से बहस की कि भारत का राष्ट्रीय आंदोलन छुआछूत जैसे विषयों की अनदेखी कर रहा है। लाजपतराय का कहना था कि एक बार स्वतंत्रता मिल जाए फिर इन विषयों का ठोस निदान निकाला जा सकता है। लेकिन अंबेडकर इससे कतई सहमत न थे। हालांकि अंबेडकर तथा लाजपत राय मित्र तो बने रहे किंतु अंबेडकर ने उनकी संस्था की गतिविधियों में हिस्सा लेना बंद कर दिया।

1916 में कोलंबिया में डिग्री की पढ़ाई समाप्त होने पर अंबेडकर ने लंदन जाने का निश्चय किया। वे बैरिस्टर बनना चाहते थे, जो आर्थिक स्वावलंबन के लिए ज़रूरी था। चूंकि उनकी छात्रवृत्ति शैक्षिक थी इसलिए वे वहां अर्थशास्त्र में भी डिग्री हासिल करना चाहते थे। बड़ौदा से मिलने वाली छात्रवृत्ति की अवधि समाप्त हो चुकी थी और बड़ौदा के दीवान ने छात्रवृत्ति की अवधि दो साल के लिए और बढ़ाने से मना कर दिया था। ऐसे में अंबेडकर ने महाराजा से निजी तौर पर अनुरोध किया। महाराजा की ओर से उत्तर का इंतज़ार किए बिना ही वे लंदन के लिए रवाना हो गए और लंदन पहुंच भी गए। पैसे बिल्कुल ख़त्म हो चुके थे, ट्रेन में बिना टिकट यात्रा करने के अलावा

दूसरा कोई चारा न था। वहां जिन लोगों के साथ उन्हें रहना था उन्हीं से मालभाड़ा चुकता करने का अनुरोध किया। दो दिनों बाद महाराजा की ओर से पत्र आया, उन्हें एक साल और छात्रवृत्ति देने की मंजूरी मिली थी। बैरिस्टर-एट-लॉ डिग्री के लिए उन्होंने 'ग्रेज़ इन' में पंजीकरण कराया और लंदन स्कूल ऑफ़ इकोनॉमिक्स एंड पॉलिटिकल साइंस में एम.एस.सी. (इकोनॉमिक्स) तथा डॉक्टरेट इन इकोनॉमिक्स के लिए दाख़िला लिया। एक साल के भीतर ही उन्होंने 'दि प्रोविंशियल डीसेंट्रलाइज़ेशन ऑफ इंडियन फाइनांस' विषयक शोध-प्रबंध का प्रारूप तैयार कर लिया। किंतु उनकी छात्रवृत्ति की अवधि बढ़ाए जाने की मनाही हो गई। वे भारत लौट आने को मजबूर हो गए। अध्ययन जारी रखने की महत्वाकांक्षा को ग़रीबी ने ग्रसित कर लिया।

हालांकि विदेश प्रवास के दौरान उन्होंने प्रकाशन योग्य दो आलेख तैयार कर लिए थे। उनमें से एक लेख—जिसका शीर्षक 'कास्ट्स इन इंडिया : देयर मैकेनिज़्म, जिनेसिस एंड डेवलपमेंट' था। यह कोलंबिया विश्वविद्यालय की गोष्ठी के लिए 1916 में लिखा गया था और 'द जर्नल ऑफ़ इंडियन एंटीक्विटी' में प्रकाशित हुआ। अर्थशास्त्र में पी-एच. डी. के लिए किया गया कार्य एक वृहत कार्य था। यह 1927 में 'द इवोल्युशन ऑफ़ प्रोविंशियल फाइनांस इन ब्रिटिश इंडिया' शीर्षक से प्रकाशित हुआ।

छात्रवृत्ति की एवज़ में अंबेडकर ने बड़ौदा राज्य की एक निश्चित अवधि तक सेवा करने का अनुबंध किया था। उन्होंने बड़ौदा राज्य की सेवा शुरू कर दी। उन्हें पुनः जाति-पांति की चरम अवस्था का सामना करना पड़ा। उन्हें रहने के लिए पारसी आवास परिसर में क्वार्टर मिला, लेकिन वहां रहने के लिए उन्हें पारसी नाम धारण करना पड़ा। काम-काज की स्थिति भी बेहतर न थी। ब्राह्मण जाति के क्लर्क तथा दूसरे अधीनस्थ कर्मचारी अभद्र भाषा का प्रयोग करते थे, और अंबेडकर के ख़िलाफ खुल्लम-खुल्ला बोलते थे। वे अंबेडकर से दूरी बना कर रखते थे, और काग़ज़ात को उनकी मेज़ पर फेंक कर दिया करते थे,

ताकि उनके संपर्क से बचा जा सके। जब उन्होंने अफ़सरों के क्लब में शामिल होना चाहा तो वहां उपस्थित दूसरे अफ़सर उन्हें दूर कोने में बैठने को कहते और किसी भी खेल में भाग लेने से मना करते थे। उन्हें अपने काम से भी कोई संतुष्टि नहीं होती थी। उन्हें बड़ौदा शासक का 'मिलिट्री सेक्रेटरी' नियुक्त किया गया था, लेकिन उनके लिए काम का स्पष्ट रूप से बंटवारा नहीं किया गया था। उन्हें झिड़कियों और प्रतिरोध का सामना करना पड़ता था, लेकिन पराजित महसूस न करने का वही स्वभाव उनमें अब भी बना हुआ था जो बालक भीवा में था। बड़ौदा के प्रतिकूल माहौल में उन्हें कोई मित्र न मिल सका। इसलिए उन्होंने अपना समय ग्रंथालय में सामाजिक, आर्थिक तथा राजनीतिक विषयों की पुस्तकें पढ़ने में बिताया।

स्थिति की भयंकरता तब चरम सीमा पर पहुंच गई जब पारसियों को उनकी जाति का पता लग गया। पारसियों के एक क्रुद्ध दल ने उनके आवास को चारों तरफ़ से घेर लिया, वे उन्हें मारने पर आमादा थे। घर के मालिक ने अंबेडकर को तत्काल अपने घर से निकाल दिया। अंततः 17 नवंबर 1917 को उन्होंने राज्य छोड़ दिया।

अब उनके समक्ष आजीविका का प्रश्न था। सरकारी महकमों में आवेदन का कोई जवाब न मिलता था; इतने पढ़े-लिखे अछूत स्नातक को नौकरी देने की चिंता कौन करे? निश्चित ही इसमें उन्हें राष्ट्रीय सहानुभूति मिलने का डर देखा जा सकता है। निजी कंपनियों में नौकरी के लिए प्रयास का भी कोई फल न निकला। लेखन से जीविका चला पाने की उम्मीद अव्यावहारिक सिद्ध हुई। अंत में उन्हें सिदेंहम कॉलेज में राजनीतिक अर्थव्यवस्था के प्रोफ़ेसर के रूप में दो वर्षों के लिए नियुक्ति मिली। वे उस पद पर 11 नवम्बर 1918 से 11 मार्च 1920 तक बने रहे। अपनी कमाई से 7000 रुपए बचा कर तथा कोल्हापुर के महाराजा से प्राप्त 1500 रुपए की उपहार राशि की मदद से वे पुनः लंदन रवाना हो गए ताकि डॉक्टरेट की डिग्री की सारी औपचारिकताओं को पूरा कर सकें।

कम पैसे लेकिन पक्के इरादों की बदौलत अंबेडकर तीन साल तक

लंदन में रहे। लंदन प्रवास की उनकी यह अवधि संयम से भरी थी। छात्रावास में रहना, सुबह 6 बजे उठ जाना और फ़टाफ़ट तैयार होकर ग्रंथालय पहुंचना और उसके खुलने से लेकर बंद होने तक वहीं बैठे रहना और पुस्तकों में डूबे रहना उनकी दिनचर्या थी। जहां भारतीय विद्यार्थी नाटक देखने व घर की ज़िम्मेदारियों से मुक्ति का आनंद लेने में मशगूल रहते थे वहीं अंबेडकर ने अध्ययन के प्रति पूरी गंभीरता का परिचय दिया। इसी दौरान युवा अंबेडकर को दो नए अनुभव हुए—एक भावनात्मक व व्यक्तिगत था, तथा दूसरा राष्ट्रवादी व राजनीतिक था।

दूसरी मकान मालकिन की पुत्री फ़ैनी फिट्ज़ेराल्ड से उनकी अंतरंगता बढ़ी। वह 'इंडिया-ऑफ़िस' में कार्यरत थी जहां वह विभिन्न विषयों पर अंबेडकर के लिए सामग्री एकत्र करती थी। शायद वह उन्हें कुछ आर्थिक मदद भी करती थी। वे जब भारत लौट आए तब उनकी पुस्तकों को उसी ने संभाल कर रखा। फ़ैनी के प्रति अंबेडकर के भाव कहीं परिलक्षित नहीं हुए हैं, लेकिन यह स्पष्ट है कि फ़ैनी उनसे प्यार करती थी। बाद के दिनों में अंबेडकर ने उसके लिए 'एफ़' उल्लेख किया। 1930 के मध्य के दौरान अंबेडकर की पत्नी की मृत्यु के पश्चात फ़ैनी ने उम्मीद जताई कि वे उससे शादी करेंगे। एक भारतीय समाचार पत्र ने 1935 में रिपोर्ट प्रकाशित की जिसके अनुसार अंबेडकर ने लंदन प्रवास के दौरान एक अंग्रेज़ विधवा से शादी कर ली थी। बाद में अंबेडकर ने इस संबंध के बारे में विचार व्यक्त करते हुए कहा कि उनके जीवन में महिलाओं की कोई भूमिका नहीं है (उन्होंने दो के नाम का उल्लेख किया जिसमें से एक नागपुर की महार जाति की फल बेचने वाली थी और दूसरी अंग्रेज़ी विषय की एक भारतीय शिक्षिका थी) और उन्होंने कहा कि इन महिलाओं से उनके भावनात्मक लगाव के लिए उन्हें खेद है। इंग्लैंड में उन्होंने दावा किया था कि उनका समय अध्ययन के लिए था ताकि वे भारतीय राष्ट्रवाद से जुड़े महान नेताओं से वाद-विवाद में सामना करने के लिए अपने को तैयार कर सकें। फिर भी उनका आपसी पत्राचार लगभग पच्चीस सालों तक चलता रहा (खैरमोडे, एन.डी. 2:65-67; 1998 बी; 7: 53-59)।

वे भारतीय विद्यार्थी आंदोलन में हिस्सा लेने लगे जिसने बाद में राजनीतिक आंदोलन का रूप से लिया। उन्होंने विद्यार्थी संघ की गतिविधियों में भी भाग लेना शुरू कर दिया जिनमें विभिन्न विद्यार्थियों द्वारा लेख पढ़े जाते थे। अंबेडकर के लेख 'रिस्पांसिबिलिटीज़ ऑफ़ ए रिप्रेजेंटेटिव गवर्नमेंट इन इंडिया' ने तीखा वाद-विवाद शुरू कर दिया। अंततः राजनीति शास्त्र के प्रसिद्ध विशेषज्ञ प्रोफ़ेसर हेराल्ड लास्की के हस्तक्षेप के बाद ही विवाद थम पाया। प्रोफ़ेसर हेराल्ड ने टिप्पणी दी कि अंबेडकर के उक्त लेख में क्रांतिकारी राजनीति के तत्व विद्यमान हैं और इसी कारण यह विद्यार्थियों के समूह के लिए उपयुक्त नहीं है। उसी के बाद विद्यार्थियों के बीच भीमराव की छवि क्रांतिकारी विचारक की बन गई। यहां तक की रूसी क्रांति के प्रचारक भी अंबेडकर के निकट संपर्क से परहेज़ करने लगे। अलग-थलग पड़े अंबेडकर ने पुनः पुस्तकों में गहरी रुचि लेनी शुरू कर दी और अपना समय पुस्तक भंडारों एवं ग्रंथालयों में व्यतीत करने लगे। वे निजी पुस्तकालय स्थापित करना चाहते थे, ठीक उसी तरह का जैसा उन्होंने न्यूयॉर्क में देखा था। वहां उन्होंने ईस्ट इंडिया कंपनी के भारतीय अर्थव्यवस्था संबंधी 1700 से 1858 तक के वार्षिक प्रतिवेदनों का संग्रह किया था। इसके परिणामस्वरूप 1921 के मध्य तक वे भारी वित्तीय कठिनाइयों में फंस गए। शायद उसी दौरान फैंसी फिट्ज़गेराल्ड ने अंबेडकर को महत्वूपर्ण सहायता प्रदान की। ऐसे किसी अन्य स्रोत का कोई उल्लेख नहीं मिलता जहां से उन्हें मदद मिली हो।

उनका डॉक्टरेट का शोध-प्रबंध भी विवाद के घेरे में आ गया। सत्रह महीने बाद जून 1921 में उनका एम.एस.सी. का शोध-प्रबंध स्वीकार कर लिया गया। उसके बाद उन्होंने 'द प्रॉब्लम ऑफ़ द रुपी' विषय पर डॉक्टरेट की डिग्री के लिए अपना शोध-प्रबंध प्रस्तुत किया। इसकी स्वीकृति में चार अथवा पांच महीने लगने की उम्मीद थी। इस अवधि में उन्होंने जर्मन भाषा में डिग्री हासिल करने का निर्णय लिया। दरअसल उन्होंने जर्मन तथा फ्रेंच दोनों का ही अध्ययन शुरू कर दिया। बॉन

विश्वविद्यालय से स्वीकृति मिलते ही अंबेडकर जर्मनी के लिए रवाना हो गए। इसी बीच 1923 के मध्य में सुपरवाइज़र प्रोफ़ेसर एडविन कैनन का संदेश आया कि लंदन के परीक्षकों ने उनके डॉक्टरेट शोध-प्रबंध को स्वीकृति प्रदान करने से मना कर दिया है। इसका कारण राजनीतिक था। अंबेडकर ने ब्रिटिश नीति की अत्यधिक आलोचना की थी, साथ ही अंतरराष्ट्रीय आचार-विचार की स्थापित नीति से भी उनके विचार मेल नहीं खाते थे। अंततः उन्हें अपने शोध-प्रबंध के निष्कर्ष में संशोधन के लिए सहमत होना पड़ा। वे अप्रैल 1923 में बंबई लौट आए। उन्होंने संशोधित शोध प्रबंध नवंबर 1923 में भेजा। बाद में उन्हें टेलीग्राम से डिग्री प्रदान कर दिए जाने की सूचना मिली।

घर लौटने के बाद अंबेडकर के सामने गृहस्थी की समस्या थी जिसमें पत्नी, बच्चे, भाभी तथा भतीजे की देखभाल करना शामिल था। वे वकालत शुरू करना चाहते थे और इसके लिए उन्होंने 1924 में बंबई हाईकोर्ट में पंजीकरण कराया। कोर्ट के आस-पास दफ़्तर खोल पाना उनके बूते से बाहर था, अंततोगत्वा मित्रों के योगदान से उन्होंने परेल में दामोदर हॉल में अपना दफ़्तर स्थापित किया। मुक़द्दमा मिलने में महीनों लग गए, अंत में एक महार का मुक़द्दमा मिला। बाद में रोचक बात यह रही कि उन्हें लोकमान्य तिलक के भतीजे से काम के रूप में कुछ सहायता मिली। हिंदू जाति के लोग उन्हें मुक़द्दमा सौंपने से परहेज़ करते थे। भारत के आर्थिक इतिहास पर पुस्तकें लिखने की उनकी महत्वाकांक्षी योजना को भी कहीं से मदद नहीं मिल पा रही थी। अंत में उन्हें बॉटलीबोई एकाउंटेंसी इंस्टिट्यूट में अल्पकालिक शिक्षक के रूप में कमर्शियल लॉ पढ़ाने का काम मिला। साथ ही बंबई विश्वविद्यालय में परीक्षा की कॉपी जांचने से भी कुछ अतिरिक्त आय की व्यवस्था हुई। पुस्तकें ख़रीदने की उनकी आदत बनी हुई थी जिससे उनकी आय पर बोझ पड़ता था और परिवार चलाने के लिए संघर्ष करती उनकी पत्नी रमाबाई दुखी रहती थीं। फिर भी कार्यालय, ग्रंथालय स्थापित होने और महारों और अन्य मित्रों की भीड़ से उनके जीवन में रौनक आने लगी।

अंबेडकर को पारिवारिक शोक का सामना करना पड़ा। दरअसल उनके घर तीसरे पुत्र का जन्म हुआ था। अंबेडकर इस पुत्र से जिसका नाम राजरत्न था, भावनात्मक रूप से काफ़ी जुड़ गए थे और अपना समय उसके साथ खेलने में बिताते थे। लेकिन एक वर्ष बाद ही दोहरे न्यूमोनिया के कारण बच्चे की मृत्यु हो गई और माता-पिता को गहरा आघात लगा। अंबेडकर ने बाद में लिखा—

यह बहाना बनाने से कोई फ़ायदा नहीं कि मैं और मेरी पत्नी पुत्र की मृत्यु के शोक से उबर गए हैं और शायद कभी उबर भी न पाएं। हमारे चार-चार बच्चे—तीन बेटे और एक बेटी कालग्रसित हो चुके हैं। हमारे ये सभी बच्चे कोमल, सुकुमार, शुभ और सुंदर थे... मेरा अंतिम पुत्र अत्यंत ही विलक्षण था, अद्वितीय था। उसकी मृत्यु के साथ ही मेरा जीवन वीरान हो गया है। (खैरमोडे, एन. डी., 2:104)

आर्थिक विषयों पर अंबेडकर के प्रारंभिक लेखों से पता चलता है कि वे नव-क्लासिकल अर्थशास्त्र के ढांचे के भीतर एक कल्पनाशील एवं सजग विश्लेषक हैं। उनकी पुस्तक 'द प्रॉबलम ऑफ़ द रुपी' 1923 में इंग्लैंड में उस समय प्रकाशित हुई जब राष्ट्रवादियों तथा ब्रिटिश सरकार के बीच विनिमय दर के बारे में संघर्ष चल रहा था। उनकी पुस्तक में वर्षों से चली आ रही ब्रिटिश मुद्रा नीति की कटु आलोचना की गई थी। अंबेडकर ने बताया कि खुली अर्थव्यवस्था में भारत अंतरराष्ट्रीय स्तर पर प्रतिस्पर्धा कर सकता है, उन्होंने यह भी बताया कि रुपए के अवमूल्यन की अवधि के दौरान भारतीय निर्यातकों तथा उत्पादकों को फ़ायदा हुआ है। उनकी दूसरी पुस्तक 'द इवोल्यूशन ऑफ़ प्रोविंशियल फ़ाइनांस इन ब्रिटिश इंडिया' भी इंग्लैंड में ही 1925 में प्रकाशित हुई। पुस्तक में एक उदार ढांचे के भीतर ब्रिटिश उपनिवेशवाद की आलोचना की गई थी और इसे अमेरिकी लोगों को पेश किया गया था जिन्हें ब्रिटिश

नीति पर किसी भी प्रकार के प्रहार से कोई फ़र्क़ नहीं पड़ता था। इस पुस्तक में दर्शाया गया है कि ब्रिटिश राजकोषीय नीति के तहत भारत में किस प्रकार अविवेकपूर्ण कर लगाए गए। भूमि-कर ने कृषि उन्नति को बाधित कर दिया था जबकि भारी सीमा-शुल्क तथा आंतरिक उत्पाद शुल्क ने औद्योगिक विकास के मार्ग को अवरुद्ध कर दिया था। यह स्पष्ट था कि ब्रिटिश सरकार की भारत नीति ब्रिटिश उत्पादकों के हितों के लिए लागू की जा रही थी।

उन्होंने आगे कहा कि सबसे महत्वपूर्ण बात यह है कि तत्कालीन सरकार सामाजिक बुराइयों के विरुद्ध कार्यरत नहीं थी। ब्रिटिश सरकार ने 'भारतीय समाज में विद्यमान प्रवृत्तियों, यहां के लोगों की आकांक्षाओं, दुखों, ज़रूरतों, इच्छाओं के प्रति कोई सहानुभूति नहीं रखी, बल्कि उनका व्यवहार प्रतिकूल था... भारत सरकार ने यहां की जाति व्यवस्था समाप्त करने, एकल विवाह व्यवस्था लागू करने के लिए कुछ नहीं किया, साथ ही उत्तराधिकार कानून को बदलने, अंतरजातीय विवाह को विधि सम्मत बनाने अथवा चाय उत्पादकों पर कर लगाए जाने के लिए भी कुछ नहीं किया।' उन्होंने कहा कि राष्ट्रवादी विद्रोह आर्थिक मुद्दों के आधार पर नहीं बल्कि सामाजिक कारणों से होता है। सड़कें बनाने तथा नहरें बनाने से कोई फ़ायदा नहीं है, 'लोग... अंततः अपनी सरकार चाहेंगे जो कार्य कुशलता से कहीं अधिक ज़रूरी है।' (अंबेडकर, 1989, 6:233-34)।

वर्ष 1918 में 'जर्नल ऑफ़ दि इंडियन इकोनॉमी सोसायटी' में उनके दो लेख प्रकाशित हुए जिनसे उनकी सामाजिक-आर्थिक सोच का पता चलता है। बर्ट्रेंड रसल ने एक पुस्तक की समीक्षा लिखी जिससे जाहिर होता है कि अंबेडकर विकास तथा प्रगति में दृढ़ विश्वास रखते थे। उन्होंने 'शांत' परंपरागत भारतीय दृष्टिकोण तथा सीमित आवश्यकताओं के सिद्धांत को नकार दिया जिसे बाद में गांधीवाद से जोड़ा गया था। पैसा तथा दुनिया की चीज़ों के प्रति मोह त्यागने के 'नैतिक' उपदेश पर प्रहार करते हुए उन्होंने कहा, 'ऐसे समय जब पूरी दुनिया

अर्थव्यवस्था की तंगी में है... और जब श्रम उत्पादकता अत्यधिक न्यून स्तर पर है... नैतिकतावादी लोगों के लिए गरीबी तथा दुनिया के सुखों को त्यागने की बात कहना स्वाभाविक ही है क्योंकि वे चीज़ें उपलब्ध ही नहीं हैं।' (अंबेडकर, 1979, 1:489-91) उनके अनुसार उत्पादन तथा उपभोग विकास की निशानी हैं और इसमें मानव का विकास सन्निहित है। वे इस तर्क से सहमत नहीं थे कि संपत्ति ही बुराई की जड़ है। 'समस्या... संपत्ति के होने की नहीं है बल्कि उसके असमान वितरण की है।' (अंबेडकर, 1979, 1:489-91)।

दूसरे लेख का विषय था–'स्मॉल होल्डिंग्स इन इंडिया एंड देयर रेमेडीज़'। इस लेख में भारतीय कृषि के पिछड़ेपन का उल्लेख है। छोटी जोतों का होना वास्तव में बुरा था–ऐसी उनकी मान्यता थी। हालांकि जोतों का छोटा अथवा बड़ा होना आकार पर निर्भर होने के बजाय उत्पादन के अन्य कारकों के समानुपात पर निर्भर करता था। इस दृष्टिकोण से, वे भारतीय किसान जिनके पास उत्पादन हेतु कम उपकरण (जैसे हल, गाड़ी तथा बैल) थे उनकी ज़मीन गैर फ़ायदेमंद थी क्योंकि वे बहुत बड़ी थीं। कृषि उत्पादन कम था, भूमि का बड़ा हिस्सा बेकार पड़ा था और पूरी अर्थव्यवस्था अस्त-व्यस्त थी। उपज पर अत्यधिक निर्भरता बुरी थी और इसका कारण औद्योगीकरण का अभाव था। इसका हल गैर-कृषि उत्पादन, औद्योगीकरण का विकास है और इसी से भारतीय कृषि की समस्याओं का भी समाधान हो सकता है। यह एक गैर-गांधीवादी दृष्टिकोण था और अंबेडकर की सोच के अनुकूल था। अछूतों तथा भारत के सभी ग़रीबों का भविष्य गांवों में निहित होने के बजाय शहरीकृत एवं आधुनिक औद्योगिक अर्थव्यवस्था क़ायम करने में है।

अंबेडकर की औपचारिक शिक्षा समाप्त हो चुकी थी। लेकिन यह ब्राह्मणवादी परंपरा के 'ब्रह्मचारी' अवधि की अवधारणा से भिन्न थी, जब गुरु से जुड़ जाने पर पूर्णता तथा दुनिया की इच्छाओं से मुक्ति मिलती थी, जहां पारिवारिक ज़िम्मेदारियां नहीं होती थीं और शिक्षा ग्रहण का

कार्य मुक्त तथा शुद्ध वातावरण में होता था। उनकी शिक्षा अवधि कदाचित संघर्षपूर्ण थी और उन्हें अपनी तथा अपने परिवार की ज़रूरतों को पूरा करने के लिए आमदनी का ज़रिया ढूंढ़ना पड़ता था। शिक्षा अवधि के दौरान उन्हें ग़रीबी तथा जातिगत भेदभाव के कटु अनुभव हुए। शिक्षा के महत्व के प्रति उनकी जागरूकता केवल निजी नहीं थी। ज्योतिराव फुले, जिन्हें अंबेडकर ने बाद में अपने गुरुओं में से एक माना, का भी यही विचार था। फुले के अनुसार शिक्षा सीधे विकास व समृद्धि से जुड़ी है। भारत के प्रसिद्ध अर्थशास्त्री अमर्त्य सेन ने भी बाद में इसी तथ्य को उजागर किया।

बंबई, न्यूयॉर्क तथा लंदन में शिक्षा प्राप्त करने के बाद अंबेडकर सीधे विश्व की सामाजिक-आर्थिक चिंतन प्रवृत्ति से जुड़ गए। तत्कालीन राष्ट्रवादी नेताओं में कुछ ही ऐसे लोग थे जिनके पास उनके बराबर डिग्रियां रही हों। उनकी अध्ययन शैली को प्रोमैथियन (भगीरथ) संघर्ष से जोड़ा जा सकता है और हम कह सकते हैं कि यह उनकी व्यक्तिगत उपलब्धि मात्र न होकर भारतीय अछूतों के दमन के विरुद्ध संघर्ष का माध्यम थी। अंबेडकर अपनी सभी मूर्तियों व चित्रों में पश्चिमी पोशाक में दिखते हैं, इसका यही मतलब है कि उन्होंने अपने को विश्व धरोहर से जोड़ा था।

अंबेडकर की शिक्षा ग़रीबी में हुई थी। उनके संघर्ष की कहानी जल्द ही शुरू हो गई थी। अंबेडकर और उनके परिवार ने सामान्य भारतीयों के दुख-सुख को भोगा था। उस समय लोगों की औसत आयु बीस से तीस वर्ष के बीच थी। चौदहवें बच्चे को जन्म देते समय मां की मृत्यु (उनमें से सात बच्चे बच पाए), परिवार चलाने के लिए बड़े भाई द्वारा मज़दूर का काम करते हुए मृत्यु, उनके अपने पांच में से चार बच्चों की मृत्यु—इन सबसे केवल बीमारी की अवस्था का ही पता नहीं चलता, बल्कि जीवन स्तर, कुपोषण, कम स्थान में अधिक लोगों क़ा रहना तथा साफ़-सफ़ाई न होने की स्थिति का भी पता चलता है। यह स्थिति अभिजात्य

राष्ट्रवादियों की स्थिति से भिन्न थी। गांधी ने किसी सिद्धांत के तहत ट्रेन की तृतीय श्रेणी में यात्रा की होगी लेकिन अंबेडकर की वैसी यात्रा मजबूरी थी। नेहरू और उनके साथियों ने सरकारी नौकरी या फिर न्यायालय जैसे सरकारी संगठनों से अपने संबंध इसलिए भी तोड़े होंगे क्योंकि उन्हें इस बात का भरोसा था कि धनाढ्य लोग उन्हें तथा उनके परिजनों को आर्थिक सहयोग देते रहेंगे। लेकिन अंबेडकर जैसे नीची जाति के तथा ग़रीब-पृष्ठभूमि के लोगों के लिए जो अपने परिवार को स्वयं अपनी आमदनी से चलाते थे, ऐसा कर पाना संभव नहीं था। उन्हें राष्ट्रीय आंदोलन में भाग लेने से पहले परिवार की आर्थिक स्थिति व आजीविका के बारे में सोचना पड़ता था। हालांकि 'मध्यमवर्गीय' दलितों की आज भी आलोचना होती है और तत्कालीन वामपंथियों द्वारा अंबेडकर की भी 'तुच्छ बुर्जुआ' के रूप में आलोचना की जाती थी। लेकिन यह बात तो स्पष्ट ही है कि दलितों के बारे में मध्यम वर्ग की अवधारणा भी भिन्न है।

तब जाति भाव प्रमुख था। उपनिवेशवाद के दौरान व्यक्तिगत प्रहारों के बारे में तथा निजी मान-मर्दन व सामाजिक बहिष्कार के बारे में काफ़ी कुछ लिखा गया है। अंबेडकर ने स्वयं भारतीय के रूप में भेदभाव का दंश झेला था। लेकिन अस्पृश्यता के दंश की तुलना में उक्त अनुभव कुछ भी न थे। शायद फ़ौजी परिवार की पृष्ठभूमि होने के कारण उन्हें मनोवैज्ञानिक स्तर पर उतना क्लेश न झेलना पड़ा हो जितना कि अन्य दलितों को झेलना पड़ा था। उनके माता तथा पिता दोनों का ही परिवार फ़ौजी पृष्ठभूमि का था और इसीलिए पारंपरिक ग्रामीण माहौल में नीची जाति के साथ होने वाले मान-मर्दन की स्थिति उनके साथ उत्पन्न नहीं हुई। अंबेडकर के परिवार वालों ने निस्संदेह उनमें आत्मविश्वास और महत्वाकांक्षा का बीज बोया था। लेकिन जब उनका परिवार सतारा आ गया तब उन्हें भेदभाव का सामना करना पड़ा। उन लोगों को अलग बैठने के लिए कहा जाता था, वे अपनी इच्छानुसार विषयों का चयन कर अध्ययन नहीं कर सकते थे, अन्य वर्ग के विद्यार्थियों द्वारा उनका

बहिष्कार किया जाता था और बड़ौदा जैसे शहर में उन्हें रहने का स्थान नहीं मिल पाया था और ढंग का रोज़गार भी मयस्सर न था। अंबेडकर को यह अहसास हो चला था कि इस प्रकार के जातिगत भेदभाव व्यापक थे, इसमें निजी मान-मर्दन शामिल था। यह स्थिति छोटे से गांव से लेकर शहरी झोंपड़पट्टी और भारत के ऊंचे-से-ऊंचे स्तर तक व्याप्त थी। अस्पृश्यता और इसे संपोषित करने वाला सांस्कृतिक-धार्मिक जीवन पक्ष अंबेडकर के दिलो-दिमाग को आंदोलित कर रहा था—अतः इसे दूर करना उनके जीवन का मूल उद्देश्य बन गया।

दो

'हम ब्राह्मणवाद के विरुद्ध हैं, ब्राह्मणों के नहीं...'

दलित-मानवाधिकारों के लिए संघर्ष का आरंभ

युवा भीमराव अंबेडकर ने शुरू में ही यह जता दिया था कि वे अपने समुदाय के नेता होंगे। उनके फ़कीर चाचा ने उनके महान बनने के बारे में काफ़ी कुछ भविष्यवाणियां की थीं, लेकिन 'समाज सेवा' की दिशा में अग्रसर होने के लिए उनके पिता ने भी उन्हें काफ़ी प्रेरित किया। बड़ौदा के महाराज से बातचीत के दौरान युवा भीम ने कभी स्वयं भी यह इच्छा व्यक्त की थी कि वे समाज-सेवा एवं लेखन-कार्य को जारी रखते हुए राज्य की नौकरी करना चाहेंगे। अतः यह तय था कि अछूत समुदाय का अति उच्च शिक्षा प्राप्त यह युवक समाज को नेतृत्व प्रदान करेगा। इसी का परिणाम था कि 1920 में लंदन से भारत लौटने के बाद नौकरी करने के बजाय उन्होंने अपना ध्यान राजनीति पर केंद्रित किया।

तत्कालीन भारतीय समाज में उथल-पुथल व्याप्त थी। वकील की छवि में दक्षिण अफ्रीका से लौटे मोहन दास करमचंद गांधी के भारतीय राजनीति में पदार्पण से राष्ट्रीय आंदोलन को उनके नेतृत्व में एक नया जोश मिला था। ज़ारशाही के अंत से क्रांतिकारी विचारधारा को नया सैद्धांतिक आधार

मिल गया था और उसी के प्रभाव में हमारे यहां मज़दूर आंदोलन पनपने लगा था। कहीं-न-कहीं इन्हीं के प्रभाव से पददलित जातियों का आंदोलन भी धीरे-धीरे परवान चढ़ने लगा था। बेशक यह आंदोलन संगठित न होकर छिटपुट क्रियाकलापों पर ही आधारित था। इस आंदोलन को तलाश थी एक सबल नेतृत्व की। मांटेग्यू-चेम्सफ़ोर्ड सुधारों के लागू हो जाने से पूरे देश में मार्क्सवादियों तथा राष्ट्रवादियों के साथ-साथ दलितों एवं ग़ैर-ब्राह्मणों में भी राजनीतिक अधिकार पाने की इच्छा बलवती होने लगी, क्योंकि उक्त सुधारों के तहत उनके सशक्तिकरण की संभावनाओं को उजागर करते हुए इस बात का उल्लेख किया गया था कि राजनीतिक आधार मिल जाने से राजनीतिक तथा आर्थिक पदों से उच्च जातियों के एकाधिकार को समाप्त किया जा सकता है।

उन्नीसवीं सदी तक पूरे भारत में दलित आंदोलन का विस्तार हो चुका था। शिक्षा के अवसरों, बंजर भूमि के खेती हेतु उपयोग, मंदिरों में प्रवेश, सार्वजनिक स्थानों के उपयोग तथा सड़कों एव सार्वजनिक परिवहन के प्रयोग के लिए दलितों का संघर्ष जारी था। उन्हें समाज सुधार से जुड़े विभिन्न संगठनों तथा ईसाई मिशनरियों से समर्थन प्राप्त हो रहा था। महाराष्ट्र में 1875 में फुले द्वारा स्थापित 'सत्यशोधक समाज' से भी दलित आंदोलन को समर्थन मिला। महार जाति के लोग सेना में भर्ती का अधिकार पुनः दिए जाने के लिए उद्वेलित थे। सीमित संसाधनों—थोड़ी-सी ज़मीन, वस्त्र-मिलों पर थोड़ा स्वामित्व, कतिपय नौकरियों, यूरोपियों के घरों में रसोइयों का काम, सेना से प्राप्त थोड़ी पेंशन की बदौलत इन लोगों ने सभी जगह जाति तथा उपजाति पर आधारित संघों का निर्माण किया। महाराष्ट्र में सबसे पहले संगठित होने वाली जाति महार थी। अहमदनगर जैसे छोटे शहरों में भी सार्वजनिक टंकियों से पेयजल लेने के लिए संघर्ष की शुरुआत हो गई। रत्नागिरि के गोपाल बाबा वालंगकर ने, जो सेना में सिपाही के पद से सेवानिवृत्त होकर पेंशन प्राप्त कर रहे थे, सेना में भर्ती पर लगी रोक के ख़िलाफ़ संघर्ष का पुरज़ोर नेतृत्व

किया और आवेदन दिए। शिवराम जानबा कांबले ने 1903 से 1930 तक उस क्षेत्र में सम्मेलनों और आंदोलनों का आयोजन किया तथा लोगों से आवेदन एकत्रित किए। वे पुणे के मेसोनिक हॉल में एक सेवक थे।

1917-18 के पश्चात अस्पृश्यता के विरुद्ध राष्ट्रीय आंदोलन की शुरुआत हो गई। द्वितीय विश्व युद्ध के अंत तथा मांटेग्यू-चेम्सफ़ोर्ड सुधारों के लागू होने से दलितों तथा ग़ैर-ब्राह्मणों के नवजागरण के साथ ही लोकमान्य तिलक की दकियानूसी सामाजिक विचारधारा उनके द्वारा दिए गए नारे–"सामाजिक सुधार के पहले राजनीतिक सुधार" से परिलक्षित होती थी। इस विचारधारा का आगे चल पाना संभव नहीं हो पाया। अस्पृश्यता के विरुद्ध पहला संकल्प 1916 में कांग्रेस के कलकत्ता अधिवेशन के दौरान पारित हुआ। हिंदू महासभा जैसी संस्थाओं में भी इस विषय पर विचार-मंथन शुरू हो गया।

महाराष्ट्र का सर्वाधिक शक्तिशाली समाज सुधारक संगठन था–'डिप्रेस्ड क्लासिज़ मिशन' इसका नेतृत्व उच्च जाति के मराठा विद्वान तथा समाज सुधारक विट्ठल रामजी शिंदे के हाथों में था और इसे प्रार्थना समाज के ब्राह्मण सुधारकों का भी समर्थन था। कांग्रेस समर्थक शिंदे ने 'डिप्रेस्ड क्लासिज़ मिशन' की स्थापना 1906 में की थी जिसका ध्यान शिक्षा तथा बेहतर हिंदुवाद के प्रचार-प्रसार पर था। वे महाराष्ट्र में ग़ैर-ब्राह्मण दल के घोर विरोधी थे जो मराठों को कांग्रेस-उन्मुखी राजनीतिक मोर्चे में रखने के लिए प्रयासरत थे। इस प्रकार शिंदे द्वारा शिक्षा के क्षेत्र में किए जाने वाले प्रयास का उद्देश्य अछूतों को हिंदुवादी राजनीतिक एवं सांस्कृतिक ढांचे में बनाए रखना था।

उच्च जाति द्वारा किए जाने वाले सुधारवादी प्रयासों की दिशा अस्पृश्यता निवारण संबंधी तीन सम्मेलनों से परिलक्षित हुई जिसका आयोजन राष्ट्रवादियों ने 1917 तथा 1918 के दौरान किया। पहले सम्मेलन में एक संकल्प पारित कर अंबेडकर का अभिनंदन करने का निर्णय किया गया लेकिन वे पहले ही बड़ौदा जा चुके थे और उक्त बैठक उनकी अनुपस्थिति में ही संपन्न हुई। इस सम्मेलन में इंडियन नेशनल कांग्रेस

तथा मुस्लिम लीग के संयुक्त सुधारवादी प्रस्तावों को समर्थन देने की बात उठी, लेकिन उस सम्मेलन में उपस्थित सर्वाधिक महत्वपूर्ण दलित नेता नागपुर के जी.ए. गवई ने उक्त प्रस्ताव का विरोध किया। गवई हिंदू महासभा से जुड़े महार नेता थे जिन्होंने बाद में अंबेडकर का प्रमुख रूप से विरोध किया। मार्च 1918 में बंबई में होने वाली दूसरी बैठक में आयोजकों ने दलितों के धर्मांतरण का विरोध किया। तीसरी बैठक में, जो बीजापुर में हुई, महात्मा गांधी भी सम्मिलित हुए। उन्होंने स्पष्ट रूप से कहा कि कांग्रेस के अछूतों के समर्थन के लिए संकल्प के प्रयास का कोई अर्थ नहीं है क्योंकि उपस्थित लोगों में से किसी ने उनके आह्वान पर ख़ुद को अछूत के रूप में स्वीकार नहीं किया। इस प्रकार इनमें से कोई भी मुहिम अछूतों का प्रतिनिधित्व करने का दावा नहीं कर सकती थी।

बढ़ता हुआ ग़ैर-ब्राह्मण आंदोलन, अछूतों के समर्थन का प्रमुख दावेदार रहा था। महाराष्ट्र में 1910 के बाद सत्यशोधक समाज का शहरी तथा ग्रामीण इलाकों में विस्तार हो गया। कोल्हापुर के महाराजा का इस समाज को पूरा समर्थन था। इस समाज ने जाति-पांति तथा ब्राह्मणों के वर्चस्व को नकारने पर बल दिया और यह भी प्रचारित किया कि शूद्र एवं अति-शूद्र (ग़ैर-ब्राह्मण और दलित) ही भारत के मूल निवासी हैं जिन्हें आर्य जाति के आक्रांताओं ने दबा रखा है। 'ग़ैर-आर्य जाति' के मत की व्यापक अपील हुई, मद्रास प्रेसीडेंसी में ग़ैर-ब्राह्मण आंदोलन पर इसका विशेष असर था क्योंकि वहां ग़ैर-आर्य जाति को द्रविड़ तथा आर्यों को उत्तरी आक्रांताओं के रूप में देखा जाता था। 1920 के दशक में चल रहे अधिकांश दलित आंदोलनों ने भी इस सिद्धांत को स्वीकार कर लिया था। वे लोग अपने को आदि-द्रविड़, आदि-आंध्र, आदि-हिंदू तथा आदि-धर्मी के रूप में भारत का मूल निवासी मानते थे।

1917 तक ग़ैर-ब्राह्मणों का सर्वत्र राजनीतिक ध्रुवीकरण शुरू हो गया था। इसी पृष्ठभूमि में मद्रास प्रेसीडेंसी में जस्टिस पार्टी तथा महाराष्ट्र में गैर-ब्राह्मण पार्टी अस्तित्व में आई।

महाराष्ट्र आंदोलन के समर्थक, कोल्हापुर के महाराजा शाहू छत्रपति स्वयं सत्यशोधक समाज के अनुयायी नहीं थे। शिवाजी के वंशज होने के नाते उनका क्षत्रिय होने का दावा था (जिन्हें तब की भाषा में आर्य कहा जाता था), लेकिन वे ग़ैर-ब्राह्मणवादी थे। पारिवारिक पंडित द्वारा उनके क्षत्रिय होने के कारण कर्मकांड कराने से मना कर दिए जाने से ख़फ़ा होकर उन्होंने ब्राह्मणों के समस्त राष्ट्रवादी संगठनों एवं उनके क्रियाकलापों का विरोध शुरू कर दिया। इसके बाद ही सुधारों का समग्र कार्यक्रम शुरू हो गया जिसका उद्देश्य ग़ैर-ब्राह्मणों को राज्य के प्रशासनिक कार्यों में लगाना, उन्हें शिक्षा तथा अर्थोपार्जन के अवसर उपलब्ध कराना था। सन् 1902 में यूरोप दौरे के समय उन्होंने एक सरकारी आदेश जारी किया जिसमें यह निर्देश था कि राज्य की सेवा में केवल ग़ैर-ब्राह्मणों को ही तब तक नियुक्त किया जाए जब तक कि कुल पदों का पचास प्रतिशत न भर जाए। यह भारत में नौकरियों में आरक्षण की शुरुआत थी। इन सुधारवादी प्रयासों में अछूतों की हिस्सेदारी थी। शाहू ने कोल्हापुर में उन लोगों के लिए सराय बनवाई और चाय की दुकान खोलने जैसे छोटे व्यवसाय स्थापित करने में सहायता की। अस्पृश्यता पर प्रहार करने का उनका एक यह भी तरीक़ा था कि शिकार कर लौटते समय वे चाय पीने के लिए उन्हीं लोगों की दुकान पर रुकते थे और अपने साथियों को भी वहीं चाय पीने के लिए कहते थे—बींसवी सदी की शुरुआत में यह अपने आप में एक अनूठी घटना थी।*

जातिवाद तथा ब्राह्मणों के वर्चस्व पर इस प्रकार के गहरे प्रहार का युवा अंबेडकर पर असर पड़ा। शाहू तथा उन जैसे अन्य नेताओं के साथ उनके ताल्लुक़ात बढ़ने लगे। शिंदे तथा उनके 'डिप्रेस्ड क्लासिज़ मिशन' की अंबेडकर से अनबन थी क्योंकि वे अपने को ही अछूतों का प्रतिनिधि मानते थे; उन लोगों ने अपनी मांगें तैयार करते समय

*इस घटना की जानकारी लेखक को शंकरराव खरात ने 1975 में दी।

अंबेडकर तथा अन्य अछूत नेताओं को विश्वास में लेने का प्रयास नहीं किया। साथ ही अछूतों को साथ बैठाकर खिलाने के भी प्रयास नहीं किए गए। इसके ठीक विपरीत, शाहू उन लोगों के साथ न केवल चाय-भोजन लेते थे बल्कि उनकी स्वायत्तता को भी समझते थे। शाहू की मुलाक़ात 1920 में अंबेडकर से हुई। उन्होंने द्विमासिक "मूकनायक" को भी चंदा देना शुरू कर दिया। यह पत्र एक युवा स्नातक डी.डी. घोलप ने शुरू किया था, और इसका संपादन अंबेडकर को करना था (यह पेपर केवल एक वर्ष तक चला)। उन्होंने 19 तथा 20 मार्च 1920 को मनगांव, कोल्हापुर में दो–दिवसीय सम्मेलन का प्रायोजन किया जिसमें अंबेडकर का अभिनंदन किया गया। सम्मेलन में शाहू ने स्पष्ट कहा कि पहले वे भी अपने को दलितों से अलग रखते थे लेकिन अब वे उन लोगों के प्रति समानता तथा मानवता का व्यवहार रखते हैं। उन्होंने ज़रूरत के समय हमेशा धन से मदद की, जैसे अंबेडकर के दूसरी बार लंदन जाने में उन्होंने आर्थिक सहायता उपलब्ध करवाई।

इन दो नेताओं के बीच शुरू से ही व्यक्तिगत संबंध थे। उनके आपसी संबंध बराबरी पर आधारित थे, हालांकि उनकी सामाजिक तथा आर्थिक परिस्थितियों में भिन्नता थी। वे अक्सर आपस में जाति-समस्या तथा ब्राह्मणवाद पर चर्चा करते थे। चाहे पारिवारिक पुजारी तथा अभिजात्य ब्राह्मणों के हाथों शाहू के अपमान की घटना हो अथवा 'शूद्र' के रूप में अंबेडकर के साथ भेदभाव की घटना, दोनों को ही जातिगत भेदभाव का शिकार होना पड़ा था। इसके बावजूद अंबेडकर को सारी उम्र ब्राह्मण जाति के लोगों का यदा-कदा समर्थन मिलता रहा, लेकिन ग़ैर-ब्राह्मणों के साथ उनका सामाजिक मेलजोल ज्यादा सहज रहा। अड़ियलपन का उनका स्वभाव और जीत हासिल करने के उनके दृढ़ संकल्प को शाहू के सहयोग से पल्लवित होने का मौक़ा मिला।

अंबेडकर को अपनी राजनीतिक पहल के कारण विट्ठल रामजी शिंदे के साथ उलझना पड़ा। यह साउथ बौरो आयोग के समक्ष साक्ष्य देने

का मामला था। इस आयोग का गठन मांटेग्यू-चेम्सफ़ोर्ड सुधारों के पश्चात किया गया था जो मताधिकार के बारे में भारत के लोगों का विचार जानने के लिए सर्वेक्षण करने हेतु भारत के दौरे पर था। अछूतों के बारे में राय जानने के लिए सरकार ने किसी अछूत नेता को न बुलाकर शिंदे तथा चंदावरकर को बुलाया जों उस समय के जाने-माने सामाजिक कार्यकर्ता थे और उक्त विषय पर कार्यरत थे। शिंदे का विचार था कि अछूतों को मताधिकार दिया जाए, लेकिन वे इसके लिए चौथी पास होने की शर्त लगाए जाने के पक्षधर थे। अंबेडकर ने अपना ज्ञापन सौंपा और यह मांग की कि बंबई प्रेसीडेंसी के चयनित चुनाव क्षेत्रों से मतदान द्वारा (अल्प महत्व के मतदान सहित) ग्यारह अछूतों का चयन किया जाए जो बाद में विधानसभा के लिए एक प्रतिनिधि का चयन करेंगे। इस प्रकार दलित विषयों के बारे में महाराष्ट्र से समिति को सौंपे गए ज्ञापनों में से दो ज्ञापन अत्यंत महत्वपूर्ण थे।

अंबेडकर अपने दावों पर अड़े रहे और शिंदे पर सीधा प्रहार जारी रखा। वे शाहू महाराज के साथ नागपुर गए और 'ऑल इंडिया कॉन्फ्रेंस ऑफ़ द बायकाटेड' (अखिल भारतीय बहिष्कृत परिषद) के तीन दिवसीय सम्मेलन में हिस्सा लिया। वहां उन्होंने शिंदे के ख़िलाफ़ यह कहते हुए एक संकल्प रखा कि शिंदे के प्रस्तावों से अछूत सदा ऊंची जाति के वर्चस्व के अधीन ही बने रहेंगे। इसके पश्चात अंबेडकर ने आगे भी शिंदे के नेतृत्व के ख़िलाफ़ अपना अभियान जारी रखा। छात्रावास में जब कुछ दलित छात्रों ने शिंदे के निरंकुशतापूर्ण व्यवहार का विरोध किया तो उन्हें अंबेडकर का समर्थन मिला। बाद में शिंदे के प्रयास विफल हुए, अछूतों के उद्धार का उनका तरीक़ा कामयाब न हुआ और उन्हें निराशा का सामना करना पड़ा।

सन् 1923 में अंबेडकर के लंदन से वापस आने के पश्चात ही संगठन के काम को बेहतर स्वरूप मिल पाया। अछूत समुदाय के लोग उनके घर पर हमेशा इकट्ठा होने लगे। कार्य-योजना शुरू किए जाने के लिए

मांग बढ़ने लगी। 9 मार्च 1924 को 'बहिष्कृत हितकारिणी सभा' का गठन करते हुए उन्होंने इस दिशा में पहला क़दम रखा। उसकी प्रबंध समिति के अध्यक्ष वे स्वयं बने जबकि सर चिमनलाल सेतलवाड़, के. एफ. नरीमन तथा अन्य विशिष्ट समर्थक इसके बोर्ड के सदस्य बनाए गए। 'बहिष्कृत' शब्द का प्रयोग एक छोटे संगठन द्वारा 1920 में अकोला ज़िले में किया गया था। शायद यह पहला सामाजिक उद्‌बोधन था जिसका उपयोग अछूतों ने अपने आप के लिए किया था। उक्त सभा के उद्देश्यों में शिक्षा का प्रसार, आर्थिक सुधार तथा पद-दलित वर्ग के लोगों की शिकायतों को उजागर करना शामिल था। सभा की ओर से परेल में एक छोटा पुस्तकालय खोला गया। नगर निगम की ओर से प्राप्त अनुदान राशि से शोलापुर में दलितों के लिए छात्रावास खोला गया। साथ ही संपूर्ण मराठी भाषा-भाषी क्षेत्र में रैलियों तथा सम्मेलनों का आयोजन होने लगा।

'बहिष्कृत हितकारिणी सभा' के जरिए अंबेडकर जन संगठनकर्ता के रूप में उभरे। उनकी छवि प्रभावी वक्ता की बनी जो दलितों की समस्याओं को आवाज़ देते थे। फिर भी अपने भाषणों के दौरान कभी-क़भी वे भावनाओं में बहते नज़र आते थे। खैरमोडे (1958, 2:99,144-45) ने सतारा में एक बैठक का उल्लेख किया है जिसमें एक ब्राह्मण वक्ता—सोमन ने अछूतों के उन अनुरोधों की आलोचना की थी जिनके जरिए उक्त समुदाय के लोगों को सरकारी नौकरियों में स्थान देने की बात की गई थी। यह बात उस समय की है जब सरकारी नौकरियों के बहिष्कार के लिए राष्ट्रीय आंदोलन चलाया जा रहा था। अंबेडकर तत्काल खड़े हो गए और सोमन पर बुरी तरह बरसते हुए और ब्राह्मणों के ढकोसलेपन को उजागर करते हुए कहा कि ये वही लोग हैं जिन्होंने नौकरशाही पर इतने दिनों से क़ब्ज़ा कर रखा है और अब जबकि दलित लोग शिक्षा के प्रति थोड़े जागरूक हो रहे हैं तो राष्ट्रीय आंदोलन के नाम पर उन लोगों के सरकारी नौकरी में प्रवेश पर आपत्ति जताई जा रही है।

उसी दौरान विधान परिषद में भी अछूतों के मुद्दे उठने शुरू हो गए थे। कोंकण ग़ैर-ब्राह्मण पार्टी के सदस्य एस.के.बोले ने सार्वजनिक स्थलों पर अछूतों को प्रवेश की अनुमति दिए जाने के संबंध में एक विधेयक पेश किया था। उक्त विधेयक पारित भी हुआ, हालांकि उसमें मंदिरों में प्रवेश का कोई उल्लेख नहीं था। इसी तरह एक अन्य अछूत जन-प्रतिनिधि डी.डी. घोलप ने 'महार वेतन' समाप्त करने संबंधी एक विधेयक पेश किया था। इस मुद्दे पर पहले भी काफ़ी संघर्ष हो चुका था। वेतन भूमि महारों की वह भूमि थी जो उन्हें ग्राम सेवा की एवज़ में मिली थी। ब्रिटिश सरकार उक्त ज़मीन के लिए सामान्य से कम कर लेती थी जबकि ग़ैर भुगतान सेवाओं पर वसूली पूर्व की भांति जारी रखी गई थी।

सन् 1926 में गुजराती अछूत नेता डॉ. पी.जी. सोलंकी के साथ-साथ अंबेडकर भी बंबई विधान परिषद के सदस्य नियुक्त किए गए। विधायक के रूप में प्रभावी वक्ता तथा लंबे समय तक बने रहने वाले विशिष्ट राजनेता का यह उद्भव काल था जिसका अंत उनकी मृत्यु के साथ ही हुआ। परिषद के वाद-विवादों में वे सक्रिय रूप से भाग लेते थे। उनके उत्तेजक भाषणों, व्यवधानों पर जब प्रतिकूल प्रश्न दाग़े जाते थे तो वे हमेशा अपने सटीक उत्तरों के साथ उपस्थित रहते थे। राष्ट्रवादियों ने एक बार चुनौतीपूर्ण लहजे में उनसे कहा, "आप यह क्यों नहीं याद करते कि आप भी संपूर्णता के एक खंड हैं।" इस पर उनका उत्तर था, "मैं संपूर्णता का एक खंड न होकर दूरी पर फेंक दिया गया एक खंड हूं।"

इसी बीच अछूतों का पहला बड़ा जन-संघर्ष शुरू हो रहा था। संघर्ष का केंद्र पेयजल अधिकार प्राप्त करना था। यह बुनियादी मानवीय आवश्यकता से जुड़ा प्रश्न था। अछूतों को यह अधिकार इसलिए प्राप्त नहीं था क्योंकि मान्यता थी कि वे जल स्थल को प्रदूषित करते हैं। कोंकण के छोटे शहर महाद में इसकी शुरुआत हुई। वहां नगर निगम

ने एक संकल्प पारित कर पानी के टैंकों को अछूतों के लिए खोलने की घोषणा की। यहां के लोगों का बंबई से गहरा ताल्लुक था क्योंकि बहुत से दलित और हिंदू जाति के लोग बंबई की कपड़ा मिलों में काम करते थे। अंबेडकर का दलितों तथा अन्य प्रगतिशील हिंदू जातियों (विशेषकर कायस्थों) में विशेष जनाधार था (महाराष्ट्र में ये लोग चंद्रसेनिया कायस्थ प्रभु अथवा सी.के.पी. के रूप में जाने जाते थे)। इनमें बहिष्कृत हितकारणी सभा के सी.के.पी. कार्यकर्ता अनंतराव चित्रे, सी.के.पी. के एक अन्य नेता सुरेंद्रनाथ टिपनिस जो नगर निगम के अध्यक्ष भी थे, बंबई के श्रमिक नेता एन.एम. जोशी के नेतृत्व वाली सोशल सर्विस लीग के ब्राह्मण सदस्य जी.एन. सहस्रबुद्धे शामिल थे। इनमें से चित्रे तथा टिपनिस अंबेडकर की इंडिपेंडेंट लेबर पार्टी की ओर से विधानसभा के सदस्य चुने गए जबकि सहस्रबुद्धे अंबेडकर द्वारा 1930 में स्थापित किए गए साप्ताहिक पत्र 'जनता' के संपादक बनाए गए।

19-20 मार्च 1927 को बहिष्कृत हितकारिणी सभा ने महाद में कोलाबा ज़िला बहिष्कृत सम्मेलन का आयोजन किया। सम्मेलन के दूसरे दिन अनंतराव चित्रे ने अचानक एक प्रस्ताव रखते हुए कहा कि सब लोग पानी के टैंक की ओर चलें और पानी पीएं। उन्होंने कहा, "मैंने पहले ही तय कर लिया था और मौक़े पर बम का गोला फेंक दिया।" पंद्रह सौ उत्साही लोगों का सैलाब एकाएक टैंक की ओर बढ़ चला और पानी पीने लगा। शहर में ख़बर फैलते ही अन्य हिंदू जातियों के क्रुद्ध लोग इकट्ठा होने लगे। उन्हें भय था कि अब दूसरा आक्रमण मंदिरों पर होगा। इसी के चलते उन लोगों ने अछूतों की पिटाई शुरू कर दी। बाद में ब्राह्मणों ने टैंकों के शुद्धीकरण की रस्म अदा की।

इस घटना तथा इसके बाद होने वाले दंगों तथा पुलिस कार्रवाई की चर्चा पूरे महाराष्ट्र में हुई। महाद अब अभियान का केंद्र बन चुका था। वहां की घटना ने पूरे राज्य में दलित समुदाय के लोगों को जागरूक कर दिया था और इसका प्रचार पूरे देश में होने लगा। अंबेडकर ने

दिसंबर में सत्याग्रह सम्मेलन की घोषणा की जिसका उद्देश्य जल अधिकार प्राप्त करना था। इसके साथ ही उन्होंने आठ से बारह पृष्ठों की 'बहिष्कृत भारत' नामक एक द्विमासिक पत्रिका शुरू की। यह पत्रिका सितंबर माह तक नियमित रूप से प्रकाशित होती रही लेकिन बाद में 1930 तक इसका रुक-रुक कर प्रकाशन हुआ। इस पत्र का प्रकाशन दामोदर हॉल कार्यालय से होता था जहां इस पत्र की अधिकांश प्रकाशन सामग्री को अंबेडकर स्वयं कुछ उत्साही विद्यार्थियों को बोलकर लिखवाते थे। इस पत्र में महाद कार्यक्रम, 'महार वेतन विधेयक' जो असेंबली में लंबित सर्वाधिक महत्वपूर्ण मामला था और समर्थन बैठकों के विचार-विमर्श के संबंध में रिपोर्ट प्रकाशित होती थीं। साथ ही इसमें अछूतों की सभी प्रकार की बैठकों अथवा बहिष्कृत लोगों की बैठकों—जैसा कि उस समय उनके बारे में उल्लेख किया जाता था और कांग्रेस के 'अस्पृश्यता निवारण' कार्यक्रमों का उल्लेख होता था। इसके अलावा पत्र में विभिन्न प्रकार की राजनीतिक घटनाओं, धार्मिक तथा सांस्कृतिक विषयों पर रिपोर्टें प्रकाशित की जाती थीं।

'बहिष्कृत भारत' के लेखकगण आर्य समाज के शुद्धीकरण अभियान की आलोचना करते थे। उनका कहना था कि आर्य समाज में शुद्धीकरण का उद्देश्य जाति-पांति से शुद्ध या परे होकर आर्य समाज का सृजन करना था, लेकिन अब वे लोग जाति-पांति को समाप्त करने का उद्देश्य भूल चुके हैं और उनका एकमात्र लक्ष्य अधिक से अधिक लोगों को हिंदू बनाना रह गया है। ग़ैर-ब्राह्मणों तथा सत्यशोधक कार्यकर्ताओं की भी दोस्ताना लेकिन तीव्र आलोचना की गई। एक महत्वपूर्ण बात यह हुई कि तत्कालीन उभरते उग्र युवा नेता दिनकरराव जावलकर तथा केशवराव जेधे ने यह मांग रख दी कि आगामी सत्याग्रह में किसी भी ब्राह्मण को भाग लेने की अनुमति न दी जाए। इस पर अंबेडकर ने अपनी प्रतिक्रिया करते हुए कहा कि उनका आंदोलन ब्राह्मणों के ख़िलाफ़ न होकर 'ब्राह्मणवादी धर्म' के ख़िलाफ़ है। इसमें केवल वही ब्राह्मण दोषी

हैं जो इसमें शामिल हैं। उन्होंने इस विभेद को यह कहते हुए व्याख्यायित किया, 'हम ब्राह्मणों के नहीं, बल्कि ब्राह्मणवाद के विरुद्ध हैं–जबकि वे लोग ब्राह्मणवाद के नहीं, बल्कि ब्राह्मणों के विरुद्ध हैं' (जनता, 29 जुलाई 1927)। अंत में धर्म परिवर्तन, विशेषकर इस्लाम अपनाए जाने की सूचनाएं आईं और इसकी आवश्यकता पर चर्चा हुई। अंबेडकर ने अपने लेख में महत्वपूर्ण घोषणा करते हुए लिखा, "हमें इस बात पर विचार करना होगा कि हिंदू धर्म हमारा है अथवा नहीं।" (बहिष्कृत भारत, 29 जुलाई 1927) मंदिर में प्रवेश हेतु अनेक आंदोलन चलाए गए। एक ऐसा ही अभियान अमंरावती में भी चलाया गया। उधर महार वतन विधेयक पर भी विस्तृत चर्चा हुई।

23 दिसंबर 1927 आते-आते महाद टैंक घटना के बारे में लोगों में अभूतपूर्व रुचि पैदा हो चुकी थी और इस दिन दस से पंद्रह हजार की तादाद में दलित समुदाय के लोग एक ऐसी जगह इकट्ठे हो गए जिसे गांधी की तस्वीरों से सजाया गया था। उसी समय ज़िला मजिस्ट्रेट ने निषेधाज्ञा जारी कर पानी के टैंक के उपयोग पर रोक लगा दी। अंबेडकर ने उक्त आज्ञा का पालन करने का निर्णय लिया लेकिन साथ ही एक दूसरा सांकेतिक विरोध दर्ज करने का निर्णय लिया। यह निर्णय था 'मनुस्मृति' को जलाने का। यह पुस्तक ब्राह्मणवादी हिंदुवाद का पारंपरिक लेकिन स्थापित विधान रहा है। 'मनुस्मृति' को जलाने संबंधी संकल्प तैयार करने में सभी जाति के लोग शामिल थे और इसे ब्राह्मण सहस्रबुद्धे द्वारा पेश किया गया और चंभार नेता पी.एन. राजभोज ने इसका अनुमोदन किया। सम्मेलन के प्रथम दिन रात्रि के समय 'मनुस्मृति' का दहन किया गया। सम्मेलन के तीसरे दिन एक उग्र शोभा यात्रा निकाली गई और भक्तिमार्ग के संतों, गांधी, अगरकर तथा शाहू महाराज के नाम के नारे लगाए गए। उसी दिन अंबेडकर ने महिला सदस्यों के साथ अलग से बैठक की जिसमें काफ़ी अधिक संख्या में महिलाएं उपस्थित थीं। उन्होंने अपनी बात इस अनुरोध के साथ शुरू की कि नीची जाति की महिलाओं

को चांदी के ज़ेवरात पहनना बंद करके अपना पहनावा-पोशाक ठीक उसी तरह रखनी चाहिए जैसी कि ऊंची जाति की महिलाएं रखती हैं ताकि नीची जाति के पहनावे की कोई अलग पहचान न रहे। उन्होंने अपनी बात की समाप्ति यह कहते हुए की कि महिलाओं को अपनी पुत्रियों को पुत्र के समान ही पढ़ाना चाहिए। इसके बाद ही महाद अंबेडकर के संगठनात्मक कार्यकलापों का महत्वपूर्ण केंद्र बन गया। यह अछूत जाति के उत्साही लोगों की सहभागिता तथा उच्च जाति के नेताओं के एक दल के सहयोग की महत्वपूर्ण आधारभूमि बन चला था।

हिंदुओं के पवित्र शास्त्रों में से एक को आघात का लक्ष्य बनाना अछूतों के लिए सार्वजनिक स्थलों एवं सुविधाओं के उपयोग का अधिकार दिए जाने संबंधी मांग से जुड़ा था और इसमें धार्मिक आधार पर भेदभाव के प्रति विरोध हुआ था। 1920 के दशक में अछूतों में अपने अधिकारों के प्रति जागरूकता बढ़ी। मंदिरों में प्रवेश के लिए आंदोलन जारी था। केरल के गुरुवयूर मंदिर के लिए भी संघर्ष हो रहा था। लेकिन वहां संघर्ष का लक्ष्य अछूतों को मंदिर के सामने चौराहे से गुज़रने भर का अधिकार दिलाने से था। ई.वी. रामास्वामी 'पेरियार' इस संघर्ष के प्रणेता बनकर उभरे। गांधी ने बीच-बचाव कर सुलह कराई। उसी समय पुणे के पार्वती मंदिर तथा नासिक के राम मंदिर में भी प्रवेश के लिए संघर्ष शुरू हो गया। हालांकि अंबेडकर इनमें से किसी भी संघर्ष में सीधे शामिल नहीं थे, फिर भी नासिक सत्याग्रह के वे औपचारिक नेता थे। उनका ध्यान धर्मनिरपेक्ष नागरिक अधिकार सुनिश्चित करने पर ज़्यादा था और साथ ही उनके उद्देश्यों में हिंदुवाद को नकारना था। महाद सम्मेलन के समय 'बहिष्कृत भारत' में प्रकाशित अपने एक लेख में उन्होंने गांधी के उन प्रयासों की तीखी आलोचना की थी जिनके माध्यम से वे अछूतों को हिंदुवाद से जोड़े रखना चाहते थे।

यह भी उल्लेखनीय था कि अंबेडकर को आर्य विजय के सिद्धांत की पृष्ठभूमि में जाति की व्याख्या मान्य नहीं थी। वे 'हिंदुवाद' को पूरी

तरह से नकारना भी नहीं चाहते थे। इस बीच उन्होंने पुस्तकें ख़रीदकर उनका विस्तृत अध्ययन जारी रखा। भक्ति आंदोलन के संत तुकाराम, ज्ञानेश्वर तथा अन्य सामाजिक सुधारकों की रचनाएं तथा उनसे जुड़े साहित्य का भी अंबेडकर अध्ययन कर रहे थे। स्वायत्तता की मांग सर्वत्र व्याप्त थी। उनका कहना था—स्वयं को जानो, अपने प्रयास से बढ़ो, अध्ययन करो। उनके पिता कबीरपंथी थे, अस्तु वे भक्तिमार्गी परंपरा का भी अनुसरण कर रहे थे। वे कबीर के सुधारवाद तथा ब्राह्मणवादी ढांचे के समन्वय से भिज्ञ थे।

उनकी अन्य गतिविधियां भी जारी थीं। 1925-26 के दौरान उन्हें राजनीतिक रूप से महत्वपूर्ण दो मुक़द्दमे मिले। उनमें से एक दिनकरराव जावलकर द्वारा लिखित लघु पुस्तिका 'देशचासे दुश्मन' से संबंधित था। यह पुस्तिका घोर ब्राह्मण विरोधी थी। इसमें जावलकर ने लोकमान्य तिलक तथा विष्णुशास्त्री चिपलंकर की तीखे शब्दों में आलोचना की थी और उन्हें 'देश का दुश्मन' तक कह डाला था। जावलकर ने गांधी को बेहतर विकल्प माना था। जेधे तथा जावलकर के साथ-साथ उनके दो ग़ैर-ब्राह्मण कार्यकर्ता मुक़द्दमा हार गए। अंबेडकर ने आगे अपील की और उन्हें छुड़ा लिया—उन्होंने दलील दी कि पहले वाले जज पूर्वाग्रहित थे जो फुले को छद्म ईसाई मानते थे। दूसरा मुक़द्दमा 'इंडिया एंड चाइना' पुस्तिका से जुड़ा था जिसके लेखक फ़िलिप स्प्रैट थे। वे ब्रिटिश कम्युनिस्ट थे जो भारत में कम्युनिस्ट आंदोलन का आधार निर्मित करने के लिए आए हुए थे। इस मुक़द्दमे में अंबेडकर बचाव पक्ष के वकील थे और उन्होंने यह मुक़द्दमा भी जीत लिया।

1926 में अंबेडकर ने भी मुद्रा तथा वित्त संबंधी रॉयल कमीशन के समक्ष साक्ष्य दिया। उन्होंने रुपए-पाउंड विनिमय दर के बारे में एक पुस्तिका का प्रकाशन किया। इस पुस्तिका में भारत के विभिन्न वर्गों पर पड़ने वाले मुद्रा अवमूल्यन के प्रभाव का विश्लेषण दिया गया था। अंबेडकर ने तुलनात्मक रूप से रुपए के कम मूल्य के बारे में दलील दी। ब्रिटिश

सरकार ने भी अंबेडकर के आर्थिक चिंतन की क्षमताओं को पहचानना शुरू कर दिया।

बंबई विधान परिषद के सदस्य के रूप में अंबेडकर एक सशक्त वक्ता के रूप में उभरे। उनका सर्वाधिक महत्वपूर्ण विधेयक महार वेतन संबंधी विधेयक था जो कई दशकों तक एक मुद्दा बना रहा। महारों का पारंपरिक काम ग्राम सेवा था, वे बारह बलुतेदारों अथवा ग्राम सेवकों में से एक होते थे जिसके लिए उन्हें कई प्रकार के अनुलाभ तथा छोटे-छोटे ज़मीन के टुकड़े मिलते थे। ब्रिटिश शासनकाल में महारों को राजस्व भुगतान सहित भूमि आवंटन की परंपरा थी, उन लोगों को सामान्य दर से कम भुगतान करना पड़ता था। इस प्रकार महारों को नौकरशाहों की हर प्रकार की सेवा करनी पड़ती थी जिसमें शारीरिक श्रम और अनियमित समय तक काम करना शामिल था। ग़ैर-ब्राह्मणों की मदद से जोशी वेतन के ख़िलाफ़ एक उसी प्रकार का विधेयक पारित हुआ था जिसमें गांव के पुजारियों को परंपरागत रूप से भुगतान पर लगे क़ानूनी प्रतिबंध को समाप्त करने का प्रावधान था। ब्रिटिश सरकार द्वारा महार वेतन विधेयक के विरोध का एकमात्र कारण यह था कि वह श्रमिकों की मज़दूरी का सीधा भुगतान कर पाने की स्थिति में नहीं थी। महार वेतन विधेयक ब्रिटिश उपनिवेशवादी राज द्वारा सामंती अतिरिक्त विनियोग का अपने हितों के लिए उपयोग किए जाने का जीता-जागता उदाहरण था। वे अंत तक इसमें किसी प्रकार के परिवर्तन का विरोध करते रहे।

सितंबर 1927 में अंबेडकर ने हिंदुओं, ईसाइयों तथा अछूतों को मिलाकर एक समता समाज संघ का गठन कर सभी जातियों के बीच साथ भोजन करने तथा अंतरजातीय विवाह का अभियान छेड़ा। लेकिन इसका कोई विशेष परिणाम न निकला। अंतरजातीय विवाह का प्रयास भी तब विफल रहा जब महार लड़की से शादी करने के लिए तयशुदा मराठा लड़का आया ही नहीं। उक्त संगठन ने अछूतों के मांगलिक अवसरों पर वैदिक समारोह को बढ़ावा देने का भी प्रयास किया। इससे पता चलता है कि अंबेडकर हर प्रकार के हिंदुवाद से संघर्ष नहीं चाहते थे।

1920 के दशक में साइमन कमीशन की चर्चा रही, साथ ही भारत के लिए नया संवैधानिक ढांचा तैयार करने के लिए गोलमेज़ सम्मेलन का प्रस्ताव आया। कांग्रेस ने कमीशन का बहिष्कार किया था। तीव्र राष्ट्रवादी लहर के चलते मुस्लिम लीग तथा मद्रास की जस्टिस पार्टी ने भी कमीशन का बहिष्कार किया था। लेकिन अंबेडकर तथा अन्य दलित (तमिलनाडु में पेरियार द्वारा अनुरोध किए जाने पर) कमीशन के समक्ष साक्ष्य देने को कृतसंकल्प थे। अछूतों के सभी अठारह संगठनों ने सामने आकर कमीशन के समक्ष साक्ष्य दिया। अंबेडकर का लंबा ज्ञापन मई 1928 में दो हिस्सों में सौंपा गया और बहिष्कृत हितकारिणी सभा की ओर से उन्होंने अपना साक्ष्य 23 अक्टूबर को दिया। अंबेडकर ने अपने ज्ञापन में राज्यों की स्वायत्तता तथा वयस्क मताधिकार की बात रखी और उन्होंने समुदाय तथा जाति-आधारित मतदाताओं की अवधारणा को नकार दिया था जिसमें मुस्लिम समुदाय भी शामिल था। उनका अनुरोध था कि मुस्लिमों, अछूतों, एंग्लो-इंडियनों तथा ग़ैर-ब्राह्मणों को आरक्षण दिया जाना चाहिए। उन्होंने बंबई राज्य परिषद के लिए 140 सदस्यों की व्यवस्था की मांग की जिसमें 33 मुस्लिम तथा 15 अछूत सदस्यों की मांग थी। उन्होंने लोक सेवाओं में प्रतिनिधित्व की मांग की। राष्ट्र-भावना से ओत-प्रोत माहौल में विद्यार्थीगण विधि की उनकी कक्षा से विरोधस्वरूप उठकर चले जाते थे। ठीक इसके विपरीत उनके दलित समर्थकों ने उनके द्वारा प्रस्तुत ज्ञापन को 'मैनिफ़ेस्टो ऑफ़ दलित ह्यूमन राइट्स' कहा। इस प्रकार 1920 का दशक दलितों के मानवाधिकार, संगठनात्मक तथा वैचारिक स्तर पर भारतीय राष्ट्रवाद के विरोध का दशक रहा जो आने वाले समय में और संभावित विरोध को दर्शाने वाला था।

तीन

'गांधीजी, मेरा कोई वतन नहीं है।'

गोल मेज़ सम्मेलन, पूना समझौता तथा राष्ट्रवादी की दुविधाएं

भारतीय राष्ट्रीय आंदोलन की बड़ी विफलताओं में से एक दलित एवं अन्य दबी-कुचली जातियों के उत्थान के लिए तत्कालीन संघर्ष से टकराव की घटनाएं थीं। ऐसा नहीं होना चाहिए था। यह सत्य है कि अंबेडकर ने अपना नाम एक ब्राह्मण अध्यापक के नाम पर रखा था तथा उनके अनेक मित्र ऊंची जाति के थे। वे बुनियादी रूप से भी एक राष्ट्रवादी थे। उनके विकासात्मक तथा आर्थिक चिंतन नेहरू तथा वामपंथ के चिंतन से मेल खाते थे। अंबेडकर जाति-आधारित भेदभाव के कटु आलोचक थे। वे गांधी के इस विचार से कुछ हद तक इत्तफ़ाक़ रखते थे कि सामाजिक तथा राजनैतिक मुद्दों के मेल से अछूतों का भला होगा। किंतु गांधी के ब्राह्मणवादी हिंदू ढांचे के मामले में अंबेडकर का कड़ा विरोध था।

कांग्रेस के प्रति निराशावादी विचार के कारण 1930-32 की कतिपय राजनैतिक घटनाएं कटुता में तब्दील हो गईं। इसका केंद्र बिंदु महात्मा गांधी थे। इसी अवधि के दौरान गोल मेज़ सम्मेलन संपन्न हुआ। गांधी ने अछूतों के लिए पृथक मताधिकार का विरोध किया और रैम्से मैकडोनाल्ड

अवार्ड के विरोध में भूख-हड़ताल की। हरिजन सेवक संघ की स्थापना हुई। यह अछूतों के लिए काम करने वाला कांग्रेस प्रायोजित मुख्य संगठन था।

8 अगस्त 1930 को प्रथम गोल मेज़ सम्मेलन की तैयारी के लिए अंबेडकर ने नागपुर में एक अखिल भारतीय पददलित वर्ग सम्मेलन का आयोजन किया। सम्मेलन में संकल्प पारित कर तत्काल प्रभुत्व पद की मांग की गई, साइमन कमीशन की रिपोर्ट को ख़ारिज करते हुए अछूतों के लिए वयस्क मताधिकार की मांग की गई जिसके अंतर्गत विधान परिषदों में प्रतिनिधित्व (वयस्क मताधिकार की स्थिति में आरक्षण के माध्यम से) तथा लोक सेवा में आरक्षण व्यवस्था किया जाना शामिल था। सीटों में आरक्षण की यह मांग अन्य अछूत नेताओं की मांग से भिन्न थी जो पृथक मताधिकार की मांग कर रहे थे।

अंबेडकर के अध्यक्षीय भाषण में इन्हीं बातों का विशेष उल्लेख था। उन्होंने बलपूर्वक कहा कि जाति, वंश, धर्म तथा भाषा की बहुलता भारतीय स्वतंत्रता के आड़े नहीं आ सकती। उपनिवेशवाद पर मुखर तथा तीखा प्रहार करते हुए उन्होंने कहा कि ब्रिटिश सरकार ने न तो अछूतों के उद्धार के लिए कुछ किया और न ही किसानों तथा कामगारों के शोषण की समाप्ति के लिए। 'पूंजीपतियों' तथा 'ज़मींदारों' के प्रति उनके नज़रिए और कांग्रेस नेताओं को उनके द्वारा 'सामंतवादी' कहे जाने से उनके सामाजिक-आर्थिक रूप से मौलिक चिंतक होने का पता चलता है।

अंबेडकर के 1930 के भाषण से उनके राष्ट्रवादी होने का पता चलता है। राष्ट्रवाद की उनकी अवधारणा के अनुसार समतामूलक तथा जाति-मुक्त समाज के निर्माण के लिए ब्रिटिश शासन का समाप्त होना पूर्व-शर्त थी। फुले, पेरियार तथा अन्य नेता जाति-विरोधी आंदोलन के पुरोधा थे, उनका राष्ट्रवाद लोकतांत्रिक राष्ट्र-निर्माण पर केंद्रित था, और वे भारतीयों को महज़ सत्ता हस्तांतरित कर दिए जाने के पक्षधर नहीं थे। उनके प्रयासों को 'राष्ट्र-निर्माण' के रूप में व्याख्यायित किया जा सकता है। उनका

सबसे बड़ा योगदान 'राष्ट्र-निर्माण' की अवधारणा को आधुनिक स्वरूप प्रदान करना था। वे लोकतांत्रिक तथा विवेक-आधारित समाज का निर्माण चाहते थे जिसमें उच्च मूल्यों का समावेश हो और जो फ़्रांसीसी क्रांति के मूल उद्देश्यों—स्वतंत्रता, समानता तथा भाईचारे का संपोषक हो। निश्चय ही ब्रिटिश औपनिवेशिक शासन इस उद्देश्य की प्राप्ति में बाधक था। हालांकि अछूतों के लिए यह शासन उतना प्रतिकूल नहीं था जितना अभिजात्य वर्गों के लिए क्योंकि उन्होंने सीधे सत्ता खो दी थी। शिक्षा तथा रोज़गार के अवसर खुलने का लाभ निम्न जाति के लोगों को हुआ था। 'संस्कृति तथा परंपराओं' के टूटने की अपील का असर निम्न जाति के लोगों पर कम था क्योंकि वे इसी संस्कृति तथा परंपराओं के नकारात्मक पक्ष के शिकार थे। इस प्रकार अंग्रेज़ों के प्रति अंबेडकर का रवैया रणनीतिक था। उन्होंने बाद में कहा कि ब्रिटिश उनके दुश्मन हैं और उच्च जाति के राष्ट्रवादी भी उनके दुश्मन हैं अतः 'हम दो दुश्मनों से एक साथ नहीं लड़ सकते।'

पुणे के बाहर कोरेगांव नामक एक गांव उल्लेखनीय है। अंबेडकर ने यहां हर वर्ष रैलियों का आयोजन शुरू किया। यही वह स्थान था जहां 1 जनवरी 1818 में ब्रिटिश सेना ने पेशवा की सेनाओं के साथ निर्णायक युद्ध लड़ा था। बाद में ब्रिटिश शासन की ओर से यहां शहीद हिंदुस्तानियों की याद में एक स्मारक का निर्माण कराया गया जिन्होंने ब्रिटिश सेना की ओर से लड़ते हुए अपने प्राण न्योछावर कर दिए थे। स्मारक पर उनचास सैनिकों के नाम खुदे थे जिनमें से बाइस महार जाति के थे। अपनी रैलियों में अंबेडकर कहा करते थे कि महारों ने ही अंग्रेज़ों को सत्ता दिलवाई है और महार ही उन्हें बाहर खदेड़ सकते हैं। इसका निहितार्थ यह था कि वे अब घृणा पर आधारित जातिवादी पेशवाओं के सामंतशाही राज की वापसी के लिए कोई प्रयास करने वाले नहीं हैं। कोरेगांव शक्तिशाली सांकेतिक महत्व का केंद्र बन गया था। बहुत से मराठी दलित इसे प्रथम अछूत मुक्ति आंदोलन मानते हैं। आज भी कोरेगांव में प्रतिवर्ष जन-समुदाय एकत्रित होता है।

अक्टूबर 1930 में अंबेडकर तथा मद्रास के एम.एन. श्रीनिवासन भारत के अछूतों के प्रतिनिधि के रूप में प्रथम गोल मेज़ सम्मेलन में भाग लेने के लिए लंदन रवाना हुए। 10,000 उत्साही कार्यकर्ताओं तथा स्वयंसेवकों ने बैठक करके अपने नेता को विदाई दी। बैठक की अध्यक्षता चंभार नेता एस.एन. शिवतारकर ने की, जबकि के.ए. केलुस्कर ने अत्यंत ओजपूर्ण भाषण दिया। गोल मेज़ सम्मेलन के दौरान अंबेडकर ने कई समिति-बैठकों में हिस्सा लिया और अपने सुस्पष्ट विचार रखे। उनका सर्वाधिक ध्यान फ़ेडरल स्ट्रक्चर कमेटी पर केंद्रित था जहां उन्होंने मज़बूत केंद्रीय सरकार के पक्ष में दलील रखी। उनका कहना था कि सरकार का काम कल्याणकारी कार्य शुरू करना है, उसका ध्यान छोटे समूहों (जैसे अछूतों के समूह) पर होना चाहिए, साथ ही सुरक्षा एवं प्रशासन भी उसके दायरे में आता है।

उन्होंने दो-टूक शब्दों में कहा कि अछूतों की राजनीतिक स्वतंत्रता भारत की स्वतंत्रता के पश्चात ही सुनिश्चित की जा सकती है। 20 नवंबर 1930 को अपने उद्घाटन भाषण में उन्होंने नागपुर में दिए गए भाषण की बातों को ही पुनः रेखांकित किया। उनका मत था किः

> भारत से नौकरशाही व्यवस्था समाप्त होनी चाहिए और लोगों की, लोगों द्वारा तथा लोगों के लिए सरकार का गठन होना चाहिए...। सरकार यह महसूस करती है कि सामाजिक बुराइयों को ख़त्म किया जाना चाहिए जो भारतीय समाज को अंदर से खाए जा रही हैं। देश के पददलित वर्ग के लोग वर्षों से सामाजिक बुराइयों का शिकार रहे हैं। भारत सरकार यह ख़ूब समझती है कि ज़मींदारों के हाथों जनता का शोषण हो रहा है और पूंजीपति मज़दूरों को उचित मज़दूरी एवं काम के बेहतर अवसर प्रदान नहीं कर रहे हैं। खेद की बात यह है कि सब कुछ जानते हुए भी सामाजिक बुराइयों को दूर किए जाने के प्रयास नहीं किए गए हैं...। हमारा मानना है कि हमारे दुखों का

अंत कोई दूसरा नहीं कर सकता और हम स्वयं उन्हें तब तक ख़त्म नहीं कर सकते जब तक कि हमारे हाथ राजनीतिक सत्ता न आ जाए और हमारे हाथ राजनीतिक सत्ता तब तक नहीं आ सकती जब तक कि ब्रिटिश सरकार सत्ता पर क़ाबिज़ है। स्वराज से ही हमें राजनीतिक सत्ता मिलने की उम्मीद है...। हम इस बात से अवगत हैं कि राजनीतिक सत्ता का प्रवाह ब्रिटिश शासन से होते हुए उन लोगों तक पहुंचता है जो आर्थिक, सामाजिक तथा धार्मिक सत्ता के पहले से ही अधिकारी हैं। हमारा अस्तित्व उन्हीं के हाथों में है। हमारी कामना है कि हम राजनीतिक सत्ता के शीघ्र अधिकारी बनें। (अंबेडकर, 1982, 2:503-04)

एकात्मक शासन तथा वयस्क मताधिकार की उनकी दलील को सम्मेलन में महत्व प्राप्त नहीं हो सका जिसके अंतर्गत आरक्षित सीटों तथा अछूतों के लिए अधिकारों को दिए जाने का प्रावधान था। गोल मेज़ सम्मेलन में 1935 के भारत सरकार अधिनियम के प्रावधानों को ही ग्रहण किया गया जिसमें भारत को राज्यों का एक संघ घोषित किया गया था, रजवाड़ों को स्वायत्तता दी गई थी। यह लोकतांत्रिक देश की अलोकतांत्रिक व्यवस्था थी। मताधिकार का थोड़ा विस्तार किया गया, लेकिन अब भी केवल पढ़े-लिखे 3 करोड़ लोगों को ही यह अधिकार मिल रहा था, और प्रांतों के स्तर पर अवशिष्ट शक्तियां ब्रिटिश शासन द्वारा नियुक्त गर्वनरों को दी गईं। पृथक मताधिकार केवल मुस्लिमों तथा सिखों को दिया गया जबकि पददलित वर्गों को भी इस संबंध में आश्वासन दिया गया था।

सम्मेलन से लौटने पर अंबेडकर का समता सैनिक दल की ओर से ज़बरदस्त स्वागत किया गया। लंदन से आते समय उन्होंने प्रिंटिंग प्रेस ख़रीदी। ब्रिटिश ख़ुफ़िया पुलिस ने उनके 'डेली वर्कर' के दफ़्तर जाने की रिपोर्ट दी, लेकिन भारतीय पुलिस का उत्तर था कि उनका उद्देश्य प्रेस के लिए मदद लेना रहा होगा और यह भी कहा कि वे भारत तथा अंग्रेज़ दोनों के कम्युनिस्टों की काली सूची में हैं। प्रेस का उपयोग 'जनता'

के प्रकाशन के लिए हुआ जो अंबेडकर द्वारा प्रकाशित साप्ताहिक समाचार-पत्र था और जिसका प्रकाशन उन्होंने अपने जीवन के अधिकांश समय तक किया।

प्रथम गोल मेज़ सम्मेलन के बाद कांग्रेस द्वारा सविनय अवज्ञा आंदोलन वापस ले लिया गया, गांधी तथा भारत के तत्कालीन वायसराय लॉर्ड इर्विन के बीच समझौता हुआ। गांधी को दूसरे गोल मेज़ सम्मेलन के लिए बुलावा मिला। तब तक गांधी राष्ट्रीय आंदोलन के गौरव प्रतीक बन चुके थे। इसके बाद ही गांधी तथा अंबेडकर के बीच पूर्ण संघर्ष की स्थिति उत्पन्न हो गई। दोनों ही स्वयं को भारत के अछूतों का वास्तविक प्रतिनिधि कहते थे।

अंबेडकर गांधी से सर्वप्रथम अगस्त 1931 में बंबई में मिले। यह सुखद भेंट नहीं थी। गांधी ने अंबेडकर से जब यह कहा कि उन्होंने सामाजिक सुधार के लिए बहुत कुछ किया है; तब अंबेडकर ने गुस्से में उत्तर दिया, 'सभी बूढ़े व बुजुर्ग व्यक्ति काल-आयु पर बल देते हैं।' और उन्होंने कांग्रेस पर आरोप लगाया कि अछूतों के प्रति उसकी सहानुभूति औपचारिकता भर है। उन्होंने यह भी आरोप लगाया कि अछूतों के नाम पर आवंटित होने वाली निधियों का दुरुपयोग हो रहा है। उन्होंने कहा, 'गांधी जी, हमारा कोई वतन नहीं है।' गांधी ने उत्तर दिया, 'मैं जानता हूं, आप कृत्रिमता से दूर एक सच्चे आदमी हैं।' अंबेडकर ने पुनः कहा, 'मैं इस वतन को अपना वतन कैसे कहूं और इस धर्म को अपना धर्म कैसे कहूं जहां हम लोगों की हैसियत कुत्ते-बिल्लियों से अधिक नहीं है, हमें पीने को पानी भी मयस्सर नहीं है।' बाद में अपने सेक्रेटरी महादेव देसाई से चर्चा करते हुए गांधी ने स्वीकार किया, 'इंग्लैंड जाने से पहले तक मुझे यह पता नहीं था कि अंबेडकर एक हरिजन हैं। मैं मानता था कि वे ब्राह्मण हैं जो हरिजनों के हितों में गहरी रुचि रखते हैं और इसीलिए उत्तेजित होकर बातें करते हैं।' (कीर 1990, 165-68) इस प्रतिक्रिया से दलितों के प्रति गांधी के नज़रिए का पता चलता है। गांधी

ने लंदन में 26 सितंबर की शाम को मायनॉरिटीज़ कमेटी के सामने प्रस्तुत होने से पहले अंबेडकर को मिलने के लिए बुलाया। निरर्थकता के भाव के बावजूद अंबेडकर ने गांधी जी के समक्ष तीन घंटों तक अपनी बातें रखीं। तकली चलाते हुए गांधी ने अंबेडकर की बातें मौनपूर्वक सुनीं। मौन रखने के कारण गांधी ने कोई उत्तर न दिया जबकि जिन्ना के साथ अंबेडकर की वृहत् चर्चा हुई। अंबेडकर मोहभंग की स्थिति में थे। उन्होंने गांधी के व्यवहार को 'चाणक्य नीति' कहा जो अपने घोर विरोधी के प्रतिकूल विचार तो जान लेता था लेकिन अपनी नीति का खुलासा नहीं करता था।

अंबेडकर तथा गांधी के विचारों की बे-मेलता तब और भी ज़ाहिर हो गई जब सम्मेलन के दौरान ही दोनों में टकराव की स्थिति पैदा हो गई। मायनॉरिटीज़ कमेटी में 8 अक्टूबर 1931 को बोलते हुए गांधी ने बैठक को स्थगित करने की मांग की क्योंकि बैठक में सहमति के आसार नज़र नहीं आ रहे थे। उनका सुझाव था कि अनौपचारिक बातचीत से सांप्रदायिक समस्या का समाधान निकल सकता है। चूंकि मुस्लिमों के लिए पृथक मताधिकार की बात जिन्ना से पहले ही हो चुकी थी, इसलिए सांप्रदायिक समस्या का संबंध केवल अछूतों के लिए रह गया था।

भाषणों के बाद अंबेडकर तथा गांधी की भेंट भावातिरेक तथा वाक्पटुता के माहौल में हुई। दोनों अपने आपको अछूतों का प्रवक्ता होने का दावा कर रहे थे। अंबेडकर दलितों के सशक्तिकरण तथा राजनीतिक अधिकार की बात पर ज़ोर दे रहे थे। दूसरी ओर गांधी की दलील थी कि 'इन लोगों की सर्वाधिक आवश्यकता सामाजिक तथा धार्मिक भेदभाव से सुरक्षा दिलाना है।' (अंबेडकर, 1982, 2:661)। कमेटी की बैठक बिना किसी सहमति के समाप्त हो जाने पर अंबेडकर ने कहा कि गांधी को अछूतों का सही प्रतिनिधि नहीं माना जा सकता। उनकी दलील थी, 'मुझे इसमें क़तई संदेह नहीं कि यदि भारत के पददलित वर्ग के लोगों को इस

सम्मेलन के लिए प्रतिनिधि चुनने को कहा जाता तो मुझे छोड़कर किसी और का चयन होता।' (अंबेडकर, 1982, 2:661)। उन्होंने गांधी के उस दावे को नकार दिया जिसमें कहा गया था कि कांग्रेस अछूतों का प्रतिनिधित्व करती है। उन्होंने आगे कहा कि कांग्रेस में ऐसा कहीं नहीं दिखता।

गांधी ने अछूतों का प्रतिनिधित्व करने संबंधी अपने दावे के पक्ष में भावनात्मक अपील करते हुए कहा—

अछूतों के प्रतिनिधित्व के अन्य दावे मेरे लिए क्रूरतम आघात है। यह अवैध दावा है... मैं अछूतों के वृहत समुदाय के प्रतिनिधित्व का दावा करता हूं। यहां मैं केवल कांग्रेस का प्रतिनिधि नहीं हूं बल्कि मैं निजी तौर पर भी बोल रहा हूं। मैं दावे के साथ कह सकता हूं कि अछूतों के बीच जनमत संग्रह कराए जाने पर सर्वाधिक मत मुझे ही मिलेंगे...। अस्पृश्यता बनी रहे, इससे बेहतर मैं चाहूंगा कि हिंदुवाद की मौत हो जाए...। डॉ. अंबेडकर का भारत के समस्त अछूतों के प्रतिनिधित्व का दावा उचित नहीं है। इससे हिंदुओं में फूट पड़ती है जो मैं नहीं चाहता...। मेरे लिए यह बर्दाश्त कर पाना संभव नहीं कि हिंदुओं में फूट पड़ जाए और गांवों में भी दरार आ जाए। जो अछूतों के लिए राजनीतिक अधिकार की बात करते हैं वे हिंदुस्तान को ठीक से नहीं समझते हैं, वे भारतीय समाज के निर्माण से अनभिज्ञ हैं। अतः मैं पूरी ताक़त से यह बात कहना चाहूंगा कि यदि मेरा वश चले तो मैं इस फूट का विरोध करने के लिए अपनी पूरी ज़िंदगी झोंक दूंगा।' (अंबेडकर, 1982, 2:663-64)

यह उक्ति गांधी के आध्यात्मिक व्यक्तित्व से प्रस्फुटित थी। यह हिंदू गांधी बोल रहा था न कि एक 'राष्ट्रीय नेता'। उनकी इन बातों में भारतीय हितों का ख़्याल कम था। वे ग्रामीण स्तर पर दलितों की पृथक पहचान तथा उनके सशक्तिकरण के अंबेडकर के दावों से अपने को जोड़ रहे

थे। ये दावे मुस्लिमों के ठीक उन दावों जैसे थे जिनके अंतर्गत धार्मिक पहचान के आधार पर उन्हें पृथक मताधिकार दिया जा रहा था। गांधी की जीवनपर्यंत यह विशेषता रही कि उन्होंने दलितों की हिंदू समुदाय से पृथक पहचान की किसी भी कोशिश का विरोध किया।

द्वितीय गोल मेज़ सम्मेलन में अछूतों के प्रतिनिधित्व का मामला छाया रहा, लेकिन अंत में इस पर गतिरोध की स्थिति थी। सभी भारतीय प्रतिनिधि सम्मेलन से वापस लौट आए। कांग्रेस तथा अंबेडकर ने अपनी-अपनी स्थिति के अनुसार अछूतों के समर्थन का दावा ठोका।

देश के अधिकांश दलित कार्यकर्ताओं ने अंबेडकर का समर्थन किया और उनमें से अधिकांश का अंबेडकर को हमेशा समर्थन मिला। उदाहरण के लिए उत्तर प्रदेश के 'आदि-हिंदू आंदोलन' के प्रणेता स्वामी अच्युतानंद ने आर्यों के आने से पूर्व के मूल समतामूलक भारतीय समाज की तरफ़दारी की और दलील दी कि बाहरी आर्यों ने हमारे ऊपर जाति-प्रथा थोपी। उन्होंने समर्थन प्राप्त करने के उद्देश्य से पूरे देश का भ्रमण किया। हैदराबाद के उन दलित नेताओं ने भी ऐसा ही किया, जिनका आंदोलन पहले टुकड़ों में चलता था। लेकिन मद्रास प्रेसीडेंसी के दबंग दलित प्रवक्ता तथा केंद्रीय विधानसभा के सदस्य एम.सी. राजा ने, जिन्होंने पहले पृथक मताधिकार की मांग की थी, अलग रुख़ अख़्तियार किया। वे हिंदू महासभा के बी.एस. मूंजे के साथ हो लिए जिन्होंने पहले पृथक मताधिकार का समर्थन किया था। मूंजे ने कहा कि पृथक मताधिकार का यह अर्थ नहीं कि अछूत लोग हिंदू समुदाय से अलग हैं। उनकी स्थिति सिखों वाली हो सकती है जो हिंदू माने जाते थे लेकिन उन्हें पृथक मताधिकार प्राप्त था। मूंजे-राजा समझौते ने संयुक्त मताधिकार को समर्थन दिया। राजा को 'डिप्रेस्ड क्लासिज़ एसोसिएशन' के 40,000 सदस्यों तथा नागपुर के जी.ए. गवई के समर्थन का दावा था। (हालांकि गवई का अधिक जनाधार नहीं था। यह उस समय और स्पष्ट हो गया जब वे 7 मई 1932 को नागपुर के नज़दीक, कांपटे में अंबेडकर द्वारा बुलाई गई जनसभा का

प्रत्युत्तर देने में विफल रहे।) अंबेडकर ने मई के अंत में पुनः लंदन की यात्रा की और वहां ब्रिटिश कैबिनेट के सदस्यों के बीच अपनी स्थिति स्पष्ट की। अंबेडकर के इन सभी प्रयासों का यह फल हुआ कि उन्हें ब्रिटिश सरकार का समर्थन मिला। उन्हें 16 अगस्त 1932 को मैकडोनाल्डस कम्यूनल अवार्ड से नवाज़ा गया। अछूतों तथा मुस्लिमों को पृथक मतदान का हक़ मिला, केंद्रीय विधानसभा में इस समुदाय को अठहत्तर सीटें दी गईं, साथ ही दोहरे मतदान का अधिकार मिला जो सामान्य तथा पृथक मतदाता की हैसियत से था।

इसके विरोध में गांधी ने 20 सितंबर से अनिश्चितकालीन भूख-हड़ताल शुरू की। इस विरोध का घोषित उद्देश्य अस्पृश्यता के 'पाप' के प्रति हिंदुओं को जागृत करना था, लेकिन दरअसल वे दलितों की पृथक पहचान का विरोध कर रहे थे। 15 सितंबर को बंबई सरकार को भेजे अपने वक्तव्य में गांधी ने कहा कि उनकी भूख-हड़ताल का निर्णय ईश्वर व समग्र मानवता के नाते उन्हीं से प्रेरित होकर लिया गया है और इसका उद्देश्य पददलित वर्ग के लोगों के पृथक सांविधिक मताधिकार का विरोध करना है। इस प्रकार यह भूख-हड़ताल अंबेडकर के विरोध में थी।

कांग्रेस में भी गतिविधियां बढ़ गईं। कांग्रेस नेतागण अपनी स्थिति के लिए समर्थन जुटाने में लग गए और दलित समूहों से मिलने-जुलने लगे और उनसे संयुक्त मताधिकार एवं हिंदू जाति की एकता के लिए समर्थन मांगने लगे। अंबेडकर पर भी अत्यधिक दबाव पड़ रहा था। कहा गया कि अछूतों के लिए पृथक मताधिकार से गांव-गांव में हिंदू तथा दलितों के बीच दरार पड़ जाएगी और यदि इसके विरोध के क्रम में गांधी की मृत्यु हो जाती है तो यह दरार और भयंकर रूप ले लेगी। 19 सितंबर को हिंदू तथा अछूत नेताओं की एक वृहत बैठक बंबई में बुलाई गई जिसमें अंबेडकर, राजा, पी. बालू (क्रिकेट खिलाड़ी), तथा गांधी के चहेते मदन मोहन मालवीय, सर तेज बहादुर सप्रु, एम.आर. जायकर, सर चिमनलाल सेतलवाड़, सी. राजगोपालाचारी, बी.एस. मूंजे तथा ए.वी.

ठक्कर शामिल हुए। अंबेडकर के सामने ऐसी स्थिति उत्पन्न हो गई कि उन्हें समर्पण करने के अलावा कोई चारा न दिखा। सप्रु तथा अंबेडकर के बीच पूना समझौता हुआ और 24 सितंबर को इस पर हस्ताक्षर किए गए। तत्पश्चात गांधी ने भूख-हड़ताल समाप्त कर दी। अंबेडकर ने बैठक में अत्यंत भावपूर्ण माहौल में सुलह-सलाह पर आधारित भाषण दिया। गांधी समर्थकों ने इसे 'हृदय परिवर्तन' की संज्ञा दी।

पूना समझौते के अनुसार अछूतों के लिए पृथक मताधिकार के स्थान पर संयुक्त मताधिकार में आरक्षण की व्यवस्था थी, लेकिन साथ ही प्राथमिक निर्वाचन का भी प्रावधान था जिसके अंतर्गत चार अछूत प्रत्याशियों के निर्वाचन की व्यवस्था थी। द्वितीय आम चुनाव में संयुक्त निर्वाचन क्षेत्रों के आधार पर इन्हीं प्रत्याशियों में से विजेता का चयन होना था। पृथक मताधिकार की क्षतिपूर्ति के रूप में अछूतों की सीटों की संख्या लगभग दोगुनी कर दी गई (78 से 148), ताकि यह संख्या अछूतों की जनसंख्या के समानुपातिक हो सके। इस पूरी व्यवस्था पर अंबेडकर ने संतुष्टि व्यक्त की, विशेषकर प्राथमिक निर्वाचन के प्रस्ताव से वे खुश थे क्योंकि इसके अंतर्गत अछूतों को अपनी राय रखने का महत्वपूर्ण अधिकार मिल गया। गांधी ने एक विशेष संगठन की स्थापना का प्रस्ताव भी किया जो एक प्रकार का 'एंटी-अनटचेबिलिटी लीग' था।

सहमति की यह गरमाहट अधिक दिनों तक नहीं टिक पाई। फ़रवरी 1933 आते-आते प्राथमिक निर्वाचन प्रणाली के प्रति अंबेडकर के नज़रिए में बदलाव आने लगा। उन्हें लगा कि अछूत प्रत्याशी दो-दो चुनाव का ख़र्च वहन नहीं कर सकते और अंततः इससे अछूतों को कोई विशेष फ़ायदा नहीं होगा। उन्होंने एक ऐसे फ़ार्मूले के लिए ज़ोर देना शुरू किया जिसके अंतर्गत विजेता प्रत्याशी को आम चुनाव क्षेत्र में भी अछूत मतदाताओं के कुछ प्रतिशत मत प्राप्त करना आवश्यक होता। अस्पृश्यता निवारण के मुद्दों पर भी मतभेद उभर रहे थे। अंबेडकर का मानना था कि मंदिर में प्रवेश छोटा मुद्दा है, बड़े मुद्दे सामाजिक और आर्थिक थे

जिनमें लोक सेवाओं में प्रवेश, जल की सुलभता सर्वाधिक महत्वपूर्ण मुद्दे थे। सन् 1932 में नासिक के कालाराम मंदिर से जुड़ा सत्याग्रह रोक दिया गया। अंबेडकर के अनुयायियों ने इस मंदिर के लिए संघर्ष किया था, हालांकि अंबेडकर ने व्यक्तिगत रूप से इसमें कभी हिस्सा नहीं लिया था। अंबेडकर ने किसानों के मुद्दों में भी रुचि लेनी शुरु कर दी थी। उन्होंने कोलाबा ज़िले में 1934 में हुए किसान सम्मेलन में हिस्सा लिया। जाति के मामलों में वे आधे-अधूरे उपायों की जगह पूरी व्यवस्था में बदलाव चाहते थे। इसी मामले पर प्रमुख मतभेद उभरकर सामने आए।

प्रस्तावित 'एंटी-अनटचेबिलिटी लीग' के कार्यकरण के बारे में अंबेडकर के विचार बिल्कुल स्पष्ट थे। 14 नवंबर 1932 को ए.वी. ठक्कर ('ठक्कर बापा' गांधी द्वारा लीग के अध्यक्ष पद के लिए नामित किए गए थे) को लिखे एक पत्र में उन्होंने अपने विचार व्यक्त करते हुए लिखा कि लीग को सहिष्णुता, जिमनेज़ियम, सहकारिता, ग्रंथालय, स्कूल इत्यादि जैसे व्यक्तिगत गुणों वाले विषयों के बजाय ऐसे कार्यक्रम पर ध्यान देना चाहिए जिससे पददलित वर्गों के सामाजिक माहौल में बदलाव आ सके। इसके अलावा उन्होंने तीन-आयामी प्रयासों पर बल दिया जिसमें जल की सुलभता, स्कूलों तथा ग्रामीण चौक में प्रवेश तथा सार्वजनिक वाहनों के उपयोग जैसे सामाजिक अधिकार शामिल थे। इनसे हिंदू समाज में सामाजिक क्रांति आएगी। (अजनत 1993) उन्होंने रोज़गार के समान अवसरों तथा सामाजिक आदान-प्रदान के कार्यक्रमों का भी आह्वान किया, जिनके अंतर्गत हिंदुओं द्वारा दलितों को अपने घरों में आगंतुकों तथा नौकरों के रूप में स्वीकार करना शामिल था।

अंबेडकर के पत्र का कोई उत्तर नहीं आया, उसकी प्राप्ति तक की ख़बर नहीं दी गई। इसके बजाय, गांधी ने नई भावना से प्रेरित होकर अछूतों को 'हरिजन' नाम से संबोधित करने की घोषणा की। यह वैष्णव मत पर आधारित है जिसका अर्थ है ईश्वर के सेवक।* उक्त लीग का

---

* उन्होंने बाद में स्पष्ट किया कि यह संबोधन किसी अछूत ने ही सुझाया था।

नाम 'हरिजन सेवक संघ' रखा गया। इस संगठन पर अछूतों के नियंत्रण तथा जाति प्रथा की समाप्ति पर ध्यान केंद्रित किए जाने संबंधी अंबेडकर की मांगों को नज़रअंदाज़ कर दिया गया। लीग का नियंत्रण हिंदुओं को सौंपा गया। यह दलील दी गई कि चूंकि अस्पृश्यता हिंदुओं का पाप है अतः इसे समाप्त करने में उन्हीं को पहल करनी होगी। गांधी वर्णाश्रम धर्म के उदात्त पक्ष के समर्थक थे। वे इस तथ्य से भी भली-भांति अवगत थे कि कांग्रेस के अनेक सदस्य जाति-पांति के उग्र-स्वरूप के समर्थक हैं; गांधी ने अपना ध्यान अस्पृश्यता निवारण के विषय तक ही सीमित रखा। हरिजन सेवक संघ के पास पैसे की कमी नहीं थी। संघ ने अपना ध्यान उन ऊंची जाति के लोगों को संपोषित करने पर लगाया जो दलित बस्तियों में साफ़-सफ़ाई इत्यादि कार्यों में लगे थे और लोगों को मांस-मदिरा सेवन से परहेज़ की शिक्षा दे रहे थे। किंतु संघ ने लोगों में उन्हीं निजी ब्राह्मणवादी संस्कारों को डालने की बात की, जिनका अंबेडकर ने विरोध किया था। गांधी ने लीग की कार्यसूची में जिस दूसरे सर्वाधिक महत्वपूर्ण विषय पर ध्यान दिया, वह था मंदिर-प्रवेश का मुद्दा। यह अछूतों के लिए धार्मिक समानता के अधिकार का प्रतीक था। यह हिंदुओं में अस्पृश्यता के पाप को समाप्त करने का प्रतीक था। गांधी ने अपने पत्र का नाम 'यंग इंडिया' से बदलकर 'हरिजन' रख दिया।

अंबेडकर तथा अन्य दलितों ने बार-बार हरिजन शब्द का विरोध किया। दलितों द्वारा ही चलाए जाने वाले कांग्रेस-समर्थक संगठनों ने भी 'डिप्रेस्ड क्लासिज़ लीग' जैसे नाम रखे थे। इसे हिंदी तथा मराठी में 'दलित' रूप में अनूदित किया गया, जो प्रचलन में था। इसी पृष्ठभूमि में 1970 का दशक आते-आते दलितों के उग्र युवा आंदोलन जिसे 'दलित पैंथर्स' कहा गया, का उद्भव हुआ। हालांकि भारतीय अछूतों का प्रचलित संबोधन 'हरिजन' बना रहा।

उक्त विषयों पर गांधी-अंबेडकर मतभेद गहरा बना हुआ था। अंबेडकर

की सोच गांधी की तुलना में व्यापक एकात्मक थी। गोल मेज़ सम्मेलनों के दौरान वे वयस्क मताधिकार तथा एकात्मक संविधान पर ज़ोर देते रहे जिसमें शक्तियों को न्यून करने की बात थी। अंबेडकर तथा अन्य दलित नेताओं का मत था कि मुस्लिमों को पृथक मताधिकार देना दलितों को ऐसे अधिकार देने से अधिक ख़तरनाक है। 1929 में 'बहिष्कृत भारत' में प्रकाशित एक लेख में उन्होंने 'नेहरू रिपोर्ट' की आलोचना की। यह रिपोर्ट डोमिनियन स्टेट्स के लिए कांग्रेस प्रस्ताव संबंधी योजना की रूपरेखा प्रस्तुत करती थी। अंबेडकर की दलील थी कि 'मुस्लिमों को राजनीतिक्र रियायत देने से देश बर्बाद हो जाएगा, लेकिन ब्राह्मण अक्षुण्ण रहेंगे...' [ग़ैर ब्राह्मणों को रियायत देने से देश बर्बाद नहीं होगा, लेकिन ब्राह्मण बर्बाद हो जाएंगे' (बहिष्कृत भारत, जनवरी 1929)] उन्होंने आगे कहा कि मूंजे तथा हिंदू महासभा, जिसने शुरू में पृथक मताधिकार का समर्थन किया था, गांधी से अधिक प्रगतिशील थे। दलितों द्वारा पृथक मताधिकार प्राप्त करने में विफलता का कारण यह हो सकता है कि वे मुस्लिमों की तरह स्वतंत्र रूप से उपयुक्त दबाव नहीं डाल पाए। अंबेडकर का यह भी मानना था कि कांग्रेस द्वारा मुस्लिमों के लिए पृथक मताधिकार को स्वीकार कर लेना और दलितों के संबंध में इस व्यवस्था को अस्वीकार कर देना न केवल भेदभावपूर्ण बल्कि ब्राह्मणवादी मनोवृत्ति को दर्शाता है।

गांधी का दलितों के प्रति दृष्टिकोण तथा कांग्रेस के भीतर 'हरिजन उत्थान' संबंधी कार्यों की बदौलत उनकी छवि राष्ट्रीय नेता की बन गई। हरिजन उत्थान कार्यों को उन्होंने कांग्रेस के कार्यक्रमों का आवश्यक हिस्सा बनाया। सामाजिक सुधारों के प्रति प्रतिबद्धता से कांग्रेस का उदारवादी चेहरा उभरा और दलित मतदाताओं के बीच भी इसकी पैठ बनी। कांग्रेस का संगठनात्मक विस्तार भी हुआ। उन्होंने खादी के अलावा कांग्रेस स्वयंसेवकों को 'रचनात्मक कार्यों' में भी लगाया। यह उस अवधि की बात है जब ब्रिटिश सरकार विरोधी संघर्ष में कमी थी। कांग्रेस का राष्ट्रव्यापी कैडर-नेटवर्क उक्त काम में लगा था।

गांधी का संपूर्ण दृष्टिकोण वर्चस्ववादी था। हिंदू सुधारवादी से शायद ऐसी ही उम्मीद की जा सकती थी। गांधी ने अछूतों को पृथक समूह माने जाने के अंबेडकर के दावे को नक़ार दिया क्योंकि उनका मानना था कि अछूत हिंदू समुदाय के अभिन्न अंग हैं। लेकिन मुस्लिमों के प्रति उनकी भावना यह नहीं थी; उन्हें महसूस होता था कि मुस्लिमों को पृथक प्रक्रिया द्वारा भारतीय राष्ट्रीय समुदाय में मिलाए जाने की आवश्यकता है। लेकिन अछूतों को क्यों नहीं? हक़ीक़त यह थी कि गांधी के लिए अछूत पहले से ही हिंदू समुदाय का हिस्सा थे। इसी आधार पर वे इस समुदाय के पृथक राजनीतिक प्रतिनिधित्व का कठोर विरोध करते थे। निचोड़ यह है कि उन्होंने भारत की एक ऐसे राष्ट्र के रूप में कल्पना की जो धर्म-आधारित समुदायों से बना हो।

अतः गांधी एक हिंदू राष्ट्रवादी थे जो अपने हिंदू होने को महत्वपूर्ण राष्ट्रीय विशेषता से जोड़ कर देखते थे। उनकी यह सोच उनके संपूर्ण व्यवहार में परिलक्षित होती थी—चाहे उनकी राजनीति हो, उदात्त वर्णाश्रम धर्म की संरक्षा हो, या फिर 'रामराज' को आदर्श भारत से जोड़ने का उनका प्रयास। राजनीतिक नेता होते हुए भी गांधी अपने आप को हिंदू अस्तित्व से कभी पृथक नहीं कर पाए। हिंदू धर्मग्रंथों की व्याख्या अपने ही ढंग से करने को वे अपना अधिकार मानते थे और उन ग्रंथों की पवित्रता को स्वीकार करते थे। राम को आदर्श पुरुष मानते हुए वे यह भूल गए थे कि रामायण की कहानी दरअसल एक सामंतवादी राजघराने की कहानी है जिसमें राजा राज-नियमों का पालन करने के लिए अपनी पत्नी का त्याग कर देता है, लेकिन दलितों के दृष्टिकोण से देखें तो राम एक ब्राह्मण को बचाने के लिए शूद्र संन्यासी शंबूक की हत्या कर देतें हैं। उसी प्रकार 'गीता' को अहिंसा का पाठ सिखाने वाली पुस्तक कहते समय इस तथ्य की अनदेखी कर दी गई कि गीता में संपूर्ण प्रकरणों का उद्देश्य अर्जुन को युद्ध के लिए प्रेरित करना था।

व्यक्तिगत स्तर पर देखें तो गांधी की भूख-हड़ताल अहिंसा की विफलता का ही प्रतीक था। असल में देखें तो अंबेडकर ने गांधी के अहिंसा के तौर-तरीक़ों के लिए हमेशा समस्या खड़ी की। अंबेडकर कोई औपनिवेशिक शासक नहीं थे जिनका अपराध-बोध अथवा आंतरिक कुंठा उन्हें विश्वव्यापी अथवा नैतिक अपील जारी करने के लिए मजबूर करती; वे भारतीय समाज के भीतर सर्वाधिक पददलित वर्ग के नेता थे, साथ ही वे एक ऐसे अद्भुत व्यक्ति थे जो हीन-भावना से मुक्त थे—वह हीन भावना जो रूढ़िवादी हिंदुओं ने सदियों से अधिकांश अछूतों के मन में डाल दी थी। गांधी हिंदूवादी जड़ता के विरुद्ध अपील कर पाने में भी असमर्थ थे। उनका हथियार बाह्य दबाव थाः जिसका उपयोग अंबेडकर के विरुद्ध भी हुआ। गांधी द्वारा भूख-हड़ताल के माध्यम से बनाया जाने वाला दबाव उनके हिंदू अनुयायियों द्वारा प्रेरित होता था। इसके पीछे यह भय छिपा था कि कहीं गांव-गांव में दलितों के विरुद्ध प्रतिक्रिया न शुरू हो जाए। इस प्रकार उनकी भूख-हड़ताल एक प्रकार की नैतिक धमकी थी। अंबेडकर का उनके प्रति तीखे रवैये का कारण भी यही था। गांधी द्वारा 'अछूत उत्थान' तथा मंदिर प्रवेश की दिशा में अथक प्रयत्न के बावजूद उनका व्यक्तिगत रूप से अंबेडकर से समझौता न हो सका। अंबेडकर के बाद के वक्तव्यों विशेषकर धर्मांतरण के समय के वक्तव्यों से उनके तल्ख़ विचारों का पता चलता है।

'ह्वाट कांग्रेस एंड गांधी हैव डन टू द अनटचेबल्स' पुस्तक में अंबेडकर ने तीखे शब्दों में कहा है कि पूना समझौते के अनुसार नई निर्वाचन पद्धति के अंतर्गत आरक्षित सीटों से निर्वाचित अछूत प्रत्याशियों पर किस प्रकार हिंदू बहुलवादियों का ही नियंत्रण रहेगा। (अंबेडकर, 1990, भाग/खंड 9)। पूना समझौता हिंदू जाति के वर्चस्व का प्रतीक बनकर रह गया था। 1980 में उभरते दलित नेता कांशीराम ने 24 सितंबर को विशाल प्रदर्शन कर उसे चमचा युग क़रार देते हुए इस पर अपना निशाना साधा था (कांशीराम 1982)। उनकी पार्टी (बहुजन समाज पार्टी) ने दलितों तथा अन्य शूद्र जातियों को एक कर इस मुद्दे के निवारण

की मांग की। निर्वाचन प्रतिनिधित्व का मामला अभी भी बरक़रार है। बहुजातीय निर्वाचन क्षेत्रों में जहां से एक ही प्रत्याशी का निर्वाचन होना होता है, वहां बहुमत समूह ही निर्णय करता है कि कौन-सा दलित विजयी हो। इससे उच्च जाति-नियंत्रित दलीय-प्रणाली के ताने-बाने के अंतर्गत दलितों के अपनी योग्यता के अनुसार कार्य करने पर अंकुश लग जाता है।

जातिगत नज़रिया गांधी तथा अंबेडकर के बीच सामाजिक-आर्थिक मुद्दों पर गहरे मतभेदों का एक हिस्सा था। गांधी उद्योग-धंधों के विरोधी थे और ग्रामोद्योग को महिमामंडित करते थे—गांव, जहां लोगों की आवश्यकताएं सीमित होंगी और वे ख़ुशी-ख़ुशी पारंपरिक पेशों में कार्यरत रहेंगे। अंबेडकर के लिए गांव बहते नालों के पानी के गिरने का स्थान था। जहां जाति के आधार पर दमन होता था और जो सामाजिक तथा आर्थिक पिछड़ेपन का प्रतीक था। इस आशय को व्यक्त करने वाले अपने विचार उन्होंने 'कृषि में लघु जोत' विषयक लेख में स्पष्ट कर दिए थे। 6 अक्टूबर 1921 को बंबई विधान परिषद में ग्राम पंचायत विधयेक पर अपने विचार व्यक्त करते हुए उन्होंने कहा कि, 'यह बहुत ख़तरनाक प्रणाली है... मुझे यह कहने में ज़रा भी हिचक नहीं है कि ये ग्रामीण गणराज्य भारत के गांव के लोगों के लिए अभिशाप रहे हैं।' (अंबेडकर 1982, 2:106) ऐसा इसलिए है कि गांव से 'स्थानीय प्रेम' लोगों में राष्ट्रव्यापी नज़रिया तथा नागरिक गुण पनपने देने में बाधक है। पददलित वर्ग के लोगों के लिए ग्रामीण समाज पराश्रय का प्रतीक था। इसके विपरीत शहरी, औद्योगिक समाज ही दलितों के उद्धार का मार्ग था जिसे गांधी के अनुयायी नापसंद करते थे।

इन्हीं प्रमुख मतभेदों की पृष्ठभूमि में अंबेडकर तथा गांधी के बीच विवाद थमने का नाम नहीं ले रहा था। पूना समझौता कारगर न हो सका। कांग्रेस में अस्पृश्यता के विरुद्ध अभियान जारी था। धार्मिक आधार पर समुदायों की पहचान के मुद्दे पर पलटवार करते हुए अंबेडकर तथा उनके अनुयायियों ने हिंदू धर्म छोड़ देने का संकल्प किया।

चार

"मैं हिंदू के रूप में नहीं मरूंगा।"

गांधी के साथ संघर्ष

अंबेडकर ने अपना राजनीतिक जीवन धर्म-केंद्रित होकर अथवा हिंदू धर्म को अस्वीकार करने के उद्देश्य से शुरू नहीं किया था। उनके अध्ययन की केंद्रीय विषय-वस्तु आर्थिक तथा सामाजिक विषयों तक सीमित थी। सन् 1916 में जाति विषय पर लिखे अपने प्रारंभिक लेख में उन्होंने हिंदुओं को निशाना नहीं बनाया था। उनकी दलील थी कि मनु ने उस जाति व्यवस्था पर मुहर लगा दी थी जो पहले से ही प्रचलित थी। अंबेडकर का परिवार पारंपरिक धार्मिक परिवार था। वे स्वयं भी पारंपरिक जीवन शैली में रीति-रिवाजों की आवश्यकता के पक्षधर थे। उदाहरण के लिए, जब उन्होंने महार विद्यार्थियों को अपने पिता के प्रथम श्राद्ध पर बुलाया तो रमाबाई द्वारा भोजन में यह कहते हुए मांस परोसा गया कि घर पर मांस खाने का रिवाज है, जो विद्यार्थियों को नहीं मिल पा रहा होगा। अंबेडकर परंपराओं से हटकर भी कार्य करते प्रतीत होते थे। रमाबाई के दाह संस्कार पर उन्होंने रमाबाई के मृत शरीर को पारंपरिक हरे रंग की साड़ी के बजाय सफ़ेद रंग की साड़ी पहनाने को कहा क्योंकि सफ़ेद रंग रमाबाई को अत्यधिक पसंद था। प्रारंभिक वर्षों में ईश्वर का अस्तित्व है या नहीं जैसे धार्मिक-दार्शनिक विषयों अथवा पारंपरिक धार्मिक विश्वासों

के प्रतिकार का भी कोई साक्ष्य नहीं मिलता है। वे धर्म को अत्यधिक प्रासंगिक नहीं मानते थे।

उन्होंने अपने विचार स्पष्ट रूप से रखे। उन्होंने नासिक के कालाराम मंदिर से जुड़े सत्याग्रह में नाममात्र की अग्रणी भूमिका निभाई थी। इस मोर्चे पर वास्तविक भूमिका उनके सहयोगी व उत्साही मित्र बी.के. दादासाहब गायकवाड़ ने निभाई। प्रारंभिक यात्रा में भाग लेने के बाद अंबेडकर ने सत्याग्रह में कभी भी प्रत्यक्ष भाग नहीं लिया। 5 मार्च 1934 को गायकवाड़ को लिखे पत्र में उन्होंने लिखा :

> 'मैंने मंदिर-प्रवेश संबंधी आंदोलन इसलिए शुरू नहीं किया क्योंकि मैं चाहता था कि पददलित वर्ग के लोग मूर्ति पूजक बनें.... अथवा मैं मानता था कि मंदिर प्रवेश का अधिकार मिल जाने से वे बराबरी प्राप्त कर लेंगे तथा हिंदू समाज के अभिन्न अंग बन जाएंगे... (लेकिन) क्योंकि मुझे लगा कि यह पददलित वर्ग के लोगों को ऊर्जावान बनाने का तथा उन्हें उनकी स्थिति से वाक़िफ़ कराने का सर्वोत्तम तरीक़ा है।' (अजनत, 1993, 55-56)

विद्यमान संरचना का हिस्सा मात्र बनने से ज़्यादा ज़रूरी है हिंदू समाज तथा हिंदू अध्यात्मवाद में आमूलचूल परिवर्तन करना। दलितों को अपनी संपूर्ण ऊर्जा तथा संसाधन राजनीति तथा शिक्षा पर लगाने चाहिए। (अजनत, 1993, 55-56)

उपनिवेशवाद के अंतर्गत व्याप्त प्रवृत्तियों के परिणामस्वरूप धर्म का विकृत रूप भारतीय राष्ट्रीय पहचान का हिस्सा बन गया है। हालांकि अंग्रेज़ स्वयं को धर्मनिरपेक्ष तथा बहु-आयामिक निकाय के रूप में प्रस्तुत करने का प्रयास कर रहे थे, लेकिन उन्नीसवीं सदी में सर्वव्यापी हिंदुवाद का निर्माण शुरू हो चुका था। दरअसल उपनिवेशकाल के पहले 'हिंदू' शब्द का अर्थ किसी धार्मिक समुदाय के लोग न होकर सिंधू नदी के पूर्वी भाग में रहने वाले लोगों से था। 'हिंदुस्तान' अथवा 'अल-हिंदू' शब्द

भी उसी से निकला है। मुग़लकाल के दौरान भी 'हिंदू' शब्द का अर्थ धार्मिक समुदाय से न था। हालांकि मुसलमानों तथा ब्राह्मणवादी जातियों के बीच संघर्ष था लेकिन इसे जातीय संघर्ष के रूप में देखा जाता था और 'हिंदू-तुर्क' संघर्ष कहा जाता था, लेकिन उपनिवेशवाद काल के दौरान 'हिंदू' शब्द के साथ सशक्त राष्ट्रीय भावना जुड़ गई। पुराने ब्राह्मणवादी धर्म का विस्तार हुआ। एक व्याख्या यह भी होने लगी कि सभी संप्रदायों का उद्भव वेदांत तथा वेद से हुआ है। ऊंची जाति के पढ़े-लिखे लोगों ने इस दर्शन को स्वीकार कर लिया था। सुधारवादियों ने दलील दी कि वेदों में जाति-पांति की चर्चा नहीं है, अतः जाति व्यवस्था शास्त्रोक्त नहीं है। उनसे जुड़े संगठनों ने प्राचीन वैदिक परंपराओं के प्रति निष्ठा व्यक्त की और अपने-अपने नाम भी उसी प्रकार रखे—जैसे ब्रह्म समाज, आर्य समाज, प्रार्थना समाज। कट्टरपंथियों से वाद-विवाद के दौरान वे उन्हीं धर्मग्रंथों का हवाला देते थे। वी.डी. सावरकर की परिभाषा "हिंदू वह है जिसने भारत को अपनी पवित्र भूमि के रूप में अपनाया है और वह इसे पितृभूमि के रूप में देखता है" – हिंदुत्व दर्शन का आधार बनी और अधिकांश लोगों ने इसे माना। हिंदुत्व एक राष्ट्रीय धर्म के रूप में उभरा; इसीलिए मुसलमानों तथा ईसाइयों के बारे में कहा गया कि वे विदेशी हैं, शायद उनमें भारतीय रक्त ही प्रवाहित हो रहा है, लेकिन उन लोगों ने विदेशी धर्म अपना लिया है।

राष्ट्रवादी कुलीनों के बीच हिंदुओं की इस पहचान को लेकर विभाजन न था, बल्कि इसे राजनीति से किस प्रकार जोड़ा जाए इस पर विवाद था। 'हिंदू महासभा' जैसा संगठन भारत को 'हिंदू राष्ट्र' घोषित करने के पक्ष में रहा है। जो लोग भारत की 'धर्मनिरपेक्ष' पहचान के पक्षधर थे उन्होंने भारत को धार्मिक समुदायों (हिंदू, मुस्लिम, ईसाई इत्यादि) का संघ माना और कांग्रेस को ऐसा संगठन माना जो सबका प्रतिनिधित्व करे। हिंदू पहचान को जिस प्रकार प्रस्तुत किया जा रहा था, उसने उसे चुनौती नहीं दी। इसी पृष्ठभूमि में गांधी अछूतों को 'हिंदू' मानते थे। नेहरू ने भी अपनी पुस्तक 'द डिस्कवरी ऑफ़ इंडिया' में भारतीय इतिहास

को टटोला है। उन्होंने जाति व्यवस्था को यह कहते हुए उचित ठहराया कि यह एक समरस सामाजिक व्यवस्था रही है, वेदों को उन्होंने भारतीय संस्कृति का उद्भव केंद्र माना। उनका मत था कि हिंदुवाद का उद्भव मगधकाल के दौरान हुआ। इसका फैलाव राष्ट्रीय भावना से ओत-प्रोत प्रतिक्रियास्वरूप हुआ जो सिकंदर के आक्रमण के विरुद्ध सहज ही उत्पन्न हुई थी। ग़ैर ब्राह्मण आंदोलनों तथा दलित आंदोलनों के ताने-बाने के भीतर एक सशक्त सांस्कृतिक चुनौती का विकास होने लगा जो बढ़ते भारतीय तथा हिंदू समीकरण के विरुद्ध था। दलितों ने अपने आप को आमतौर पर नए हिंदुवाद से जोड़ा। 1930-32 की घटनाओं के पश्चात अंबेडकर को लगा कि यह एक सतत दासता थी। तत्पश्चात उन्होंने धार्मिक पहचान पर ही बुनियादी प्रश्न खड़ा करना शुरू कर दिया।

1932 की घटनाओं के बाद उनके ज़हन में जब इन विषयों का समावेश होना शुरू हुआ, उनके व्यक्तिगत जीवन में भी दुखों का सिलसिला तभी शुरू हो गया। वकालत से उन्हें धनार्जन नहीं हो पा रहा था; बॉटलीवाला इंस्टीट्यूट तथा उसके बाद 1928 में लॉ कॉलेज में प्रोफ़ेसर की कमाई से भी गुज़ारा चलना मुश्किल हो रहा था। पुस्तकों पर काफ़ी पैसे ख़र्च हो रहे थे और आंदोलनों में काफ़ी समय बीतता था। इसके परिणामस्वरूप उनकी पत्नी को घर चलाना मुश्किल हो रहा था। बाद के वर्षों में उन्होंने अफ़सोस जताया कि उन्होंने पत्नी रमाबाई तथा गठिया से ग्रस्त पुत्र यशवंत के स्वास्थ्य का समुचित ख़्याल नहीं रखा। वे हमेशा संकल्प करते थे कि एक दिन वे इतना धन अर्जित करेंगे कि उन्हें इलाज के लिए लंदन भेज सकें लेकिन इस ख़्याल से जीवन की हक़ीक़त में कोई बदलाव नहीं आया। 26 मई 1935 को रमाबाई की चालीस वर्ष की अवस्था में मृत्यु हो गई। अंबेडकर शोकाकुल हो उठे। प्रांतीय चुनाव होने वाले थे। मद्रास की जस्टिस पार्टी तथा महाराष्ट्र की ग़ैर ब्राह्मण पार्टी का असर समाप्त हो रहा था। मैदान में मुख्य पार्टी कांग्रेस ही बच गई थी। थोड़ी बहुत टक्कर देने की स्थिति में मुस्लिम लीग थी। द टाइम्स

ऑफ़ इंडिया ने 25 जुलाई 1935 के अंक में आसन्न राजनीतिक पटाक्षेप की ख़बर प्रकाशित की।

राजनीति छोड़ने के बजाय वे इसमें और लिप्त हो गए। 12 अक्टूबर 1935 को अंबेडकर को अभिनंदन के लिए नासिक बुलाया गया। इस अभिनंदन समारोह का आयोजन दादासाहब गायकवाड़ ने किया था। उक्त मौक़े पर उन्होंने कहा कि दलितों का स्वावलंबी होना ज़रूरी है, उन्हें आत्मनिर्भर होना चाहिए। उन्होंने आगे कहा कि दलितों को हिंदुओं से कुछ भी प्राप्त नहीं हुआ, अतः हिंदू धर्म में बने रहने का कोई फ़ायदा नहीं है। उसी रात एक रैली में उन्होंने दलितों से धर्मांतरण की अपील की; एक संकल्प पारित कर घोषणा की गई कि पूर्व में चलाए गए दो सत्याग्रहों—नासिक का कालाराम मंदिर सत्याग्रह तथा जल का अधिकार प्राप्त करने के लिए महाद सत्याग्रह—से कोई विशेष लाभ नहीं हुआ है इसलिए अब उन सत्याग्रहों को समाप्त कर देने का समय आ गया है। अछूतों को अब ग़ैर-अछूतों से मुक्ति प्राप्त कर लेनी चाहिए और अपने अधिकार प्राप्त करने चाहिए। दूसरे दिन बंबई प्रेसीडेंसी में पास के येओला में पददलित वर्गों के सम्मेलन (जिसे मराठी में दलित वर्गीय परिषद कहा गया) में उन्होंने एक संकल्प रखा (यहां दलित शब्द के प्रथम लिखित प्रयोग का उल्लेख मिलता है)। संकल्प में उन्होंने वहां उपस्थित 10,000 उत्साही कार्यकर्ताओं के समक्ष धर्मपरिवर्तन का प्रस्ताव रखा। उन्होंने कहा, 'मैं हिंदू पैदा हुआ और अस्पृश्यता की मार झेलता रहा। मैं हिंदू के रूप में नहीं मरूंगा।'

दो दिन बाद ही गांधी जी का प्रेस वक्तव्य आया। उन्होंने अंबेडकर द्वारा हिंदू धर्म के परित्याग पर प्रतिक्रिया व्यक्त करते हुए कहा, 'यह अविश्वसनीय है... विशेषकर तब जबकि अस्पृश्यता समाप्ति के कगार पर है... धर्म कोई घर अथवा घड़ी की तरह नहीं है जिसे जब चाहे बदल दिया।' (गांधी, 1973, 62 : 376) तत्पश्चात गांधी लगातार इस विषय के प्रति सजग रहे। उन्होंने कहा कि अंबेडकर तथा अन्य नेता

जो धर्मांतरण की बात कर रहे हैं वे अछूतों को पशुओं का झुंड समझते हैं और उन पर नियंत्रण का दावा करते हैं। 22 अगस्त 1936 को उन्होंने 'हरिजन' में लिखा, 'हमने डॉ. अंबेडकर तथा सवर्णों के बीच सौदेबाज़ी देखी, अंबेडकर करोड़ों मूक परिजनों को वस्तु समझते हैं और उनका धर्मपरिवर्तन कराना चाहते हैं'। (गांधी, 1976, 63:267) 7 सितंबर को जुगल किशोर बिरला को लिखे पत्र में अंबेडकर के धर्मपरिवर्तन के प्रयासों के बारे में उन्होंने लिखा, 'यह फ़ैसला एकतरफ़ा है और हरिजनों से इस बारे में विचार-विमर्श नहीं किया गया है।' (गांधी, 1977, 64:18) अंत में, 6 नवंबर को गांधी ने दलितों के बारे में लिखा कि वे विवेकहीन समर्थक हैं। सी.ए. एंड्रयूज़ को लिखे पत्र में उन्होंने लिखा कि, 'हरिजनों की विचार बुद्धि नहीं है, वे लोग ईश्वर और ग़ैर-ईश्वर में भेद नहीं कर सकते। एक व्यक्ति यदि सभी हरिजनों के समर्थन का दावा करे तो यह बकवास है। क्या ये लोग ईंट-पत्थर के समान हैं जिन्हें एक ढांचे से हटा कर दूसरे ढांचे में लगाया जा सकता है!'

लेकिन सच्चाई यह नहीं थी। स्वयं अंबेडकर के लिए धर्मांतरण एक वृहत परिवर्तन का विषय हो सकता था, लेकिन दलितों के लिए यह एक क्षण में लिया गया निर्णय नहीं था, वे किसी नेता के अंधे अनुयायी भी नहीं थे। समानता का हक़ प्राप्त करने के लिए अनेक नीची जातियों के लोगों ने इस्लाम स्वीकार किया था। उसी प्रकार नीची जाति के लोगों ने समानता का हक़ प्राप्त करने के लिए सामूहिक रूप से ईसाई धर्म स्वीकार किया था। 1936 में ईसाई मिशनरी द्वारा प्रकाशित पुस्तिका में लिखा है कि 'पिछले कुछ सालों से ख़बरें आ रही हैं जिनके अनुसार गांवों के अछूतों के समूह की ओर से आसपास के गिरजाघरों से शिक्षक उपलब्ध करवाए जाने की मांग की जा रही है। शिक्षकों की मांग इतनी अधिक है कि उनकी पूर्ति संभव नहीं है। (खैरमोडे, 1998ए, 6:79) दलितों के पूरे के पूरे गांव अथवा क्षेत्रीय समूहों द्वारा इस प्रकार के सामूहिक धर्मपरिवर्तन को मानवाधिकार के

दृष्टिकोण से सामाजिक आंदोलन कहा गया। अंबेडकर के वक्तव्यों पर उत्साहजनक प्रतिक्रिया से पता चलता है कि यह मुद्दा गहन चिंतन पर आधारित था। कुछ हद तक इससे दलितों में विभाजन भी हुआ। बहुत से महत्वपूर्ण दलित नेताओं ने धर्मांतरण का विरोध किया। पौराणिक विचार वाले बहुत से दलितों ने इस प्रकार के मौलिक क़दम उठाने से गुरेज़ किया। लेकिन आंदोलन से जुड़े युवा वर्ग के बहुत बड़े तबक़े ने इस धर्मपरिवर्तन के प्रस्ताव को सहर्ष स्वीकार किया।

आने वाला समय अत्यधिक घटनापूर्ण था। अंबेडकर ने दिसंबर 1935 में मद्रास की यात्रा की। वहां उनकी मुलाक़ात एन. शिवराज से हुई। एन. शिवराज अंबेडकर के हमउम्र थे और जस्टिस पार्टी एवं विधान परिषद के सदस्य थे। वे एक बौद्ध परिवार में पैदा हुए थे। उन्होंने पंडित इयोधी थास द्वारा संचालित दलित आंदोलन में हिस्सा लिया था। उन्हें वहां दलित-ईसाइयों के विरुद्ध भेदभाव होने की ख़बरें भी मिलीं। 11 तथा 12 जनवरी 1936 को पुणे में होने वाले 'युवा अछूत सम्मेलन' की अध्यक्षता करने के लिए शिवराज को महाराष्ट्र आमंत्रित किया गया। सम्मेलन में धर्मांतरण के आह्वान का समर्थन किया गया। समग्र समुदायों का समर्थन पाने के लिए 30 मई से 2 जून के बीच 'बंबई प्रांतीय महार सम्मेलन' का आयोजन किया गया। इसकी अध्यक्षता हैदराबाद के बी.एस. वेंकटराव ने की। सम्मेलन में 25,000 लोग शामिल थे जिनमें ईसाई, मुस्लिम और सिख नेता भी मौजूद थे। तुर्की टोप पहने युवाओं ने इस्लाम धर्म, विशेषकर आधुनिक इस्लाम के प्रति रुचि ज़ाहिर की। इस अवसर पर अंबेडकर द्वारा दिया गया भाषण 'मुक्ति कौन पाथे?' (ह्वाट पाथ टु लिबरेशन?) शीर्षक से 20 जून के 'जनता' के अंक में प्रकाशित हुआ। इसमें जहां यह वृहत चर्चा की गई थी कि दलितों को हिंदू धर्म में क्यों बना नहीं रहना चाहिए, वही पारंपरिक धर्म के गांधीवादी विचार का जवाब भी दिया गया था।

'किसी धर्म में सिर्फ़ इसलिए बने रहना, बेवक़ूफ़ी होगी कि यह पौराणिक है। कोई भी समझदार व्यक्ति इस नीति को नहीं अपनाएगा। ऐसी स्थिति में रहना जिसमें मनुष्य स्वयं को पशु समझे; यह किसी मनुष्य को संतुष्ट नहीं कर सकता। पशुओं और आदमी में यही फ़र्क है कि पशु प्रगति नहीं कर सकते जबकि मनुष्य कर सकते हैं।'

मुख्य सम्मेलन के बाद, संतों-साधुओं की एक बैठक हुई। इसमें वरकारी, कबीर तथा ऐसी अन्य परंपराओं के महार त्यागी साधु भी शामिल हुए। बैठक में साधुओं ने अपनी जटा कटवा लीं, बढ़ी हुई दाढ़ी मुड़वा ली और साधु परंपरा के वस्त्रों तथा अन्य प्रतीकों का त्याग कर दिया। पूर्वी महाराष्ट्र के वर्धा ज़िले के पतितपावन दास नाम के एक दलित साधु नेता ने अमरावती में एक इसी प्रकार के सम्मेलन का आयोजन किया। उक्त सम्मेलन में हिंदू धर्मग्रंथों तथा मूर्तियों को जलाया गया।

संतों-साधुओं की रैली के बाद एक बिल्कुल दूसरी तरह की रैली भी आयोजित की गई। बंबई में कामाटीपुरा वेश्यावृत्ति का केंद्र था जिसमें अधिकतर दलित महिलाएं लिप्त थीं। उन्हें देवदासी प्रथा के तहत वेश्यावृत्ति में धकेला गया था। उन्हें मुरली, जोगिन क़रार देते हुए ईश्वर को समर्पित पवित्र वेश्याओं का दर्जा दिया जाता था। इन महिलाओं ने उक्त बड़े सम्मेलन के बाद जून में एक बैठक बुलाई। उन लोगों ने अंबेडकर को बुलाने का निर्णय किया और कहा कि वे लोग भी धर्मांतरण के लिए इच्छुक हैं। अंबेडकर तैयार हो गए और 16 जून को दामोदर हॉल में एक बैठक हुई। बैठक में अंबेडकर ने जब यह कहा कि उन लोगों का पेशा महार जाति के लिए शर्म का विषय है और उन्हें यह पेशा छोड़ देना चाहिए, तो वे महिलाएं शोर-गुल व चीत्कार करती हुई बाहर गलियों में निकल आईं। उन्हें उम्मीद थी कि अंबेडकर अपने प्रभाव का इस्तेमाल कर उन लोगों को पुलिस प्रताड़ना से सुरक्षा प्रदान कराएंगे। इस घटना के बाद वेश्यावृत्ति विषय पर पुरानी बहस दोबारा छिड़ गई।

अधिकांश हिंदू समाज-सुधारकों ने अंबेडकर की आलोचना की और कहा कि उन्होंने वेश्याओं की उस नाजुक आर्थिक पृष्ठभूमि को नज़रअंदाज़ कर दिया जिसके कारण वे इस पेशे को अपनाने के लिए मजबूर हुईं। अंबेडकर ने आत्म-सम्मान को आर्थिक स्थिति से ऊपर माना और कहा कि वे केवल हालात की शिकार नहीं हैं बल्कि इस पेशे में आने के अपने निर्णय के लिए स्वयं दोषी भी हैं। इसमें उन्हें दलितों का व्यापक समर्थन मिला।

धर्मांतरण के प्रति विभिन्न धार्मिक समूहों के नेताओं की प्रतिक्रिया तीव्र थी। ईसाइयों, मुसलमानों तथा सिखों के जत्थे उनके दादर स्थित घर पर आने लगे। हिंदू समूहों में बड़ी बहस छिड़ गई। रोचक बात यह हुई कि हिंदू महासभा के डॉ. मुंजे ने हिंदुओं के सिख धर्म अपनाने का खुला समर्थन किया। जून 1936 में एम.सी. राजा को लिखे पत्र में मुंजे ने घोषणा की, 'यदि अंबेडकर स्वयं और अपने समर्थकों द्वारा इस्लाम अथवा ईसाई धर्म के बजाय सिख धर्म अपनाने का निर्णय करते हैं और हिंदुओं तथा सिखों को अपनी-अपनी संस्कृति के पालन के लिए प्रेरित करते हैं तथा मुस्लिमों द्वारा दलितों को धर्मांतरण के लिए अपनी ओर खींचने के प्रयास का विरोध करते हैं तो वे उनका समर्थन करेंगे और नव-सिखों को अनुसूचित जाति वर्ग में सूचीबद्ध किए जाने का भी समर्थन करेंगे।' (खैरमोडे, 1998ए, 6 : 147) अंबेडकर ने अपने उत्तर में कहा कि मुसलमानों तथा ईसाइयों के पास प्रचुर आर्थिक संसाधन हैं जो सिखों के पास नहीं हैं। इस प्रकार यदि हिंदू लोग यह चाहते हैं कि अछूत विदेशी धर्मों को न अपनाकर हिंदू धर्म की सहायता करें तो उन्हें सिखों की मदद करनी चाहिए।

मुंजे का मत उभरते हिंदुत्व की रेखा के अनुरूप था जो भारत से उद्भव हुए धर्मों को हिंदू धर्म का ही अंग मानता था। इस प्रकार सिख धर्म अपनाना धर्मांतरण नहीं कहा जा सकता, यह पंथ परिवर्तन हो सकता है, धर्म परिवर्तन नहीं। राजा ने इस पर कड़ी आपत्ति जताई। उन्होंने

मुंजे को दिए उत्तर में कहा कि दलित वर्ग के लोगों के 'सांप्रदायिक पलायन' से सिख-हिंदू-मुस्लिम समस्या पैदा होगी। गांधी के विचारों के अनुकूल ही उन्होंने कहा कि यह सब 'राजनीतिक घालमेल' है और जनसमुदायों द्वारा सामूहिक धर्मपरिवर्तन में 'आध्यात्मिक' पक्ष गौण रहता है। गांधी ने इस बात को शीघ्र पकड़ा और राजा के समर्थन में 26 जुलाई को लिखा कि अस्पृश्यता को समाप्त करना 'गंभीर धार्मिक कर्तव्य है'। (खैरमोडे, 1989ए, 6:154) सिख धर्म के बारे में उन्होंने कहा कि यदि सिख समुदाय के लोग अपने आपको हिंदू धर्म का अंग मानते हैं तो पृथक मतदान की व्यवस्था को छोड़ने का निर्णय लेना उन्हीं के ऊपर है।

गांधी पुराने रास्ते पर चल रहे थे। पंडित मदन मोहन मालवीय हिंदू महासभा समूह के प्रवक्ता थे। इस समूह के लिए पारंपरिक हिंदू धर्म ठीक था, इसे जाति से अलग किया जा सकता था। वे लोग सिख धर्म को हिंदू धर्म के स्थान पर स्वीकार करने के लिए तैयार नहीं थे। 21 से 23 अक्टूबर 1936 के बीच लाहौर में हिंदू महासभा का अठारहवां सत्र आयोजित किया गया। इसकी अध्यक्षता शंकराचार्य ने की और अपनी स्थिति स्पष्ट करते हुए कहा कि यदि अछूत लोगों की इच्छा सिख धर्म अपनाने की है तो वे यह धर्मांतरण कर सकते हैं। सत्र के दूसरे दिन मालवीय के नेतृत्व में उत्तर प्रदेश से आए शिष्टमंडल को प्रतिनिधि के रूप में मान्यता देने से इंकार कर दिया गया। इस मुद्दे को लेकर विवाद शुरू हो गया। मालवीय समर्थक सम्मेलन से बहिर्गमन कर गए। सम्मेलन में उपस्थित सिख प्रवक्ता ने सिख धर्म अपनाने वाले दलितों का स्वागत करते हुए कहा, 'हम दलित वर्ग के लोगों की सुरक्षा का वादा करते हैं और ईसाई अथवा इस्लाम धर्म स्वीकार न करने के लिए उनका धन्यवाद करते हैं क्योंकि हम यह क़तई बर्दाश्त नहीं कर सकते कि वे लोग किसी विदेशी धर्म को अपनाएं।' (खैरमोडे 1998ए, 6:160) इस प्रकार धर्मपरिवर्तन के अंबेडकर के आह्वान के

परिणामस्वरूप हिंदू महासभा के भीतर मतभेद उभर कर सामने आने लगे।

दलितों का सिख धर्म प्रेम कुछ समय तक बना रहा। अंबेडकर ने सिख मिशन के कार्यकर्ताओं से संपर्क साधा। बंबई में खालसा कॉलेज की स्थापना की योजना बनी। वर्ष 1935 में अंबेडकर ने यूरोप की यात्रा की। इस यात्रा का ख़र्च सिखों ने वहन किया। उन्होंने लंदन में धर्मांतरण से आरक्षण के प्रावधानों पर पड़ने वाले प्रभावों के बारे में विशेषज्ञों से राय ली। रोम में उन्होंने वास्तुकारों से प्रस्तावित कॉलेज का नक़्शा नवशास्त्रीय रूपरेखा पर तैयार कराया। वहां वे अपनी मित्र 'एफ़' (फ़ैनी फिट्ज़ेराल्ड) से भी अंतिम बार मिले।

सिख धर्म में रुचि के कारण सोलह सदस्यों का एक दल 25 सितंबर 1936 को धार्मिक प्रशिक्षण के लिए अमृतसर भेजा गया। वहां से लौटने पर दल के नेता बारवे तथा कुछ अन्य सदस्यों ने सिख धर्म अपना लिया और धर्म-प्रचार करने लगे। हालांकि, बाद में अंबेडकर तथा उनके सिख मित्रों के बीच मतभेद उभरा। यह मतभेद शायद धर्मांतरण की प्रक्रिया तथा संस्थाओं के निर्माण को लेकर था। अंत में अंबेडकर ने उनसे अपने संबंध-विच्छेद कर लिए।

अन्य घटनाक्रम बौद्ध धर्म से जुड़ा था। उस समय बौद्ध धर्म अपनाने वाले प्रमुख लोगों में धर्मानंद कौशांबी थे। उनका पुत्र प्रसिद्ध मार्क्सवादी विद्वान था। कौशांबी अक्टूबर 1935 में अंबेडकर से मिले। उसके बाद कौशांबी धर्मांतरण विषय पर बातचीत के लिए शीघ्र ही गांधी से भी मिले। उन्होंने गांधी को बताया कि अंबेडकर के विचार बौद्ध धर्म से मेल खाते हैं। उन्होंने परेल में बुद्ध विहार के निर्माण हेतु धनराशि की मांग की। गांधी ने तुरंत जुगलकिशोर बिरला से बात की जो वहीं मौजूद थे। बिरला ने कौशांबी को 17,500 रुपए का चेक प्रदान किया। इससे परेल में 'बहुजन बौद्ध विहार' के निर्माण की योजना बनी। लेकिन इस सिलसिले में प्रारंभिक बैठक सफल न हो सकी। ऐसा शायद दो चंभार

नेता सीताराम शिवतारकर तथा उनके विरोधी बालकृष्ण देवरुखर के बीच तकरार के कारण हुआ। इन मामलों में बहुजन बौद्ध विहार में कोई उत्साह नहीं दिखा। ऐसा शायद इसलिए हुआ क्योंकि अंबेडकर ऐसे किसी कार्य को समर्थन देने को राज़ी नहीं थे जिसमें गांधीवादियों का पैसा लगा हो।

धर्मांतरण एक बार पुनः अंबेडकर तथा गांधी के बीच विवाद का विषय बना। दिसंबर 1935 में जात-पांत तोड़क मंडल ने अंबेडकर को भाषण के लिए बुलाया। यह संगठन अंतर्जातीय विवाह के माध्यम से जाति-पांति का भेदभाव हटाने में लगा था। इस संस्था का निर्माण संतराम (1887-1988) ने 1920 में किया था। वे निम्न जाति के पंजाबी थे जिन्हें कतिपय प्रमुख आर्यसमाजियों का समर्थन प्राप्त था। हालांकि, अंबेडकर ने अप्रैल में जब अपने अध्यक्षीय भाषण की प्रति भेजी तो उससे अंतर्संगठनात्मक संघर्ष उठ खड़ा हुआ। उन्हें अपने भाषण में कुछ परिवर्तन करने को कहा गया। तीन महीने तक पत्राचार चलता रहा, अंत में अंबेडकर ने लिखा कि उन लोगों को किसी ऐसे व्यक्ति को भाषण के लिए बुलाना चाहिए जिसके विचार उनके अनुकूल हों। उन्होंने अंत में भाषण को स्वयं मुद्रित कराया। अंग्रेजी में छपी इसकी 1500 प्रतियां फ़टाफ़ट बिक गईं। इसका कुछ वर्षों के भीतर तमिल, गुजराती, मराठी, हिंदी, पंजाबी तथा मलयालम में अनुवाद कराया गया और वितरित किया गया। संतराम ने स्वयं इसका पंजाबी अनुवाद किया और छपवाया। इसके दूसरे संस्करण का प्रकाशन गांधी द्वारा साप्ताहिक 'हरिजन' में छापे गए उत्तर तथा अंबेडकर द्वारा दिए गए पुनः जवाब के बाद हुआ। लेख अत्यधिक तीखा तथा विवादित था—लगभग उसी समय अंबेडकर ने सिख सम्मेलन में भाग लिया। इन बातों की पृष्ठभूमि में अंततः उन्हें आमंत्रित करने का प्रस्ताव वापस ले लिया गया।

उक्त लेख का शीर्षक 'द एनिहिलेशन ऑफ़ कास्ट' था और हिंदुवाद के विरुद्ध युद्ध की घोषणा करने वाला था। इसके बुनियादी तत्व सामान्य थे। भारत में अछूतों के विकास के मार्ग में सबसे बड़ा बाधक हिंदुवाद

ही था। अंबेडकर ने समाजवादियों को लिखा कि शक्ति का स्रोत केवल संपत्ति नहीं बल्कि धर्म तथा सामाजिक हैसियत भी हैं। इतिहास इस बात का गवाह है। भारत में आर्थिक आंदोलन नहीं बल्कि सामाजिक-धार्मिक आंदोलन की ज़रूरत है।

चंद्रगुप्त द्वारा राजनीतिक क्रांति से पहले बुद्ध ने धार्मिक तथा सामाजिक क्रांति का आगाज़ कर दिया था। उसी प्रकार शिवाजी द्वारा राजनीतिक क्रांति की पहल करने से पूर्व महाराष्ट्र के संतों द्वारा धार्मिक-सामाजिक क्रांति को मूर्त रूप दिया जा चुका था। सिखों की राजनीतिक क्रांति से पूर्व गुरु नानक के नेतृत्व में धार्मिक-सामाजिक क्रांति की जा चुकी थी। (अंबेडकर, 1979, 1:44)

इसमें 'सुधार' तथा 'क्रांति' के बीच विभेद को समझने की आवश्यकता है। उन्नीसवीं सदी में एम.जी.रानाडे द्वारा लिखित प्रसिद्ध लेख 'द राइज़ ऑफ़ द मराठा पावर' में उल्लेख है कि तुकाराम तथा ज्ञानेश्वर जैसे वरकारियों के आंदोलन तथा रामदास द्वारा चलाए गए राजनीतिक उत्थान संबंधी विभिन्न आंदोलनों ने महाराष्ट्र में राष्ट्रवाद की नींव रखी थी। तुकाराम तथा चोखामल जैसे संतों ने महाराष्ट्र के सामाजिक जीवन तथा साहित्य के क्षेत्र में जातिवाद के विरोध में पुरज़ोर आवाज़ उठाई। 1920 के दशक में अंबेडकर ने संत परंपरा से जुड़ी साहित्यिक रचनाओं का अध्ययन किया। इस संबंध में ज़्यादा लिखित सामग्री उपलब्ध नहीं है, लेकिन उनके लेख 'द एनिहिलेशन ऑफ़ कास्ट' से पता चलता है कि वे वरकारी आंदोलन को क्रांतिकारी न मानकर सुधारवादी आंदोलन मानते थे, जिसमें निम्न जाति का आंदोलन हिंदू धर्म में ही अंतर्निहित हो जाता है।

फिर आवश्यकता क्या रह जाती थी? इससे हिंदू धर्म पर ही प्रश्न-चिन्ह खड़ा होता है क्योंकि इसमें चतुर्वर्ण का समर्थन किया गया है और भारतीय समाज में बुराइयों का मुख्य स्रोत भी यही है।

'तुम्हें... उस पवित्रता तथा दैविक अवधारणा को अवश्य नष्ट कर देना चाहिए जिस पर जातिवाद अवलंबित है। इसका निष्कर्ष यह है कि तुम्हें वेद तथा शास्त्रों की मान्यताओं को नष्ट कर देना चाहिए... तुम्हें वही गुरु क़दम उठाने चाहिए जो बुद्ध ने उठाए थे। तुम्हारे क़दम गुरुनानक के क़दम से मिलने चाहिए। तुम्हें शास्त्रों का न केवल त्याग कर देना चाहिए बल्कि उनकी मान्यताओं को भी नकार देना चाहिए। बुद्ध और नानक ने यही किया था। तुम्हें हिंदू अनुयायियों से साहसपूर्वक कह देना चाहिए कि उनकी बुराई की जड़ उनका धर्म है—वह धर्म जिसने जाति-पांति को पवित्र संस्था बना दिया है।' (अंबेडकर, 1979, 1:69)

अंबेडकर के उक्त विचार न केवल हिंदू धर्म बल्कि बौद्ध धर्म तथा सिख धर्म का भी आकलन करते हैं। बौद्ध तथा सिख धर्म दो ऐसी विचारधाराएं थीं जिनमें ब्राह्मणवाद की मौलिक व्याख्या की गई थी। उनके विचार ईसाई धर्म अथवा इस्लाम अपनाने के बजाय भारतीय परंपराओं वाले धर्मों को अपनाने के लिए बदल रहे थे।

गांधीजी का उत्तर 'हरिजन' में प्रकाशित एक लेख के माध्यम से आया। बचाव में उनका मत था कि अस्पृश्यता हिंदू धर्मग्रंथों से नहीं निकली है। गांधी ने कहा कि ईश्वर के शब्दों की परख बुद्धि तथा आध्यात्मिक अनुभव से की जा सकती है। उन्होंने आगे कहा कि मेरी बुद्धि तथा मेरे आध्यात्मिक अनुभव के अनुसार धर्मग्रंथों में कुछ भी आपत्तिजनक नहीं है। वे धर्मग्रंथों की पुनर्व्याख्या के लिए तैयार थे लेकिन पौराणिक धर्मग्रंथों के, यहां तक कि मनु संहिता में भी कुछ गलत कहे जाने को सही नहीं मानते थे। सबसे रोचक बात तो यह थी कि वे हिंदू धर्म का बचाव तो करते ही थे, साथ ही जातिवाद के उदात्त पक्षों का भी समर्थन करते थे।

'जाति का धर्म से कुछ लेना-देना नहीं है... यह आध्यात्मिक तथा राष्ट्रीय उत्थान के लिए बाधक है। वर्ण और आश्रम ऐसी संस्थाएं हैं जिनका जातियों से मतलब नहीं है। वर्ण सिखाता है कि हममें से प्रत्येक व्यक्ति को अपने पारंपरिक पेशे से आजीविका चलानी चाहिए। यह हमारे अधिकारों के विषय में नहीं बल्कि कर्तव्यों के बारे में बताता है... हमें इससे यह भी सीख मिलती है कि कोई काम न ऊंचा है न नीचा। सब बराबर हैं, क़ानूनसम्मत हैं और सब एक दर्जे के हैं। एक ब्राह्मण, आध्यात्मिक शिक्षक तथा सफ़ाई कर्मचारी सबका पेशा बराबर है। कहीं भी ईमानदारीपूर्वक कार्य निष्पादन करने से ईश्वर ख़ुश होता है। ईश्वर सबको समान रूप से पुरस्कृत करता है... एक वर्ण का दूसरे वर्ण के ऊपर वर्चस्व का दावा नियम विरुद्ध है। वर्ण अस्पृश्यता को मान्यता नहीं देता। (हिंदू धर्म की मूल भावना ईश्वर को सत्य के रूप में मानती है और अहिंसा को समस्त मानव शरीर के लिए नियम के रूप में मानती है।)' (अंबेडकर, 1979, 1:83)।

इस प्रकार गांधी ने न केवल चार वर्णों में अपना विश्वास दोहराया बल्कि स्वधर्म में भी विश्वास व्यक्त किया और ब्राह्मण, किसान, कारीगर और सफ़ाई कर्मचारी के अपने-अपने पारंपरिक पेशे में बने रहने की भी वकालत की। यह उग्र दलितों के लिए अस्वीकार्य था। अंबेडकर ने इसे अस्वीकार कर दिया।

धर्मांतरण की घोषणा करने के बाद, अंबेडकर किसी प्रकार की जल्दबाज़ी में नहीं थे। एक बात स्पष्ट थी कि उन्हें ईसाई धर्म अथवा इस्लाम के प्रति कोई विशेष आकर्षण नहीं था। हालांकि वे इन धर्मों में दलितों के लिए काफ़ी गुंजाइश देखते थे। धर्मांतरण एक प्रक्रिया थी जिसकी शुरुआत न केवल उनसे होनी थी बल्कि समस्त जन-समुदाय को अपनी इच्छा से इसमें शामिल होना था। उन्हें महार समुदाय से सबसे ज़्यादा उम्मीद थी। सिख धर्म तथा बौद्ध धर्म के प्रति उनके रुझान का पता

उनके द्वारा 1936 में लिखित लेख तथा महार युवा सम्मेलन में दिए गए उनके भाषणों से लगता है। इसमें अंबेडकर ने बुद्ध की उक्ति–'अपना प्रकाश स्वयं बनो' का उल्लेख किया। यह आत्मविश्वास को जगाने वाला वाक्य था। उन्होंने अपने आवास का नाम 'राजगृह' (राजगीर) रखा था। यह कभी मगध की राजधानी थी जहां बुद्ध ने अपने अधिकांश उपदेश दिए थे। अंबेडकर अपनी पसंद आसानी से नहीं बनाते थे। उन्होंने सबसे पहले हिंदू धर्मग्रंथों का गहन अध्ययन किया और उसके बाद जातिगत आधार पर हनन में हिंदू धर्म की भूमिका के बारे में उन्हें कोई शक न रह गया। तत्पश्चात उन्होंने बौद्ध धर्मग्रंथों का अध्ययन किया।

1932 के बाद अंबेडकर ने गांधी को कभी भी सुधारक नहीं माना, बल्कि उन्हें जाति को बढ़ावा देने वाला हिंदू धर्म का समर्थक माना। उन्होंने कहा कि गांधी भारतीय गांवों को अनायास ही महिमामंडित करते हैं। दरअसल वे स्थितिवादी हैं, वे समाज में बुनियादी परिवर्तन नहीं चाहते। 1939 में 'फ़ेडरेशन वर्सेज़ फ्रीडम' विषयक व्याख्यान में उन्होंने कड़े शब्दों में अपने निर्णय की घोषणा की–'मेरे मन में कोई संदेह नहीं कि गांधी का युग भारत के लिए अंधकार का युग है। इस युग में भविष्य के आदर्शों को पाने के लिए ज़ोर दिया जाता है, लेकिन लोगों को पुराने युगों की मान्यताओं में धकेला जा रहा है'। (अंबेडकर, 1979, 1: 352)

पांच

'पूंजीवाद और ब्राह्मणवाद के विरुद्ध'

जातिगत क्रांति का दौर

भील, गौड़, द्रविड़, उनका भारत सुंदर था।
वे प्रजा थे संस्कृति उनकी थी, शासन उनका था,
आर्य आए, भारत में अपनी शक्ति का विस्तार किया
और द्रविड़ों का दमन किया----
ब्राह्मण, क्षत्रिय, वैश्य सभी स्वामी बन गए
वे दासों का ख़ून पीने लगे, उन्होंने शूद्रों को यंत्र बना दिया
ब्राह्मण, क्षत्रिय, वैश्यों को स्वामित्वाधिकार मिले---
कांग्रेस, हिंदू महासभा, मुस्लिम लीग सभी संपन्न लोगों की प्रतिनिधि हैं।
इंडिपेंडेंट लेबर पार्टी ही हमारा सही आश्रय है---
जनता का हथियार उठाओ,
स्वामियों के अत्याचारों और दरिंदगी को हटाओ।
जागो कामगारो। जागो किसानो। हिंदुस्तान हमारा है,
मानवता मज़दूरों को मिलेगी,
यह हमारा जन्मसिद्ध अधिकार है।

— कमलसिंह बलिराम रामटेके,
जनता, 21 जून, 1941

अंबेडकर द्वारा हिंदू धर्म के परित्याग को व्यापक जन समर्थन मिला और इसके परिणामस्वरूप वे न केवल राजनीति से जुड़ गए बल्कि वे क्रांति की दिशा में अग्रसर होते गए। आगे चलकर यह क्रांति एक व्यापक सामाजिक-आर्थिक क्रांति के रूप में परिणत हुई। 1936 में उन्होंने अपनी पहली राजनीतिक पार्टी बनाई ताकि आगामी चुनावों में दलितों की समस्याओं का सीधे प्रतिनिधित्व हो सके। यह किसी विशिष्ट जाति की पार्टी नहीं थी बल्कि यह तो मज़दूर वर्ग की पहचान थी, जिसका नाम था—इंडिपेंडेंट लेबर पार्टी (आई.एल.पी.)।

इसका उद्देश्य 'जनता' पत्रिका में प्रकाशित किया गया था जिसका स्वरूप सामाजिक और लोकतांत्रिक था तथा यह समकालीन किसी भी समाजवादी उद्देश्य की भांति प्रगतिशील थी। यह उद्योगों के सरकारी प्रबंधन और स्वामित्व (जो लोगों के हित में लगा हो) के सिद्धांत की पक्षधर थी और उसने जनता की किसी भी जाति अथवा वर्ग के साथ अन्याय करने वाली किसी भी अर्थव्यवस्था में संशोधन-परिवर्तन करने का वायदा भी किया। उसने फ़ैक्टरी मज़दूरों के रोज़गार को विनियमित करने वाले विधान भी लाने का वचन दिया जिसमें उनके काम के घंटे निर्धारित करना, उचित मज़दूरी का भुगतान करना, बोनस और पेंशन योजनाओं को लागू करना शामिल था। उसमें सामान्यतया काश्तकारों और विशेषकर ऐसे काश्तकारों जो (क) खोती प्रणाली; और (ख) ताल्लुक़ेदारी प्रणाली जोकि उस समय मध्य राज्यों के विदर्भ क्षेत्र और बंबई के कोंकण क्षेत्र में प्रचलित ज़मींदारी प्रथा थी, के अंतर्गत नियोजित हैं, को ज़मींदारों द्वारा हटाए और निर्वासित किए जाने से सुरक्षा प्रदान करने संबंधी विधान का प्रस्ताव भी है। (जनता, 8 अगस्त, 1936)

अंबेडकर द्वारा जाति संबंधी क्रांति का पूर्वाभास 1930 में उसी समय हो गया था जब उन्होंने अपनी पाक्षिक पत्रिका का नाम 'बहिष्कृत भारत' से बदल कर 'जनता' रखते हुए दलितों के सम्मेलन में अपना भाषण

दिया था। उसके बाद संपादक जी.एन. सहस्रबुद्धे के नेतृत्व में 'जनता' पत्रिका नियमित रूप से छपने लगी जिसमें पूंजीपतियों और ज़मींदारों के अत्याचारों पर निशाना साधते हुए बड़े शीर्षकों वाले प्रमुख लेख छपने लगे। ये लेख केवल दलित सम्मेलनों और बैठकों के बारे में ही नहीं बल्कि मज़दूर वर्गों की हड़तालों और किसान आंदोलनों (जोकि उन दिनों अक्सर होते थे) के बारे में भी होते थे। कविताएं दलितों की वर्ग और जाति विरोधी भावनाओं को उजागर करती थीं।

भारत के कामगार वर्ग के बीच समाजवादियों और वामपंथियों की बढ़ती हुई संख्या इस राजनीतिक क्रांति का आधार है। दलित राजनीतिक संवर्ग में मार्क्सवाद शुरू से ही चर्चा और वाद-विवाद का विषय रहा है। 'बहिष्कृत भारत' और 'जनता' में प्रकाशित लेखों में मार्क्सवादी सिद्धांत और कम्युनिस्ट नीति का विश्लेषण भी देखा गया है। क्रांति के लिए दलित लोगों का दबाव भी बढ़ रहा था, वे मूल रूप से काश्तकार, किसान मज़दूर थे। इनमें से कई मज़दूर वर्ग के समर्पित नेता उभरे। उनमें से नागपुर के एल.एन. हरदास प्रमुख हैं जिन्होंने बीड़ी मज़दूरों को संगठित किया और वे पैंतीस वर्ष की अवस्था में अपनी अकाल और हृदय-विदारक मृत्यु तक आई.एल.पी. के उम्मीदवार के रूप में कार्य करते रहे। क्रांति की भावना की ओर केवल ऐसे पुरुष और महिलाएं ही नहीं बल्कि हिंदुओं का एक युवा वर्ग भी आकृष्ट हुआ जो बाद में अंबेडकर के साथ जुड़ता चला गया।

अगस्त 1937 के चुनाव में आई.एल.पी. ने बंबई राज्य में अपने 18 उम्मीदवार खड़े किए जिसमें से बारह उम्मीदवार आरक्षित स्थानों और छह उम्मीदवार अनारक्षित स्थानों पर थे। मध्य प्रांत में चौदह उम्मीदवार खड़े किए गए। बंबई में पंद्रह उम्मीदवार निर्वाचित हुए जिनमें से एक मातंग, एक होलर, तीन कायस्थ और दस महार थे। राष्ट्रीय स्तर पर 1937 में कांग्रेस को बहुमत मिला, प्रांतों के चुनाव में 1585 में से 711

स्थान मिले और पांच प्रांतों में पूर्ण बहुमत मिला। राष्ट्रीय स्तर पर उसे 138 आरक्षित स्थानों में से 81 स्थान मिले। फिर भी ऐसे क्षेत्रों में जहां दलित अपनी पार्टियों में संगठित थे, कांग्रेस को आरक्षित स्थान से हटाने में कामयाब रहे। बंबई प्रांत में कांग्रेस को केवल पांच आरक्षित सीटें प्राप्त हुईं और वे भी केवल ग़ैर-मराठी भाषी क्षेत्रों में ही। मध्य प्रांतों में उन्नीस स्थानों में से कांग्रेस को हिंदी भाषी क्षेत्रों के केवल पांच स्थान प्राप्त हुए। बंगाल में रघुवंशियों और नामशूद्रों ने एकजुट होकर मुस्लिम कृषक प्रजा पार्टी के साथ गठबंधन किया। इस कारण कांग्रेस कुल तीस आरक्षित स्थानों में से केवल छह स्थानों पर ही जीत सकी। हालांकि मद्रास प्रेसीडेंसी में जहां अछूत असंगठित रहे और जस्टिस पार्टी कमज़ोर रही, कांग्रेस को तीस में से छब्बीस स्थान प्राप्त हुए। यद्यपि चुनाव में कांग्रेस की पूरी तरह से जीत हुई फिर भी परिणामों से पता चलता है कि इस पर अन्य राजनीतिक ताक़तों का भी काफ़ी हद तक नियंत्रण रहा। विशेष रूप से बंबई और मद्रास दोनों स्थानों में ग़ैर-ब्राह्मण आंदोलन कमज़ोर साबित हो रहे थे, दलितों और मुस्लिमों की एकजुटता बढ़ रही थी। उदाहरण के लिए बंबई प्रांत में अब आई.एल.पी. प्रमुख विपक्षी पार्टी थी।

पार्टी विजेताओं से अंबेडकर के जनाधार के स्वरूप का भी पता चलता है। हिंदू जातियों में कायस्थ प्रमुख रूप से उभरकर आए। वे अंबेडकर के उच्च जाति के समर्थकों में अग्रणी रहे। वे पढ़े-लिखे, शिक्षित और संपन्न समुदाय से ताल्लुक़ रखते थे और ब्राह्मण-विरोधी थे क्योंकि ब्राह्मण उन्हें परंपरागत ढंग से शूद्र मानते थे। (ग़ैर-ब्राह्मण आंदोलन के कट्टर समर्थकों में से एक केशवराम सीताराम ठाकरे थे, जिनके पुत्र बालासाहेब ठाकरे बीसवीं सदी के उत्तरार्ध में शिवसेना नेता बने।) अंबेडकर को अपने जीवनपर्यंत कुछ ब्राह्मण-मित्रों और समर्थकों का साथ मिला परंतु ये अपवादस्वरूप और विरले ही रहे।

इसी प्रकार विजेता उम्मीदवारों की सूची ने यह इंगित किया कि

आई.एल.पी. मूलतः एक महार आधारित पार्टी थी। मांग (मातंग), जोकि महाराष्ट्र में एक अन्य बड़ा अछूत समुदाय रहा, अत्यधिक निर्धन और पिछड़ा था और इस समुदाय के कार्यकर्ताओं और कुछ लोगों का समर्थन इस आंदोलन को मिला। एक अन्य प्रमुख अछूत समूह चंभारों (चमड़े का काम करने वाले) का था, जो उत्तर भारत की चमार जाति की तरह थे। महाराष्ट्र में इनकी संख्या अपेक्षाकृत कम थी और इनकी स्थिति भी बेहतर थी। आमतौर पर इनके घर गांव के बीच में ही होते थे। इसके विपरीत 'महार' और 'मांग' जाति के लोगों की रिहाइश गांव के बाहर होती थी। अंबेडकर के समर्थकों में कई चंभार लोग थे परंतु ये व्यक्तिवादी और डांवांडोल रहे। पुराने लोगों में सीताराम शिवतारकर अंबेडकर के महार समर्थकों में विवादास्पद रहे और धर्म परिवर्तन के नारे के बाद वे उनका साथ छोड़ गए। एक अन्य चंभार नेता बालकृष्ण देवरुखकर (1884-1947) रहे। देवरुखकर शिवतारकर के विरोधी थे और शिवतारकर द्वारा अंबेडकर का साथ छोड़ने के बाद ही आई.एल.पी. में शामिल हुए। सर्वाधिक महत्वपूर्ण चंभार कार्यकर्ता पी.एन. राजभोज (1905-84) थे। राजभोज बहिष्कृत हितकारिणी सभा के समय आंदोलन में शामिल हुए और गांधी से आकृष्ट होकर कुछ समय के लिए कांग्रेस में शामिल हो गए और 1942 में अनुसूचित जाति संघ (एस.सी.एफ़.) में लौटकर अंबेडकर से जुड़ गए।

भारत में लगभग सभी क्षेत्रों में दो प्रमुख और प्रतिस्पर्धात्मक दलित जातियां हैं और इनमें से आर्थिक एवं शैक्षिक दृष्टि से अधिकाधिक विकसित लोगों ने लगभग सभी जगह दलित आंदोलन को सामाजिक आधार प्रदान किया है। उत्तर भारत में चमार, आंध्र में माला, तमिलनाडु में परैया लोगों ने सर्वाधिक उग्र संगठनों को समर्थन और नेतृत्व प्रदान किया जबकि इसके विपरीत उनके परंपरागत विरोधी प्रायः सीमित, निर्धन और अल्प संगठित रहे। प्रतिक्रियास्वरूप ये, जैसे, उत्तर में चूहड़ा, महाराष्ट्र में मांग/मातंग और आंध्र में मेडिगा लोग कांग्रेस अथवा (विशेषकर बाद के समय में) हिंदू संगठनों की ओर आकर्षित हुए।

अंबेडकर की नई पार्टी के वर्ग की पहचान उस समय खुलकर सामने
आई जब कोंकण में खोती ज़मींदारी प्रथा के विरुद्ध संघर्ष में तेज़ी आई
और वह उपनिवेशवादी भारत में किसानों का एक प्रमुख संगठन हो पाई।
आई.एल.पी. के पांच निर्वाचित सदस्य कोंकण से थे और उनमें से दो
सदस्य (अनंतराव चित्रे और सूबेदार घाटगे, महार) महाद सत्याग्रह में सक्रिय
रहे। महाराष्ट्र के दो क्षेत्रों में से एक कोंकण और बंबई प्रेसीडेंसी के
एक हिस्से में ज़मींदारी प्रथा अभी भी चल रही थी। यहां भारत के पश्चिमी
तटवर्ती क्षेत्रों की विशेषताएं हैं। किसानों की खेती वाले शुष्क आंतरिक
क्षेत्रों, (जोकि महाराष्ट्र के अधिकांश हिस्से में था) में रैयतवाड़ी प्रथा
प्रचलित थी। कोंकण के खेत ज़मींदार मराठा और चितपावन ब्राह्मण थे।
इस जाति का विस्तार व्यापक था और ये संपन्न भी थे तथा मूलतः
उसी क्षेत्र के थे। काश्तकारों में महार, कुनबी और अग्री* जैसी कुछ
अन्य किसान जातियां भी थीं। ग़ैर-ब्राह्मण पार्टी के अग्री नेता श्री एस.
के. बोले ने 1920 में पहला खोत विरोधी विधान पुनःस्थापित किया,
और 1930 के दशक के आरंभिक वर्षों में काश्तकार तेज़ी से संगठित
होने लगे। 1930 के दशक के आरंभिक वर्षों में कोंकण में ज़मींदार
विरोधी संघर्ष शुरू हुआ। उसी समय चित्रे ने स्थानीय कुनबी नेता के
साथ मिलकर एक किसान संघ बनाया। इसे 1932 में अवैध घोषित
कर दिया गया। जब 1934 में इस पर से प्रतिबंध हटाया गया तो 16
दिसंबर को कोलाबा ज़िला किसानों का सम्मेलन बुलाया गया और इसकी
अध्यक्षता अंबेडकर ने की। इसके बाद 1937 में यह संघर्ष फिर तेज़
हुआ, और अंबेडकर ने कोंकण का दौरा किया। इस दौरे के दौरान अंबेडकर
ने खोती काश्तकारों के साथ बैठकें कीं। 19 फरवरी, 1937 के 'जनता'
के संस्करण में यह समाचार प्रकाशित हुआ कि इन किसानों के एक

---

* अंशतः क्योंकि भूभाग की स्थिति ऐसी थी कि महाराष्ट्र के आंतरिक क्षेत्रों में
    कोंकण की अपेक्षा मराठों और कुनबियों में अंतर बिल्कुल स्पष्ट था।

शिष्टमंडल ने बैठक में अंबेडकर से इस प्रथा को समाप्त कराने के लिए कहा। अंबेडकर ने यह उत्तर दिया कि वे इसके लिए कोशिश करेंगे परंतु कोंकण के किसानों को खोत और निरंकुश ज़मींदारों से रहम की भीख मांगने की बजाय संघर्ष करना होगा। उन्हें 'खोतों' और कांग्रेस के इस दुष्प्रचार का जवाब देना होगा कि ज़मींदार उनके संरक्षक हैं। वस्तुतः उन्होंने यह घोषणा की कि कांग्रेस तो सेठजी, भटजी, सावकार और ज़मींदारों की समर्थक है।

सितंबर, 1937 में निर्वाचन के बाद अंबेडकर खोती प्रथा को समाप्त करने संबंधी अपना पहला विधान ले आए। इसके साथ ही किसानों ने पहली बार बंबई की ओर धावा बोला। शामराव पारुलेकर, आई.एल.पी. के एक सी.के.पी. सदस्य, और चित्रे ने भी इस पदयात्रा का नेतृत्व किया और इनके साथ-साथ गुजराती किसान नेता इंदूलाल याग्निक और कम्युनिस्ट संगठनकर्ता एस.ए. डांगे ने प्रमुख रूप से अंतिम रैली को संबोधित किया। इसके बाद कम्युनिस्टों ने अंबेडकर के प्रचार अभियान में साथ दिया और उन्होंने बड़ी-बड़ी रैलियां आयोजित कीं तथा इसके साथ-साथ 17 अक्तूबर को चारी में 3000 किसानों ने लाल झंडा फहराया। इसमें बी.टी. रणदिवे और जी.एस. सरदेसाई जैसे कम्युनिस्ट कार्यकर्ता भी शामिल थे। कुनबियों की एकता उस समय शीर्ष पर पहुंची जब वर्ष के अंत में कुनबियों की एकता पर ज़ोर देने के लिए 'आदि पोटोबा माग विथोबा' (पहले हमारा पेट है और फिर भगवान) के नारे के साथ एक कुनबी नेता इस आंदोलन में शामिल हुए। तदुपरांत 10,000 से 15,000 किसानों की बैठकें होने लगीं। उल्लेखनीय है कि वरकारी परंपरा के समतावादी भगवान को जातिगत भेदभाव, जिसे दरकिनार किया जाना चाहिए, का प्रतीक बताते हुए अंबेडकर हिंदू विरोधी होते गएः यहां तक कि जाति विरोधी भक्ति आंदोलन के साथ-साथ वरकारियों और कबीरपंथियों को भी रूढ़िवादियों के ख़िलाफ़ बचाव में समाहित किया गया।

इस संगठन के परिणामस्वरूप 12 मार्च, 1938 को बंबई कांउसिल हॉल

तक 20,000 किसानों ने पदयात्रा की। यह उपनिवेशवादी काल का सबसे बड़ा अधिवेशन था क्योंकि इससे पहले कांग्रेस के फ़ैज़पुर सत्र के दौरान दिसंबर, 1936 में अखिल भारतीय किसान कांग्रेस रैली में 15000 लोग एकत्रित हुए थे। इसमें 'खोत प्रथा को समाप्त करो', 'सावकार शासन को हटाओ' और 'डॉ. अंबेडकर अमर रहें' जैसे नारे गूंजते रहे। अंबेडकर ने स्वयं इस रैली की अध्यक्षता की और वक्ताओं में चित्रे, याग्निक, डी. वी. प्रधान, नगरपालिका के कार्यकर्ताओं के संगठन में लगे रहे अंबेडकर के एक अन्य सी.के.पी. सहयोगी और दो कम्युनिस्ट शामिल थे। अंबेडकर के भाषण से बढ़ती हुई क्रांति परिलक्षित होती है।

वास्तव में यह देखा गया है कि पूरे विश्व में केवल दो जातियां हैं पहली धनी लोगों की है और दूसरी निर्धन लोगों की। उसके अलावा एक मध्यम वर्ग है। यह वर्ग सभी आंदोलनों को असफल करने के लिए जिम्मेदार है। (*जनता*, 15 जनवरी, 1938)

उन्होंने संगठित होने पर बल दिया और यह समझने पर ज़ोर दिया कि कांग्रेस धनाढ्य वर्ग की समर्थक है। इसके बाद उन्होंने यह कहा कि उन्हें मार्क्सवाद से अत्यधिक सहानुभूति है।

मैंने कम्युनिस्ट दर्शन पर निश्चित रूप से यहां के सभी कम्युनिस्ट नेताओं से कहीं अधिक पुस्तकों का गहरा अध्ययन किया है। उन पुस्तकों में कम्युनिस्ट दर्शन का स्वरूप चाहे जितना भी अच्छा हो, इस दर्शन को व्यावहारिकता की कसौटी पर खरा उतारना होगा। यदि इस परिप्रेक्ष्य में कार्य किया जाएगा तो मुझे लगता है कि भारत में इसकी कामयाबी के लिए उतने श्रम और समय की आवश्यकता नहीं होगी जितनी रूस में आवश्यकता पड़ी थी। और मज़दूर वर्ग के संघर्ष के संबंध में, मैं यह महसूस करता हूं कि कम्युनिस्ट दर्शन हमारे बहुत क़रीब है। (*जनता*, 15 जनवरी, 1938)

सामाजिक मुद्दों की पात्रता 12 और 13 फरवरी, 1938 को उस समय स्पष्ट हो गई जब अंबेडकर ने महाराष्ट्र के रेल केंद्र मनमाड में दलित वर्ग के कामगारों का सम्मेलन आयोजित किया। यह देखते हुए कामगारों के रूप में यह दलितों का पहला सम्मेलन था, उन्होंने यह स्पष्ट किया कि 'सामाजिक शिकायतें ऐसी शिकायतें हैं जिनसे हमारी मानवता कुचली जा रही है।' अतः भारत में कामगार वर्ग के दो शत्रु हैं : ब्राह्मणवाद और पूंजीवाद। उन्होंने अपने वामपंथी आलोचकों पर यह आरोप लगाया कि वे ब्राह्मणवाद पर निशाना साधने में असफल रहे हैं। "ब्राह्मणवाद से मेरा मतलब स्वतंत्रता, समानता और बंधुत्व की भावना से वंचित रखना है... (ऐसी भावना केवल ब्राह्मणों में ही नहीं बल्कि सभी वर्गों में व्याप्त है हालांकि ब्राह्मणों ने इसकी शुरुआत की थी)।' (खैरमोडे, 1998 बी, 7:88-90) न ही ब्राह्मणों का विरोध केवल सहभोज और अंतर्जातीय विवाह जैसे सामाजिक अधिकारों तक ही सीमित था। अंबेडकर ने यह उल्लेख किया कि नागरिकता अधिकार और आर्थिक अवसर ब्राह्मणवाद के दो प्रमुख आधार हैं। करोड़ों लोगों को सार्वजनिक कुएं से पानी, यातायात के साधन, सड़कों के इस्तेमाल और रेस्तरां में प्रवेश की मनाही थी जबकि इनका रख-रखाव सार्वजनिक निधियों से ही किया जाता था। आर्थिक अवसर भी जातिगत आधार पर उपलब्ध होते थे। उदाहरण के लिए, दलितों की लिपिक के पद पर नियुक्ति नहीं होती थी जबकि भारतीय ईसाई, एंग्लो भारतीय और हिंदुओं की अन्य जातियों के ग़ैर-मैट्रिक उम्मीदवारों की नियमित रूप से इस पद पर नियुक्ति की जाती थी। इसी प्रकार रेलवे के दलित कामगार गैंगमैन के पद तक ही सीमित रह जाते थे और ऐसा बहुत कम होता था कि उनकी नियुक्ति पोर्टर के रूप में हो क्योंकि अक्सर पोर्टर घरेलू नौकर के रूप में भी काम करते थे, और रेलवे की कार्यशालाओं में उन्हें मैकेनिक के रूप में नहीं लिया जाता था। उन्होंने यह निष्कर्ष निकाला कि मार्क्स ने जाति को कभी भी सामाजिक समानता का निर्णायक कारक नहीं माना, और यह कि यूरोप में राष्ट्रीयता के आधार पर

कामगारों में भेदभाव होता था जैसा कि भारत में जाति के आधार पर किया जाता था। उन्होंने कामगारों से यह आह्वान किया कि वे उसी राजनीतिक पार्टी का समर्थन करें जो उनके हितों की पक्षधर हो, जैसे आई.एल.पी.। (खैरमोडे, 1998 बी, 7:91)

वास्तव में, भारत में वामपंथी आंदोलन ने, बिना किसी अपवाद के, अपने दर्शन के माध्यम से और सुनियोजित ढंग से जाति की उपेक्षा की है। कम्युनिस्ट लोगों ने यह माना कि यह एक ऐसा मुद्दा था, जो समाजवाद से स्वतः हल हो जाएगा और उन्होंने यह माना कि अंबेडकर छोटे-मोटे मुद्दों को लेकर लोगों को गुमराह कर रहे हैं। समाजवादी लोग भी जाति को गौण मानते थे। नेहरू ने एक बहुत अच्छा उदाहरण प्रस्तुत किया। उन्होंने गांधी को आक्रोशपूर्वक पत्र लिखा कि उन्होंने 1932 में पृथक मतदान के मुद्दे पर अपनी भूख-हड़ताल क्यों की, यद्यपि बाद में, जिस तरह इसने लोगों को संगठित किया, उसके लिए उन्होंने इसकी प्रशंसा की। फिर भी वे यह मानते थे कि मूल प्रश्न आर्थिक है : अछूत भूमिहीन श्रमजीवी थे। 4 फरवरी, 1936 को लंदन में एक साक्षात्कार के दौरान एक प्रश्न का उत्तर देते हुए उन्होंने बताया कि 'दलित जातियों का उदाहरण लो। वे वास्तव में आर्थिक रूप से अत्यधिक अक्षम हैं; अन्य लोग तो बेहतर स्थिति में हैं। इन सभी मामलों की आर्थिक दृष्टि से तुलना की जानी चाहिए, तब हम इस स्थिति को बेहतर समझ पाएंगे। (नेहरू, 1975, 7:108-09) बाद में 1936 में 12 अप्रैल को लखनऊ कांग्रेस में अध्यक्षीय भाषण के दौरान उन्होंने यह घोषणा की कि किसी भी समाजवादी व्यक्ति के लिए (अस्पृश्यता की समस्या कोई कठिनाई नहीं होती है), समाजवाद में कोई भेदभाव और प्रताड़ना नहीं हो सकती है। (नेहरू, 1975, 7:182) समाजवाद में जाति, लिंग और मौलिकता के आधार पर भेदभाव के अन्य स्वरूपों में आर्थिक आधार की प्राथमिकता इतनी गहरी थी कि भारतीय समाजवादियों के प्रति अंबेडकर की आशंका बढ़ती चली गई।

जातिगत मुद्दे का सैद्धांतिक आधार मार्क्सवाद की दार्शनिक मान्यताओं में निहित है और अंबेडकर ने इस मुद्दे को 'जनता' में प्रकाशित लेख में उठाया था। यह लेख मूलतः 1936 में लिखा था और यह 1938 में मुख्य पृष्ठ के लेख के रूप में दोबारा प्रकाशित हुआ। इसमें उन्होंने मार्क्सवाद के आधारभूत अवसंरचना के सिद्धांत पर प्रहार किया था।

> आधार इमारत नहीं है। आर्थिक संबंधों के आधार पर धार्मिक, सामाजिक और राजनीतिक संस्थाओं की इमारत बनती है। ऐसी इमारत की वास्तविकता उसके आधार के अनुरूप होती है। यदि हम आधार बदलना चाहते हैं तो हमें उस बुनियाद पर बनी इमारत को गिराना होगा। इसी प्रकार यदि हम समाज के आर्थिक संबंधों को बदलना चाहते हैं तो पहले हमें विद्यमान सामाजिक, राजनीतिक और अन्य संस्थाओं को ध्वस्त करना होगा।

आगे उन्होंने यह तर्क दिया कि कामगार वर्ग को सुदृढ़ करने के लिए धार्मिक दासता की मानसिकता को हटाना होगा। जातियों को समाप्त करना कामगार वर्ग के संयुक्त संघर्ष की पूर्व शर्त थी। (जनता, 25 जून, 1938) द्विस्तरीय क्रांति के लोकतांत्रिक स्तर पर प्रमुख कार्य के रूप में जातियों को समाप्त करना माना गया। इस लेख में कांग्रेस के जनवादी नेताओं (जिन्होंने इस समय कम्युनिस्टों को शामिल किया था और ज़िनकी नीति कांग्रेस में वामपंथियों को लाने की थी) और नेहरू की यह कहते हुए कड़ी आलोचना की गई कि अस्पृश्यता के ख़िलाफ़ लड़ाई उनकी सहायता के बिना लड़नी होगी। 'जनता' में प्रकाशित लेखों और कविताओं (इस अध्याय के आरंभ में इसी प्रकार की एक कविता उल्लिखित है) में जाति और वर्ग-विरोधी क्रांतिकारी भाव का मिश्रण है।

अंबेडकर के आंदोलन में कम्युनिस्टों के साथ गठबंधन में प्रमुख औद्योगिक विवाद के दौरान एक नया मोड़ आया। कम्युनिस्टों और अन्य क्रांतिकारियों के बढ़ते प्रभाव को रोकने के प्रयास में बंबई प्रांत के कांग्रेस

मंत्रालय ने विधानमंडल में औद्योगिक विवाद विधेयक पेश किया। यह विधेयक कामगार वर्गों के ख़िलाफ़ 'काले अधिनियमों' में सर्वोपरि था। इस विधेयक में समझौते को अनिवार्य बनाया और अत्यधिक कुपरिभाषित ढंग से हड़ताल को अवैध बताया। हड़ताल के अधिकार को स्वतंत्रता के अधिकार का दूसरा नाम देकर अंबेडकर ने इसका खुला विरोध किया और वे इस काले क़ानून की भर्त्सना करने में अग्रणी रहे। इस विधेयक के ख़िलाफ़ अपने कई भाषणों में 15 सितंबर 1938 को उन्होंने यह कहा कि इसे तो सचमुच में 'कामगार नागरिक स्वतंत्रता निलंबन अधिनियम' कहा जाए क्योंकि इस विधेयक के अंतर्गत निर्धारित शर्तों में देश में स्वतंत्र रूप से कोई संघ बनाने की कोई संभावना नहीं है। उन्होंने इसे 'घटिया, घातक और नृशंस' विधान बताया। (अंबेडकर, 1982, 2:232)

आई.एल.पी. के सदस्य रहे शामराव पारूलेकर ने एक दिन की हड़ताल का आह्वान किया। वे कम्युनिस्ट पार्टी में शामिल होने वाले थे और साथ ही जिनेवा में अंतरराष्ट्रीय श्रम संगठन के सम्मेलन में भाग लेकर 8 सितंबर, 1938 को भारत लौटे थे। उसके बाद अंबेडकर ने यह घोषणा की कि हड़ताल आई.एल.पी. की कार्यकारी समिति द्वारा आयोजित की जाएगी। हड़ताल के लिए गठित कार्य परिषद में आई.एल.पी. के सदस्य, कम्युनिस्ट और उदारवादी शामिल थे जबकि समाजवादी और साम्यवादियों ने यह कहते हुए अपने आपको अलग कर लिया कि यह तो कांग्रेस-विरोधी राजनीतिक हड़ताल है।

7 नवंबर को आयोजित की गई यह हड़ताल बंबई कामगार वर्ग के लिए एक ऐतिहासिक घटना थी। विभिन्न संगठनों के नेताओं ने कार्यकर्ताओं को जुटाना शुरू किया। इनके साथ अंबेडकर भी थे जिन्हें 2000 सशक्त समता सैनिक दल के कार्यकर्ताओं का समर्थन प्राप्त था। उनके प्रयासों से एक लाख लोगों की सार्वजनिक रैली आयोजित हुई जिसे डांगे और अंबेडकर ने संबोधित किया। इसमें दलित कामगारों ने पूरी तरह से भाग लिया और इसमें न केवल उग्र कपड़ा कामगार थे

बल्कि दलित नगरपालिका कामगार भी शामिल थे। इस रैली में हिंसा भड़की और पुलिस के साथ हाथापाई हुई और इस क्रम में 633 कामगार घायल हुए और आई.एल.पी. के एक महार सदस्य भागोजी वाघमारे सहित दो मारे गए। उनके बलिदान का गुणगान अंबेडकरवादियों के 'जलसे' में 'तमाशा' के रूप में किया जाता रहा जोकि सत्यशोधक आंदोलन का पहला क्रांतिकारी सांस्कृतिक हथियार बना। बंबई में मृत कामगारों की स्मृति में कम्युनिस्टों के नेतृत्व वाली मज़दूर यूनियन द्वारा आयोजित जुलूस और सभा में अंबेडकर भी शामिल हुए। सभा में वक्ताओं ने इस बात पर बल दिया कि दोनों लोगों ने संघर्ष के दौरान अपने प्राणों की आहुति दी है और यह आंदोलन तब तक जारी रहेगा जब तक कि मज़दूरों के लिए कोई क़ानून न बन जाए।

महार वेतन के चल रहे ज्वलंत मुद्दे के कारण ब्रिटिश सरकार के साथ दलितों का संघर्ष दोबारा शुरू हो गया। उन्होंने वेतन की भूमि को रैयतवाड़ी पट्टे में अंतरित करने की मांग की जिस पर मालिक भू-राजस्व अदा करेगा परंतु भूमि पर उसका पूरा नियंत्रण होगा जबकि उन्हें भूमि पर काम करने के लिए शुल्क दिया जाएगा। सरकार ने लागत की वजह से उनकी मांग को अस्वीकार कर दिया। इस अनुमान के आधार पर यह बताया गया कि महार वेतनदारों द्वारा किए गए श्रम पर 30 लाख की लागत आएगी। 1939-40 के दौरान अंबेडकर महार और मांग वेतनदारों के साथ बैठकें करते रहे और उन्होंने यह चेतावनी दी कि यदि कोई समाधान नहीं निकलेगा तो सरकार-विरोधी आंदोलन चलाया जाएगा।

कुछ मतदाताओं और लोगों के जनाधार का समर्थन होने के कारण अंबेडकर ने कांग्रेस का एक वैकल्पिक राजनीतिक मोर्चा बनाने का कार्य आरंभ किया। इसके परिणामस्वरूप देश के अन्य भागों में दलित आंदोलन तेज़ होने लगा और सभी जगह ग़ैर-ब्राह्मण प्रवृत्ति, मुसलमान और अन्य अल्पसंख्यकों के साथ-साथ कामगार वर्ग और किसान आंदोलन भी स्वतंत्र रूप लेने लगे।

पश्चिमी भारत में यह प्रयास विफल हो रहा था और बंबई प्रांत में ग़ैर-ब्राह्मण राजनीतिक शक्ति ख़त्म सी हो रही थी क्योंकि केशवराव जेधे और दिनकर राव जावलकर जैसे युवा नेताओं ने कांग्रेस में आंदोलन का नेतृत्व किया। 'जनता' ने इस बिखराव पर 9 अक्टूबर 1937 को संपादकीय में क्षोभ व्यक्त किया कि अब फुले और शाहू महाराज जैसे महान नेताओं का अभाव हो गया है। अंबेडकर ने यह महसूस किया कि ग़ैर-ब्राह्मण राजनीतिक दृष्टि से अनाड़ी थे। महाद सत्याग्रह स्मारक दिवस के अवसर पर अपने भाषण में उन्होंने कहा, 'अब महार बहुत सचेत हो गए हैं। महाराष्ट्र में तो केवल महार और ब्राह्मण ही राजनीति करना जानते हैं'। (जनता, 30 मार्च 1940) उन्होंने यह भविष्यवाणी की कि मराठे तो कांग्रेस का दास बन जाएंगे। अंततः 'बॉम्बे सेंटिनल' में 14 जुलाई, 1942 को उनके इस कथन का उल्लेख किया गया था कि ग़ैर-ब्राह्मण पार्टी में लोकतंत्र का श्रेष्ठ सिद्धांत कूट-कूट कर भरा हुआ है; '... पार्टी का विघटन करके ग़ैर-ब्राह्मणों ने राजनीतिक आत्महत्या की है।' (महाराष्ट्र सरकार, 1982-252-53) अब ग़ैर-ब्राह्मण पार्टी के अलग हो जाने के बाद, आई.एल.पी. अपनी मज़बूत पकड़ वाले बंबई और मध्य प्रांत में कुल मिलाकर राजनीतिक दृष्टि से अलग-थलग पड़ गई थी।

राष्ट्रीय स्तर पर स्थिति थोड़ी अलग थी। हालांकि 1937 के चुनाव में कांग्रेस को प्रांतीय विधान सभा के 1585 सीटों में 711 सीटें प्राप्त हुई थीं और उसे पांच प्रांतों में पूर्ण बहुमत प्राप्त हुआ था, फिर भी उसका वर्चस्व चुनौतीपूर्ण न हो, ऐसी बात नहीं थी। इसकी विपक्षी पार्टियों में मुस्लिम आधार वाली कई क्षेत्रीय पार्टियां थीं जैसे बंगाल में कृषक प्रजा पार्टी (जोकि इस क्षेत्र के प्रमुख दलित समूह नामशूद्रों से जुड़ी हुई थी), पंजाब में यूनियनिस्ट पार्टी (जिसने मुख्य रूप से हिंदू और मुस्लिम जाट किसानों को एक साथ लाने की कोशिश की थी और उसे मंगूराम

के अध-धर्म आंदोलन का समर्थन भी प्राप्त था)। इसके अलावा कांग्रेस के नियंत्रण से बाहर किसान आंदोलन भी विकसित हो रहे थे।

राष्ट्रीय स्तर पर मद्रास प्रेसीडेंसी में ग़ैर-ब्राह्मण आंदोलन की एकमात्र मित्रता 'द जस्टिस पार्टी' से थी। देश में काफ़ी समय तक यह सर्वाधिक शक्तिशाली विपक्षी पार्टी रही और कई मामलों में इसके और अंबेडकर के आदर्शों में साम्यता थी परंतु इसका प्रभाव 1930 में कम होता गया। पार्टी से बाहर एक नई पार्टी, सेल्फ़ रिस्पेक्ट मूवमेंट ऑफ पेरियार (ई.वी. रामस्वामी) उभर रही थी और यह अंबेडकर की एक शक्तिशाली मित्र बन गई। 'कुडी अरासु' पेरियार के समाचारपत्र के संपादकीय में 1931 में अलग निर्वाचक मंडल के संबंध में महात्मा गांधी के विरोध की निंदा की गई और जस्टिस पार्टी और सेल्फ़ रिस्पेक्ट मूवमेंट के सदस्यों ने उसके विरोध में बैठकें कीं और यह मांग करते हुए संकल्प पारित किया कि संप्रदाय संबंधी निर्णय को कार्यान्वित किया जाए। पेरियार, हिंदी विरोधी आंदोलन का सफलतापूर्वक नेतृत्व करने के बाद स्वयं जनवरी 1940 में बंबई आए, और उन्होंने वहां के तमिल-भाषी धारावी नामक सबसे बड़े झुग्गी-झोंपड़ी इलाक़े में बैठकें कीं। वहां उन्होंने यह तर्क दिया कि ब्राह्मणों ने लोगों को धार्मिक, आर्थिक, राजनीतिक और सामाजिक बंधनों में बांध रखा है और इससे बचने का एकमात्र उपाय एक पृथक तमिलनाडु प्रांत का गठन है। इस मौक़े पर पेरियार ने जिन्ना और अंबेडकर से भेंट की।

फिर भी मद्रास प्रांत में ही अस्पृश्यों और ग़ैर-ब्राह्मणों के बीच अलगाव बढ़ रहा था। पेरियार को दलितों का थोड़ा समर्थन मिला। अब भी एम.सी. राजा सबसे अधिक प्रभावशाली नेता थे जबकि अंबेडकर के समर्थक एन. शिवराज और टी.एम. श्रीनिवास का अपना थोड़ा जनाधार रहा।

अंबेडकर ने देश में किसान आंदोलन को बढ़ाने में भी रुचि ली। 'जनता' ने बिहार किसान सभा का मुक़ाबला करने के लिए बिहार राज्य

कृषि श्रमिक लीग के गठन हेतु जगजीवन राम द्वारा किए गए प्रयासों की उपेक्षा करते हुए इसके बजाय किसान आंदोलन की रिपोर्टिंग की। दिसंबर 1938 के अंत में अंबेडकर ने कांग्रेस की स्थिति के बारे में चर्चा करने के लिए उसके नेता स्वामी सहजानंद के साथ नाटकीय ढंग से व्यक्तिगत बैठक की। सहजानंद यह मानते थे कि किसानों को एक स्वतंत्र वर्ग संगठन की आवश्यकता थी और उन्हें कांग्रेस के साथ जुड़ना चाहिए जोकि व्यापक सामंत विरोधी संगठन है। यह संगठन उस समय कम्युनिस्ट और समाजवादी विचारधाराओं का पक्षधर था। अंबेडकर ने यह कहते हुए इसका प्रतिवाद करने की कोशिश की कि कांग्रेस केवल पूंजीपतियों और अन्य लोगों के हितों का ध्यान रखती है। जबकि 1935 के भारत सरकार अधिनियम में प्रस्तावित 'संघ' का समर्थन करना अलोकतांत्रिक है।

अंबेडकर, 'संघ' जो स्वतंत्र भारत के लिए अधिक लोकतांत्रिक संरचना को परिलक्षित करता हो, के विरोध के आधार पर एक कांग्रेस विरोधी मोर्चा बनाना चाहते थे। उन्होंने अपने दृष्टिकोण 29 जनवरी, 1939 को गोखले इंस्टीट्यूट ऑफ़ पॉलिटिक्स एंड इकोनॉमिक्स में 'संघ बनाम स्वतंत्रता' विषय पर दिए गए अपने भाषण में व्यक्त किए। उन्होंने प्रस्तावित संघीय स्वरूप के अलोकतांत्रिक होने पर बल दिया क्योंकि इसमें रजवाड़ों के साथ संबंधों को आरक्षित विषय के रूप में रखा गया है और राजाओं को प्रचुर शक्तियां प्रदान की गई हैं। उन्होंने कांग्रेस की यह कहकर आलोचना की कि स्वतंत्र भारत के स्वरूप के बारे में कांग्रेस की कोई स्पष्ट नीति नहीं है। उन्होंने तर्क देते हुए कहा कि दूसरे गोलमेज़ सम्मेलन में गांधी इस कार्य में लगे रहे कि अंग्रेज़ उन्हें भारत का तानाशाह माने और इस सबमें वे यह भूल गए थे कि महत्वपूर्ण प्रश्न यह नहीं था कि समझौता किसके साथ किया जाए बल्कि महत्त्वपूर्ण यह था कि समझौते की शर्तें क्या हैं। अंबेडकर ने यह कहा कि गांधी यह भूल गए कि वे एक राजनीतिक

सम्मेलन में भाग लेने जा रहे थे। वे वहां ऐसे गए जैसे कि नरसी मेहता के गीत गाते हुए किसी वैष्णव धर्मस्थल में जा रहे हों।' (अंबेडकर, 1979, 1:281-353) सहजानंद और अन्य कांग्रेस समर्थक नेताओं को अंबेडकर ने यह तर्क दिया कि यदि कांग्रेस पार्टी संघ का विरोध करती है तो वे पार्टी का समर्थन करेंगे। उन्होंने सुभाष चंद्र बोस को भी इस शर्त पर अपना समर्थन देने की पेशकश की थी कि वे कांग्रेस से अलग होकर अपनी एक स्वतंत्र पार्टी बनाएं जो संवैधानिक प्रस्तावों का विरोध करे। यह क्रांतिकारी लोकतांत्रिक मोर्चे के गठन का एक प्रयास था ताकि कांग्रेस का विकल्प बन जाए।

भारत में ऐसे वैकल्पिक राष्ट्रीय मोर्चे के विकास में प्रमुख बाधक कम्युनिस्ट पार्टी स्वयं रही है। कम्युनिस्ट और समाजवादी वामपंथी अंबेडकर के सहज मित्र रहेंगे, यह समझौता उन्होंने कामगार वर्ग और किसानों के मुद्दों के संबंध में किया था। हालांकि उच्च जाति के कुछ नेताओं ने जातिगत दमन को माना और समझा, तथा मार्क्सवाद के सुदृढ़ आर्थिक पहलू पर बल को देखते हुए नेताओं ने दलितों और ग़ैर-ब्राह्मणों की समस्याओं को एक अलग मुद्दा माना और इसके साथ ही 'सांस्कृतिक' मुद्दा निश्चित रूप से गौण हो गया। वे राष्ट्रवाद को मार्क्सवाद के ढांचे के दायरे में देखते थे न कि जाति के दायरे में। कांग्रेस में समाजवादी शुरू से ही थे। हालांकि कम्युनिस्ट डोलायमान रहे। 1930 दशक के उत्तरार्ध में 'वर्ग के विरुद्ध वर्ग' की अपनी पिछली नीति, जिसके द्वारा सभी ग़ैर-कम्युनिस्ट राजनीतिक ताक़तों को प्रतिक्रियावादी बताया गया, को छोड़कर कम्युनिस्ट भारत में प्रमुख 'साम्राज्यवाद विरोधी मोर्चे' के रूप में कांग्रेस का समर्थन करने लगे। इस प्रकार से वे स्वयं कामगार वर्ग, किसान संगठनों और कार्यकर्ताओं को कांग्रेस समाजवादी पार्टी (सी.एस.पी.) के प्रभाव में लाने की कोशिश करने लगे। चूंकि सी.एस.पी. आधिकारिक रूप से कांग्रेस का एक भाग था, इसलिए इसका मतलब कामगारों अथवा किसानों को पार्टियों के गठन के प्रयास

छोड़कर कांग्रेस में शामिल होना था। इसके परिणामस्वरूप 1936 में तमिलनाडु में समधर्म (सोशलिस्ट) सेल्फ़ रिस्पेक्ट लीग, जिसे उन्होंने संगठित किया था और जिसे पेरियार का समर्थन प्राप्त था, से अनेक युवा क्रांतिकारी निकल आए। महाराष्ट्र में वे आई.एल.पी. के संगठनात्मक आधार को कमज़ोर नहीं कर पाए। परंतु, वे इसे संवर्ग से वंचित कर पाए। कुल मिलाकर कम्युनिस्टों की नीति ने अंबेडकर और दलित ताक़तों, जिनका वे प्रतिनिधित्व करते थे, को अलग-थलग छोड़ दिया जिसके परिणामस्वरूप वे कांग्रेस का सामना करने हेतु एक मोर्चा भी नहीं बना पाए। जिस प्रकार राष्ट्रवादी आंदोलन में अंबेडकर के प्रमुख विरोधी गांधी थे, उसी प्रकार कम्युनिस्ट कांग्रेस का सामना करने के अंबेडकर के प्रयासों में उन्हें नाकाम करने में लगे रहे।

छह

"हम एक राष्ट्र हो सकते हैं, बशर्ते....।

युद्ध, शांति और पाकिस्तान

धीरे-धीरे विश्व दूसरे विश्व युद्ध की ओर अग्रसर हो रहा था। 1930 का वर्ग-संघर्ष मंद पड़ता गया और उसके स्थान पर युद्ध के मद्देनज़र राष्ट्रीय एकता और धार्मिक-सांप्रदायिक एकता बढ़ने लगी। भारत के बारे में यह मान्यता बढ़ने लगी कि यह न केवल जातियों अथवा वर्गों का देश है बल्कि मुख्य रूप से विभिन्न धार्मिक संप्रदायों का देश है। धीरे-धीरे यह उक्ति सत्य होने लगी थी। इसके साथ ही मतभेद, संघर्ष और विरोधाभास सामने आने लगे। जैसे-जैसे हिंदुओं और मुसलमानों के बीच कड़वाहट बढ़ती गई, एक पृथक देश—पाकिस्तान—बनाने के विचार से मुसलमानों की आशाओं को आश्रय मिला।

फ़ासीवादी और लोकतांत्रिक पूंजीवादी राष्ट्रों के बीच बढ़ते हुए व्यापक मतभेद की छाया सभी अंतरराष्ट्रीय विवादों पर पड़ती गई। बढ़ते राष्ट्रवादी आंदोलन और पूर्वी सीमाओं पर जापानी अतिक्रमण के ख़तरे को देखते हुए राजनीतिक नेतृत्व के समक्ष युद्ध में भारत की भूमिका के बारे में प्रश्न खड़ा हो गया। कांग्रेस, अंग्रेज़ों द्वारा भारत को सैन्य कार्रवाई और वित्तीय सहायता का केंद्र बनाने की आवश्यकता का लाभ उठाना चाहती थी। पार्टी के अधिकांश लोग चाहते थे कि हमें युद्ध की ज़रूरतों को

नज़रअंदाज़ करते हुए केवल अपने स्वाधीनता संघर्ष पर ही ध्यान केंद्रित करना चाहिए। नेहरू जैसे कुछ लोगों ने फ़ासीवाद विरोधी युद्ध संघर्ष में सशर्त समर्थन देने की वकालत की। कांग्रेस के अलावा सुभाषचंद्र बोस के समर्थकों ने सक्रिय सशस्त्र संघर्ष के लिए नाज़ी, जर्मनी और जापान का समर्थन जुटाना शुरू किया। सोवियत संघ की स्थिति के अनुसार कम्युनिस्टों का रवैया बदलता रहा। हिटलर के साथ स्टालिन के समझौते के बाद कम्युनिस्टों ने इस युद्ध को दो साम्राज्यवादी देशों के बीच संघर्ष का परिणाम बताया और कांग्रेस से इसका विरोध करने का आग्रह किया। जर्मनी द्वारा आक्रमण करने के बाद पार्टी ने इस युद्ध को लोगों का युद्ध घोषित किया और अंग्रेज़ों का समर्थन खुलकर किया। इस प्रकार की दुविधा की स्थिति के कारण भारत में उनकी विश्वसनीयता कम हो गई। कांग्रेस में गांधी सहित अन्य लोगों का वर्चस्व बना रहा, जो अपने बल पर संघर्ष पर केंद्रित थे।

सितंबर 1939 में वायसराय लॉर्ड लिनलिथगो ने भारत और नाज़ी ताक़तों के बीच युद्ध की स्थिति की घोषणा की। यद्यपि कांग्रेस को ब्रिटिश शासकों के साथ बातचीत के लिए आमंत्रित किया गया था, फिर भी सत्ता के सार्थक हस्तांतरण की उनकी मांग युद्ध से पहले पूरी होने वाली नहीं थी। इसके विरोध में प्रांतों के कांग्रेस मंत्रालयों ने 22 दिसंबर को त्यागपत्र दे दिया। उनके त्यागपत्र से हिंदू-मुस्लिमों के बीच मतभेद की चिंगारी भड़की। कांग्रेस मंत्रालयों ने अपने प्रभाव वाले क्षेत्रों में मुसलमानों को पूरी तरह से अलग कर रखा था, और मुस्लिम लीग के प्रखर नेता जिन्ना ने त्यागपत्र देने वाले दिन को कांग्रेस से 'मुक्ति दिवस' के रूप में घोषित किया। अंबेडकर ने फ़ौरन अपने समर्थन की घोषणा की और आई.एल.पी. के कार्यकर्ताओं ने समारोह में भाग लिया। देश के अन्य भागों के दलितों में भी ऐसी ही भावना व्याप्त थी। बंगाल भी इससे अछूता नहीं रहा जहां इसका मुस्लिमों के साथ राजनीतिक गठबंधन था। आगे चलकर मद्रास प्रेसीडेंसी भी इसी कड़ी में जुड़ गई

जहां एम.सी.राजा ने इस प्रस्ताव के पक्ष में दलितों के समर्थन की घोषणा
की ।

अंबेडकर स्वयं युद्ध के प्रयासों का समर्थन करने में पीछे नहीं थे।
इसके बाद राष्ट्रवादी आंदोलन के बारे में उनका रवैया सदैव इसी प्रकार
रहा। यद्यपि वे यह मानते थे कि स्वतंत्रता से तो मात्र एक राजनीतिक
ढांचा मिलेगा जिसमें दलित वर्गों को वास्तविक शक्तियां मिल पाएंगी,
वे इस बात के लिए चिंतित थे कि स्वतंत्रता प्राप्ति के बाद राष्ट्र का
स्वरूप कैसा होगा। उन्होंने फ़ासीवाद के ख़िलाफ़ युद्ध को लोकतांत्रिक
संघर्ष के लिए अंतिम प्रयास बताया। वे यह मानते थे कि फ़ासीवादी
ताक़तों द्वारा ब्रिटेन को हटाए जाने पर मिलने वाली स्वतंत्रता से हमें
कभी भी वास्तविक समानता हासिल नहीं होगी ।

उस समय वे पाकिस्तान के बारे में गहन राजनीतिक चिंतन करते
थे, न कि जाति के प्रश्न पर। 'मैं पाकिस्तान का पक्षधर था...' उन्होंने
यह बात बाद में बताई। उन्होंने एक बड़ी पुस्तक की रचना की जो
'थॉट्स ऑफ़ पाकिस्तान' के नाम से पहली बार 1940 के दशक में
प्रकाशित हुई और इसके बाद 1946 में इसका पुनर्प्रकाशन 'पाकिस्तान
एंड द पार्टिशन ऑफ़ इंडिया' के नाम से हुआ। (अंबेडकर, 1990,
भाग/खंड 8 में पुनर्मुद्रित) सामाजिक इतिहास और दर्शन पर उनका
यह पहला प्रमुख निबंध था। इस निबंध में उन्होंने मुद्दे को विश्लेषणात्मक
कुशलता से प्रस्तुत किया है जिससे यह निष्कर्ष निकलता है कि पाकिस्तान
का बनना अपरिहार्य था, यह इसलिए अपरिहार्य नहीं था कि राष्ट्र धर्म
के आधार पर हों, बल्कि मुसलमानों की बढ़ती हुई राजनीतिक अपेक्षाओं
के कारण यह आवश्यक हो गया था। हालांकि यह केवल मुसलमानों
के ही नहीं बल्कि हिंदुओं के भी हित में रहेगा, क्योंकि मुस्लिमबहुल
क्षेत्रों में वैकल्पिक स्वायत्त शक्ति के कारण केंद्रीयकृत राज्य बनना असंभव
हो जाएगा। उन्होंने तर्कपूर्ण ढंग से पहले पाकिस्तान के पक्ष में मुसलमानों
का नज़रिया रखा, फिर इसके विपक्ष में हिंदू दृष्टिकोण रखा, और फिर

पूरी तटस्थता से इन तर्कों का विश्लेषण किया। उनके द्वारा उठाए गए मुद्दों में एक मुद्दा था—सेना का सांप्रदायिक गठन और स्वतंत्र देश में इसका महत्व, इस मुद्दे को लगभग सभी ने नज़रअंदाज़ कर दिया था।

परंतु पूरे विश्लेषण में व्याप्त प्रश्न था कि राष्ट्रवाद की परिभाषा क्या होगी। वे गंभीरतापूर्वक यह कहते थे कि भारत को एक राष्ट्र कहा जा सकता है। यह सही है कि अंबेडकर ने यह कहा कि सातवीं सदी के प्रसिद्ध चीनी यात्री ह्वेनसांग ने पंजाब, सिंध, कश्मीर और यहां तक कि अफ़ग़ानिस्तान को भारत के भाग के रूप में वर्णित किया था, हालांकि मुस्लिम आक्रमण से इस स्थिति में बदलाव आया। पहले, आक्रमण और इसके बाद बलपूर्वक धर्म परिवर्तन से हिंदुओं और मुसलमानों के बीच कड़वाहट बढ़ती गई और इसमें इतनी वृद्धि हुई कि एक सदी के उपनिवेशवादी शासन के बाद भी यह नहीं मिटी। दूसरी बात यह थी कि 'भारत के उत्तर-पश्चिम क्षेत्र में मूल आर्य संस्कृति पर इस्लामी संस्कृति की गहरी छाप' इसके लिए निर्णायक रही। इसकी तुलना में 'हिंदू और बौद्ध संस्कृति के अवशेष बहुत सीमित थे' (अंबेडकर, 1990, 8:65)। यदि किसी राष्ट्र का आधार संस्कृति है जैसा कि हिंदू राष्ट्रवादी मानते हैं तो उन्हें यह स्वीकार कर लेना चाहिए कि इस्लामी संस्कृति की प्रमुखता वाले क्षेत्रों में मुसलमानों का राष्ट्रीय राजनीतिक ढांचे की मांग करने का अधिकार सर्वथा जायज़ है। दस सदी पहले रहा हिंदू संस्कृति का वर्चस्व वर्तमान का निर्धारण नहीं कर सकता। आज का भारत वस्तुतः संघर्षपूर्ण इतिहास के साथ व्यापक रूप से भिन्न धार्मिक और सांस्कृतिक विभिन्नताओं का एक उदाहरण है।

हालांकि, अंबेडकर यह नहीं मानते थे कि राष्ट्र के लिए एक आम धार्मिक-सांस्कृतिक पहचान आवश्यक है; वस्तुतः यह एक तथ्य है कि बहु-सांस्कृतिक राष्ट्रों के कई उदाहरण मौजूद हैं। उन्होंने लिखा, 'यदि मुसलमान अपने लिए एक अलग राष्ट्र चाहते हैं तो यह इसलिए आवश्यक

नहीं था कि उन्हें ऐसा करना चाहिए, बल्कि इसलिए क्योंकि वे ऐसा चाहते हैं।' उन्होंने लिखा 'ऐसा लगता है कि श्री जिन्ना यह मानते हैं कि भारतीय तो केवल लोग मात्र हैं और वे कभी-भी एक राष्ट्र नहीं बना सकते हैं।' (अंबेडकर, 1990, 8:353) फिर भी उन्होंने यह दलील दी कि लोग एक राष्ट्र बना सकते हैं। यह पसंद का मामला था, और वे अलगाववाद को अपनी पसंद नहीं मानते थे। हिंदू राज के साथ-साथ मुस्लिम राज इसका समाधान नहीं हो सकता 'चूंकि हिंदुत्व स्वतंत्रता, समानता और बंधुत्व के लिए ख़तरा है।' (अंबेडकर, 1990, 8:358) परंतु हिंदुत्व की शक्ति की प्रतिक्रिया में मुस्लिम राजनीतिक दल उभर कर सामने आया। यदि मुसलमान अपनी राजनीतिक पहचान पर बल नहीं देते बल्कि इसकी बजाय वे बहुसंख्य हिंदुओं के साथ आम समस्याओं पर बल देते तो वे देश की एकता बनाए रख सकते थे। इस संदर्भ में अंबेडकर ने 1920 और 1937 के बीच अधिकांश भारतीय प्रांतों के मामलों के वे उदाहरण दिए जब मुसलमानों ने दलित और गैर-ब्राह्मण सुधारों के लिए कार्य किया था। इस प्रकार सत्ता के लिए ब्राह्मणवादी दावों को अस्वीकार करना धार्मिक अल्पसंख्यकों, ग़ैर-ब्राह्मणों और दलितों सहित बहुसंख्य लोगों की एकजुटता का आधार हो पाता।

परंतु, पाकिस्तान के लिए मुसलमानों की हठी मांग के संबंध में अंबेडकर ने यह तर्क दिया कि इसे स्वीकार कर लिया जाए; इसका विकल्प तो यही हो सकता है कि मुसलमानों को भारत में रखने के लिए प्रांतीय स्वतंत्रता आवश्यक होगी और इसके साथ-साथ पृथक मतदान के राजनीतिक ढांचे में हिंदू और मुसलमानों की सांप्रदायिक पहचान समाप्त करना ही इसका एकमात्र विकल्प हो सकता है। हालांकि, मुसलमानों को यह चाहिए कि वे पंजाब और बंगाल के हिंदू-बहुल क्षेत्रों क्रो हिंदुस्तान के हवाले कर दें। एक बार पाकिस्तान बन जाने के बाद भारत में मुसलमानों को एक अलग राजनीतिक पहचान पाने की इच्छा नहीं होगी और वे दलितों

और हिंदुओं के निचले वर्ग के लोगों के उत्थान के लिए कार्य करेंगे। इससे हिंदू राज की नींव का काफ़ी हिस्सा ढह जाएगा।

इस्लाम के बारे में अपने विश्लेषण में अंबेडकर ने भारत में मुस्लिम आबादी वाले इलाकों में हिंसा को अतिशयोक्तिपूर्ण ढंग से बताने का प्रयास किया है। उन्होंने एक आम और मिली-जुली संस्कृति के कई तत्वों की भी उपेक्षा की है जिसमें मुगलों और राजपूतों द्वारा तैयार की गई राजनीतिक स्थिति और सूफ़ी तथा संतों द्वारा प्रवर्तित जन उद्बोधन शिक्षा शामिल है। इस्लाम के प्रति उनका रवैया सहानुभूतिपूर्ण नहीं था, और इनकी पुस्तकों में दी गई सभी दलीलों को बाद में हिंदू ताक़तों द्वारा तोड़-मरोड़कर इस्तेमाल किया गया। तब तक उन्हें यह यक़ीन होने लगा था कि प्रारंभिक तुर्की-मुस्लिम आक्रमण के दौरान बौद्ध मठों को नष्ट करने के कारण ही भारत से बौद्ध धर्म लुप्त हुआ। हालांकि इसका यह मतलब नहीं है कि उन्होंने मुसलमानों द्वारा धर्मांतरण को, ज़बरदस्ती धर्मांतरण को भी, उसी तरह माना है जैसा कि हिंदू राष्ट्रवादियों ने माना था। ग़ैर-ब्राह्मण आंदोलन के साथ-साथ धर्मांतरण पर उनकी संकल्पना अलग परिप्रेक्ष्य में संदर्भित थी क्योंकि वे हिंदू संस्कृति और उसकी जाति व्यवस्था में पाए जाने वाले भेदभाव और दमन से बख़ूबी परिचित थे। इस पक्ष को ज्योतिराव फुले ने अपने 1883 में 'शेतकर्य असूद' में व्यापक तरीक़े से प्रस्तुत किया है। फुले ने दलील दी कि कुछ सदियों पहले मुस्लिम शासकों ने 'द्रवित होकर धर्मांतरण करते हुए लाखों शूद्रों और अतिशूद्रों को बलपूर्वक मुसलमान बनाया ताकि उन्हें आर्य धर्म से छुटकारा मिल सके, और इस प्रकार मुसलमान बनाकर ख़ुशियां प्रदान कीं।' (फुले, 1991, 288) कुछ हिंदू राष्ट्रवादियों की तरह अंबेडकर यह मानते थे कि मुस्लिम आक्रमणकारियों ने निम्न जातियों के लोगों का ज़ोर-ज़बरदस्ती धर्म-परिवर्तन कराया परंतु उनकी तरह न सोचते हुए उन्होंने यह माना कि स्वदेशी मुसलमानों के रूप में धर्मांतरण उनके हित में था। अधिकांश ग़ैर-ब्राह्मण नेताओं ने यह माना है कि भारत में इस्लाम का विस्तार ब्राह्मण

नाम की दमनकारी जाति प्रथा के स्थान पर समतावादी विकल्प के रूप में हुआ है।

यह उल्लेखनीय है कि सामाजिक इतिहास के बारे में इस लंबे विश्लेषणात्मक निबंध में अंबेडकर ने इतिहास के आर्थिक सिद्धांत का कोई उल्लेख नहीं किया है, जैसा कि वे कहा करते थे कि आर्थिक मुद्दे बहुत महत्वपूर्ण हैं। उन्होंने आर्थिक मुद्दों की उपेक्षा करते हुए सांस्कृतिक और राजनीतिक कारणों पर बल दिया। यद्यपि आर्थिक हितों और धार्मिक समूहों में वर्ग विभाजन को छोड़ दिया गया था, फिर भी इसके परिणामस्वरूप होने वाली स्थिति के मद्देनज़र सामाजिक-सांस्कृतिक वास्तविकता के संबंध में राष्ट्रीय आदर्शों के दावे विरोधाभासपूर्ण रहे।

हालांकि समीक्षकों ने यह माना कि 'थॉट्स ऑन पार्टिशन' पाकिस्तान बनाने के समर्थन में एक तर्क था, मगर अंबेडकर ने इस मुद्दे को एक अनिवार्य और अंतिम समाधान माना है। उन्होंने फ़रवरी 1940 में अपनी स्थिति को स्पष्ट करते हुए कहा कि वे कांग्रेस के इस कथन से कि भारत एक राष्ट्र है और मुस्लिम लीग के इस कथन कि भारत कभी भी राष्ट्र नहीं हो सकता—दोनों से असहमत थे—'मेरा यह दृढ़ विश्वास है कि हम एक राष्ट्र हो सकते हैं बशर्ते कि हम सामाजिक मेल-जोल की समुचित प्रक्रियाओं को अपनाएं।' (महाराष्ट्र सरकार, 1982, 31)

यह धारणा कि भारतीय राष्ट्र अनिर्वचनीय वास्तविकता नहीं है बल्कि यह एक ऐसी परियोजना थी जिसका उस समय कार्यान्वयन अपने आप में अनुपम होता, अंबेडकर ने यह उल्लिखित किया कि उनकी विचारधारा दोनों के विपरीत थी। जहां एक ओर मुस्लिम कट्टरपंथियों की बढ़ती हुई आवाज़ थी कि इस्लाम एक राष्ट्र बनाने का आधार हो सकता है, वहीं दूसरी ओर कांग्रेस का यह विश्वास था कि भारत तो पहले से ही एक राष्ट्र है, यह विश्वास अनिवार्य तथा उन अनिर्वचनीय अवधारणाओं पर आधारित है जो हिंदुत्व की पहचान हैं और जिनकी राष्ट्रीय पहचान का आधार प्राचीन वेद हैं। हिंदू महासभा हिंदू राज की मांग पर सर्वाधिक

बल दे रही थी, इस बात को अधिकांश कांग्रेसी भी स्वीकार करते थे। (ओमवेट, 2002) नेहरू ने भी अपनी 'डिस्कवरी ऑफ इंडिया' नामक पुस्तक में इस्लाम के प्रति सहानुभूति तो व्यक्त की है और उन्होंने भारतीय संस्कृति में इस्लाम के सहयोग को भी स्वीकार किया है, किंतु उन्होंने उस प्रक्रिया और उसके परिणामों को हिंदू-ब्राह्मणवादी संस्कृति का एक हिस्सा माना है जिसे अंततः जातियों और आर्य ग्रंथ वेदों के रूप में परिभाषित किया है। यद्यपि बौद्ध धर्म सार्वभौमिक था फिर भी नेहरू ने कहा कि हिंदुत्व राष्ट्रीय धर्म के रूप में उभरकर सामने आया है। परंतु, नेहरू ने आर्थिक विकास को एक महत्वपूर्ण कारक मानते हुए एक आम राष्ट्रीय पहचान की भावना बनाने की कोई पेशकश नहीं की।

इसके विपरीत, अंबेडकर का यह दृष्टिकोण कि राष्ट्र का निर्माण तो अभी किया जाना है, कि यह एक सजग, सुविचारित प्रक्रिया होनी चाहिए, ग़ैर-ब्राह्मण सोच से उद्भूत था। फुले ने इस संकल्पना की शुरुआत अपने मरणोपरांत प्रकाशित 'सार्वजनिक सत्यधर्म पुस्तक' नामक पुस्तक में पहले ही कर दी थी कि:

आर्यों के स्वार्थ पर आधारित झूठे धर्म के कारण चालाक आर्यभट्ट-ब्राह्मणों ने अज्ञानी शूद्रों को नीचा समझा; अज्ञानी शूद्रों ने अज्ञानी महारों को नीचा समझा; और अज्ञानी महारों ने मांगों को अपने से नीचा समझा...चूंकि उन सभी में विवाह और सामाजिक संबंध निषेध थे इसलिए स्वाभाविक रूप से उनके विभिन्न रीति-रिवाज, खान-पान और रस्में आपस में मेल नहीं खाते थे। 18 हिस्सों में बंटे हुए लोगों को एक-साथ जोड़कर एक एकीकृत 'राष्ट्र' कैसे बनाया जा सकता है? (फुले, 1982, 407)

इस प्रकार अंबेडकर ने एक राष्ट्र के बनने की प्रक्रिया को भारतीय परंपरा, ब्राह्मणवादी पहलुओं के समग्र आलोचक के रूप में, ग़ैर-ब्राह्मणों के योगदान की मान्यता के रूप में तथा धार्मिक बहुलता के आधार

पर बौद्ध धर्म के रूप में जोड़ा है। यह एक ऐसी स्थिति थी जिसमें मुसलमानों और बड़े राष्ट्रवादियों को अपने दृष्टिकोण में व्यापक बदलाव लाना पड़ता।

परंतु, 1940 के दशक में ऐसे बड़े राष्ट्र के निर्माण की प्रक्रिया का कोई संकेत ही नहीं था। कांग्रेस पार्टी वर्णाश्रम अथवा ब्राह्मणों के सामाजिक वर्चस्व को किसी भी प्रकार से चुनौती देने के लिए तैयार नहीं थी और न ही मुसलमानों ने जाति-विरोधी आंदोलनों की स्थिति में कोई रुचि प्रदर्शित की थी। वे यह समझ नहीं पाए कि हिंदुओं का वर्चस्व, जिसका वे विरोध कर रहे थे, ब्राह्मणवादी ढांचे में समाहित था। यह ढांचा भारत को प्राचीन सांस्कृतिक विरासत में एक हिंदू राष्ट्र के रूप में पहचान दिलाता है। इस्लाम (और ईसाई) धर्म पर विदेशी धर्म का ठप्पा लगाना भी वर्णाश्रम के ढांचे से जुड़ा हुआ है, जिसमें दलितों का उत्पीड़न होता था।

राष्ट्र निर्माण की प्रक्रिया के अभाव में अंबेडकर यह मानने लगे कि पाकिस्तान का निर्माण अपरिहार्य है। उनका यह विश्वास था कि चूंकि अभी राष्ट्र निर्माण की प्रक्रिया चल रही थी अतः दो विभिन्न समुदाय के लोग एक ही राष्ट्र में साथ-साथ रह सकते थे। 'थॉट्स ऑन पाकिस्तान' में उन्होंने विभिन्न धर्मों और भाषा-भाषी समुदायों के लोगों के एक साथ रहने के कई उदाहरण प्रस्तुत किए हैं। फिर भी उन्होंने यह बताया कि मुसलमान इतने अधिक सुरक्षा उपायों और संयुक्त भारत के राज्यों में प्रांतीय स्वायत्तता की मांग कर रहे थे कि एक मज़बूत केंद्र सरकार के लिए यह संभव नहीं हो पाता। 1955 में, उन्होंने मुसलमानों के लिए सुरक्षा उपायों और संयुक्त भारत में प्रांतीय स्वतंत्रता के संबंध में एस.सी.एफ़. की कार्यकारी समिति के समक्ष कई प्रस्ताव प्रस्तुत किए। परंतु उन्हें यह उम्मीद नहीं थी कि उनके सुझाव स्वीकार कर लिए जाएंगे।

1940 के दशक के दौरान हिंदुओं और मुसलमानों के बीच हुए संघर्ष

और अलगाव की स्थिति से अंबेडकर और अन्य दलित नेताओं को अपनी
बात रखने का मौक़ा मिला। सन् 1942 में, एशिया में बढ़ते हुए जापानी
ख़तरे के मद्देनज़र, चर्चिल ने भारत में राजनीतिक समझौता स्थापित करने
के लिए सर स्टेफ़ोर्ड क्रिप्स की अध्यक्षता में एक नया मिशन भेजा।
क्रिप्स मिशन ने ऐसे प्रस्ताव प्रस्तुत किए जिनसे ब्रिटिश शासन वर्तमान
में बना रहता और युद्ध के बाद एक राष्ट्र बना देता जिसकी एक विधान
सभा भी हो। कांग्रेस और मुस्लिम लीग दोनों ने ही इस प्रस्ताव को
ठुकरा दिया। दलितों ने भी इससे इनकार किया क्योंकि इसमें दलितों
के प्रतिनिधित्व या पृथक मतदान के बारे में कोई उल्लेख नहीं था। अंबेडकर
और एम.सी. राजा उन भारतीय प्रतिनिधियों में शामिल थे जो अपना
पक्ष रखने के लिए 30 मार्च को क्रिप्स से मिलने गए थे और 3 अप्रैल
को इस बात पर विरोध प्रकट करते हुए उन्होंने अपना संयुक्त पत्र भेजा
कि इसमें प्रतिनिधित्व का अभाव है और पृथक मतदान की व्यवस्था
की जाए। आगे उन्होंने यह कहा कि 'यह प्रस्ताव केवल हिंदू शासन
की अनियमित प्रणाली के अधीन उन्हें (दलित वर्ग को) हटाने के लिए
थे।' (खैरमोडे, 1998 सी, 9:107)

क्रिप्स मिशन के विफल होने के बाद कांग्रेस ने अगस्त में 'भारत
छोड़ो आंदोलन' की घोषणा की। दो वर्ष से अधिक समय तक पूरे देश
में उथल-पुथल की स्थिति बनी रही थी। व्यापक जन आंदोलन इस बात
का प्रमाण था कि अंग्रेज़ भारत पर नियंत्रण रखने में विफल हुए हैं
और कांग्रेस भारी संख्या में जागरूक और संघटित भारतीयों का प्रतिनिधित्व
करती है। फिर भी वह स्वतंत्र भारत के निर्माण में आने वाली सर्वाधिक
गंभीर समस्या अर्थात पाकिस्तान का समाधान नहीं कर पाई थी। अब
देश हमेशा के लिए विघटित हो गया था।

दलित आंदोलन के बावजूद अंग्रेज़ दलितों को पृथक मताधिकार देने
के लिए तैयार नहीं थे। परंतु, उन्होंने एक राजनीतिक और आर्थिक विचारक
के रूप में अंबेडकर के गुणों और जाति के मुद्दे के महत्व को भी स्वीकार

किया। 2 जुलाई 1942 को अंबेडकर वायसराय के नवगठित मंत्रिमंडल में एक भारतीय सदस्य के रूप में चुने गए और उन्हें श्रम मंत्रालय का दायित्व संभालने का मौक़ा मिला। वे नई दिल्ली आए और यहां उन्हें पृथ्वीराज रोड पर आवास मिला जिसे उन्होंने अपने अमरीकी मिशनरी मित्र मिल्ड्रेड ड्रेशर की सहायता से संभाला। वे अंबेडकर की घनिष्ट मित्र थीं और बंबई में रहती थीं। अंबेडकर जब बंबई जाते थे तो राजनीतिक लोगों से घिरे रहने से बचने के लिए इन्हीं के घर में ठहरते थे। अब उनकी सहायता से अंबेडकर दिल्ली में अपना आवास स्थापित कर राष्ट्रीय राजनीति में अपना स्थान बनाने में लग गए थे।

राजनीतिक परिप्रेक्ष्य में इस अवधि के दौरान हुए घटनाक्रमों से दलित आंदोलन में कुल मिलाकर व्यापक परिवर्तन आया। आई.एल.पी. द्वारा बड़े वर्गों के साथ गठबंधन के अच्छे परिणाम नहीं निकले। ब्रिटिश यह प्रश्न करते थे कि जब अंबेडकर के साथ अनुसूचित जाति का कोई विशिष्ट संगठन नहीं है तो वे अनुसूचित जातियों का प्रतिनिधित्व कैसे कर सकते हैं? अतः अंबेडकर ने दलित नेताओं के साथ दिल्ली में चर्चा की और उन्होंने इंडिपेंडेंट लेबर पार्टी को विघटित करने का निर्णय किया। जुलाई, 1942 में दलित वर्गों के सम्मेलन का तीसरा सत्र नागपुर में बुलाया गया। प्रमुख सम्मेलन 18 और 19 जुलाई को हुआ और महिलाओं तथा समता सैनिक दल ने 20 जुलाई को अलग-अलग बैठकें कीं। इस सम्मेलन की अध्यक्षता मद्रास के एन. शिवराज ने की क्योंकि अंबेडकर वायसराय की परिषद के सदस्य थे और इसलिए वे राजनीतिक कार्यक्रम में सीधे भाग नहीं ले सकते थे।

18 जुलाई को नागपुर में 75,000 लोग एकत्रित हुए। उस समय अंबेडकर के युवा संगठन के कार्यकर्ताओं ने गार्ड की ड्यूटी दी। इस युवा संगठन–समता सैनिक दल–की स्थापना 1930 के दशक के आरंभ में की गई थी। 1940 के दशक में उसका विस्तार पूरे मराठी क्षेत्र में हो चुका था और इसके नागपुर के संगठन को वामन गोड़बोले जैसे उत्साही

नेता का नेतृत्व मिला जिन्होंने पूरे शहर में इसकी शाखाएं स्थापित कीं। युवा कार्यकर्ता अंबेडकर द्वारा पसंद की गई लाल शर्ट और ख़ाकी पेंट के साथ-साथ सुनहरी बेल्ट पहनकर अपने प्लाटून और कंपनियों के नेताओं के आदेश पर तत्पर हो जाते थे। इन संगठित किए गए कार्यकर्ताओं के संदर्भ में अंबेडकर ने अपना प्रसिद्ध बयान दिया था कि 'बकरियों और भेड़ों की बलि चढ़ाई जाती है न कि बाघ की।' समता सैनिक दल में महार युवा सैनिकों को बाघ माना जाता था।

इस सम्मेलन में गठित संगठन को 'अनुसूचित जाति संघ' (एस.सी. एफ़.) नाम दिया गया। जहां पहले आई.एल.पी. ने लाल झंडे को अपनाया था, वहीं अब एस.सी.एफ़. के युवा कार्यकर्ता नीले रंग का झंडा लेकर गीत गाते थे।

हम नीले झंडे के लिए अपनी जान न्योछावर कर देंगे।
इस नीले झंडे के आगे लाखों लोग अपना शीश झुकाएंगे।
जो कुछ भी भीम चाहेंगे, हम करेंगे।
नीले झंडे के लिए हम अपना ख़ून बहा देंगे।

आई.एल.पी. के विपरीत एस.सी.एफ़. वास्तव में एक राष्ट्रीय पार्टी बन गई। इस पार्टी को 1920 में भारत के प्रमुख प्रांतों में व्याप्त दलित आंदोलनों के उभरते हुए नेतृत्व और संगठनात्मक ढांचे का लाभ मिला। लगभग सभी प्रांतों के प्रमुख प्रतिनिधि नागपुर आए। मद्रास से शिवराज जैसे नेता आए। बंगाल से नामशूद्र जैसे बड़े समूह के सर्वाधिक प्रभावशाली नेता जोगेंद्रनाथ मंडल भी आए। वे बंगाल लौटकर एस.सी.एफ़. के संगठन में लग गए। हैदराबाद से विभाजित माला आधारित आंदोलन के सभी वर्गों के प्रतिनिधियों के साथ-साथ बी.एस. वेंकटराव, जोकि लोक निर्माण विभाग में बहुत संपन्न ठेकेदार थे, और जे. सुब्बैया भी आए जोकि हैदराबाद में अंबेडकर के सर्वाधिक विश्वसनीय प्रतिनिधि थे। उत्तर प्रदेश से एक

नया समूह आया जिसमें अधिकांश लोग स्वामी अच्युतानंद के आदि-हिंदू आंदोलन से प्रेरित थे। इस अवधि के दौरान अंबेडकर के आंदोलन का उत्तर तथा उत्तर-पश्चिम भारत में विस्तार हुआ। अंततः महाराष्ट्र में ही दादा साहेब गायकवाड़ के नेतृत्व में पश्चिमी महाराष्ट्र का पूरा दल और विदर्भ के नेता तथा इसके साथ-साथ चंभार नेता पी.एन. राजभोज, जो कांग्रेस छोड़कर आए थे, भी अंबेडकर का समर्थन करने के लिए आगे आए। इसमें केवल प्रमुख नेता एम.सी. राजा की कमी थी।

इन प्रतिनिधियों की विभिन्न राजनीतिक प्रवृत्तियों में विभिन्न प्रांतीय राजनीतिक विशेषताएं परिलक्षित हो रही थीं। इसके अलावा, भारत के विभिन्न भागों के दलितों पर हिंदू-मुस्लिम मतभेद का व्यापक प्रभाव पड़ा। हालांकि अंबेडकर स्वयं और उत्तर भारत के अधिकांश नेता बहुत सचेत थे, फिर भी मुस्लिम बहुल क्षेत्रों, विशेषकर हैदराबाद और बंगाल के लोग मुस्लिम-दलित गठबंधन के आह्वान से अत्यधिक प्रभावित हुए। मंडल और वेंकटराव मुसलमान समर्थक थे। वेंकटस्वामी अंत तक स्वतंत्र हैदराबाद राज्य की मांग का समर्थन करते रहे, जबकि जोगेंद्रनाथ मंडल मुसलमानों के साथ अपनी घनिष्ठता के कारण पाकिस्तान संविधान सभा के पहले अध्यक्ष बने और फिर मोहभंग होने पर भारत लौटे और घोर ग़रीबी में उनकी मृत्यु हुई। परंतु ये सभी घटनाक्रम तो बाद के हैं। सन् 1942 में एस.सी.एफ़. देश भर में दलितों की आवाज़ को बुलंद करने वाली पार्टी के रूप में उभर कर सामने आई।

सम्मेलन में कुछ महत्वपूर्ण निर्णय लिए गए। इसके शिष्टमंडल ने क्रिप्स मिशन के प्रस्तावों को अस्वीकार्य बताया और इसका विरोध किया। उन्होंने यह भी घोषणा की कि अनुसूचित जातियों के लिए कोई भी संविधान तब तक स्वीकार्य नहीं होगा जब तक कि उन्हें 'हिंदुओं से अलग मान्यता प्रदान न की गई हो और उन्हें भारत के राष्ट्रीय जीवन में महत्वपूर्ण घटक न माना गया हो।' (खैरमोडे, 1998 सी, 9:122) उनकी यह मांग थी कि प्राथमिक और उच्च शिक्षा तथा ग्रामीण पुनर्निर्माण के

लिए वित्तीय प्रावधान किए जाएं, सार्वजनिक और सरकारी सेवाओं में प्रतिनिधित्व और पृथक मताधिकार की व्यवस्था की जाए। जब तक अनुसूचित जातियों के लोगों को गांव से बाहर रहना पड़ेगा और बिना किसी आजीविका और हिंदुओं की तुलना में कम संख्या में रोज़गार के रहना पड़ेगा तब तक वे अछूत बने रहेंगे और हिंदुओं द्वारा उत्पीड़न और विरोध के विषय बनते रहेंगे तथा वे स्वतंत्र और पूर्ण जीवन नहीं जी पाएंगे। (खैरमोडे, 1998 सी, 9:124) इस प्रकार से ग्रामीण व्यवस्था में ऐसे क्रांतिकारी परिवर्तन किए जाएं जिसमें स्थानीय आर्थिक और राजनैतिक स्वतंत्रता की दिशा में एक क़दम के रूप में कृषि योग्य सरकारी भूमि पर पृथक गांव बसाए जाएं।

1942 के नागपुर सम्मेलन में संगठन के एक नए दौर की शुरुआत हुई। जबकि आई.एल.पी. की वर्ग क्रांति छोड़ दी गई थी, एस.सी.एफ़. ने पूरे भारत में राष्ट्रीय स्तर पर दलित आंदोलन की नई शुरुआत की। विभिन्न प्रांतों में स्वतंत्र रूप से शुरू हुए आंदोलन अब एकजुट होने लगे थे और ये राष्ट्रीय स्तर पर स्वतंत्र दल के रूप में कांग्रेस के ख़िलाफ़ दलित आंदोलन की सहायता के लिए अपनी उपस्थिति दर्ज करा रहे थे। तथा भीमराव अंबेडकर उनके सर्वमान्य और एकमात्र नेंता थे।

सात

'मनु संहिता के स्थान पर... महार का क़ानून'

स्वतंत्र भारत का स्वरूप

एस.सी.एफ़. के सुस्थापित होने और आवास के व्यवस्थित होने के साथ ही अंबेडकर राजधानी में एक महत्वपूर्ण, और विवादास्पद राजनीतिक नेता के रूप में उभरने लगे। पत्रकार उनसे मिलने आने लगे। कुछ लोग इनके ख़िलाफ़ भी थे जैसे लुईस फ़िशर (जो गांधी के समर्थक थे)। उन्होंने सन् 1946 में रचित अपनी पुस्तक में अंबेडकर के विषय में बड़े कठोर शब्दों में लिखा है 'भारत में मुझे मिले व्यक्तियों में से वे सबसे अधिक कटु थे।' उन्होंने यह भी जोड़ा कि वे 'गांधी विरोधी, पाकिस्तान समर्थक और ब्रिटिश शासन का समर्थन करने वाले भारतीय' थे। (खैरमोडे, 1999, 8:17) इसके विपरीत अमरीकी पत्रकार बैवर्ली निकोल्स ने उन्हें अत्यधिक सक्रिय बताया। 'वे बहुत ही सलीकेदार मगर उतावले और सभी ओर से किए जा रहे उपहास का जवाब देने के लिए हमेशा चौकन्ने प्रतीत होते थे। कुल मिलाकर यह स्वाभाविक भी था।' (खैरमोडे, 1999, 8:33) अ़ंबेडकर हमेशा विवादों से घिरे रहते थे परंतु उनकी पुरानी विशेषता यह भी थी कि वे हमेशा वाद-विवाद में दो-दो हाथ करने के लिए तैयार रहते थे। उन्होंने अपने इन तौर-तरीक़ों को संसदीय परिषदों और विधान

सभाओं की चर्चाओं में आज़माया। अप्रिय टिप्पणियों द्वारा बार-बार व्यवधान डाले जाने पर वे उसी लहजे में जवाब देते थे। इन सब व्यवधानों के बाद भी संसद में वे अपनी बात, जाति के मुद्दे और अस्पृश्यता को सबकी नज़रों में रखने में कामयाब रहते।

उन्हें एक लेखक और कांग्रेस के कड़े आलोचक के रूप में ख्याति मिलने लगी। इसके साथ ही जून 1945 में उनकी दूसरी प्रमुख पुस्तक प्रकाशित हुई जिसका नाम था 'व्हॉट कांग्रेस एंड गांधी हैव डन टू अनटचेबल्स' (अंबेडकर, 1990, खंड 9 के रूप में पुनर्मुद्रित)। इसकी रचना उन्होंने मूल रूप से उस समय की जब वे मुंबई में मिल्ड्रेड ड्रेशर के घर से कार्य करते थे और ड्रेशर ने 'पीपुल एट बे' शीर्षक से इसका अमरीकी संस्करण निकाला। इसका भारतीय संस्करण स्पष्टतया उनकी लंदन वाली पुरानी मित्र 'एफ़' के लिए समर्पित था। इस पुस्तक में गांधी और कांग्रेस की नीति पर तीखा प्रहार किया गया जिससे उन्हें भारत में ही नहीं अपितु पूरे विश्व में तत्काल ख्याति मिली।

एस.सी.एफ़. की स्थापना के बाद राजनीतिक कार्रवाई में तेज़ी आई। अंबेडकर ने संगठनात्मक कार्य अपने कार्यकर्ताओं पर छोड़ दिया। महाराष्ट्र में दादासाहेब गायकवाड़ ने अंबेडकर के बाद दूसरे स्थान पर नेतृत्व संभाला। हालांकि जब युद्ध के दौरान गायकवाड़ भर्ती अधिकारी बन गए तो उनका स्थान 'मदकबुआ' या गणपत महादेव जाधव ने लिया। वे अलोकप्रिय थे और उनके नेतृत्व में कार्यरत युवाओं ने वेतन न मिलने और जाधव के दुर्व्यवहार के कारण बग़ावत की। कुछ लोगों ने एस.सी.एफ़. की बैठक के दौरान आवाज़ उठाने की कोशिश भी की। इसके साथ गुटबाज़ी भी शुरू हो गई और इसके परिणामस्वरूप अंबेडकर के निधन के बाद पार्टी विघटित हो गई। अपनी ओर से अंबेडकर ने समय-समय पर शिक्षित युवाओं की नई पीढ़ी पर अपना असंतोष व्यक्त किया, और 1956 में उन्होंने अपने सचिव नानक चंद रत्तू को

पत्र लिखकर यह शिकायत की थी कि 'कुछ शिक्षित लोग... बेकार साबित हुए हैं, इनमें अपने दलित भाइयों के प्रति कोई सहानुभूति नहीं है... इनमें से कोई भी सामाजिक कार्य करने के लिए तैयार नहीं हैं,' उन्होंने कहा, 'वे नेतृत्व और अधिकार को लेकर आपस में ही लड़ रहे हैं।' (रत्तू, 1997, 93)

एस.सी.एफ़. के गठन के परिणामस्वरूप अंबेडकर को किसी व्यापक संयुक्त मोर्चे के निर्माण के सभी प्रयासों अथवा कामगार वर्ग या किसानों के मुद्दों पर व्यापक जन-आंदोलन के लिए सभी प्रयासों को छोड़ना पड़ा। यह इसलिए नहीं था कि वे यह नहीं चाहते थे परंतु समयानुसार उन्हें यह करना पड़ा। स्वतंत्रता के आसन्न होने और मुस्लिम लीग और कांग्रेस के इर्द-गिर्द राजनीति के होने के मद्देनज़र अंबेडकर को स्वतंत्र भारत में बनाए जाने वाले ढांचे में दलितों को राजनीतिक अधिकार दिलाने पर ध्यान केंद्रित करना पड़ा।

श्रम मंत्री के रूप में अपने अत्यधिक उत्तरदायित्वों के अलावा, अंब्रेडकर ने दिल्ली में अपने व्यापक अनुसंधान और लेखन के लिए समय निकाला। उनका अध्ययन प्राचीन भारतीय इतिहास में विशेषकर जाति और ब्राह्मणवाद के बीच संबंधों पर केंद्रित होने लगा। उनके अनुसंधान प्रयासों के परिणाम विभिन्न अप्रकाशित पांडुलिपियों और दो प्रमुख पुस्तकों में संकलित किए गए। इन दो पुस्तकों के नाम हैं—'हू वर द शूद्राज़ः हाऊ दे केम टू बी द फोर्थ वर्ण इन द इंडो-आर्यन सोसायटी' (1947 में प्रकाशित) और 'द अनटचेबल्सः हू वर दे एंड व्हाई दे बिकेम अनटचेबल्स' (1948 में प्रकाशित)। ये दोनों पुस्तकें अंबेडकर, 1990 खंड 7 के रूप में एक साथ पुनर्मुद्रित की गईं। अंबेडकर ने श्रम सम्मेलन में भी भाग लिया और उन्होंने सेना में पुनः प्रवेश के माध्यम से दलितों के लिए एक तत्काल कार्यक्रम परिकल्पित किया। सन् 1890 में इनके बहिष्कार के लिए लागू की गई व्यवस्था को अब चुनौती दी जा रही थी, अंबेडकर ने यह कार्य आरंभ किया था और वे तीन महार बटालियनों को पुनर्स्थापित करने में सफल हुए।

इस बीच भारत के समक्ष प्रमुख मुद्दे के रूप में पाकिस्तान छाया रहा। 6 मई, 1945 को एस.सी.एफ़. की कार्यकारी समिति के समक्ष अपने भाषण में अंबेडकर ने 'सांप्रदायिक सद्‌भाव में गतिरोध और इसके समाधान' का प्रश्न एक बार फिर उठाया। इसमें उन्होंने क्रिप्स प्रस्ताव में उल्लिखित संविधान सभा के विचार का इस आधार पर विरोध किया कि अछूतों को इससे अलग रखा गया है। इसके स्थान पर उन्होंने एक ऐसे संयुक्त भारत का प्रस्ताव दिया जिसके अंतर्गत कार्यपालिका में तीनों प्रमुख समुदायों (हिंदू, मुस्लिम और दलित) को प्रतिनिधित्व के साथ पृथक मताधिकार की व्यवस्था हो। प्रांतों को इस प्रकार से रखा जाना था ताकि मुस्लिम बहुल क्षेत्रों, मुख्य रूप से जो बाद में पाकिस्तान बना, को एक साथ रखा जाता।

यह प्रस्ताव अंतिम कैबिनट मिशन में क्रिप्स के अंतिम प्रस्ताव जैसा था परंतु इस प्रस्ताव को कभी भी गंभीरता से नहीं लिया गया। मुस्लिम लीग ने पाकिस्तान के लिए अपनी मांग को जारी रखा जबकि इस समय गांधी इस बात पर बल दे रहे थे कि पाकिस्तान नहीं बन सकता और बनेगा भी तो सिर्फ़ उनकी लाश पर। हालांकि, घटनाक्रमों में पाकिस्तान बनाने की प्रक्रिया में तेज़ी आ रही थी और इस प्रक्रिया में दलितों को दरकिनार किया जा रहा था। विगत समय में और 1942 में हुए आंदोलन को देखते हुए प्रत्येक के विचार को समझने के उद्देश्य से कांग्रेस नेता जेल से रिहा कर दिए गए और वायसराय लॉर्ड वेवल ने 1943 में नेहरू, गांधी और जिन्ना के साथ चर्चा आरंभ कर दी। यह चर्चा मुख्य रूप से दो प्रमुख पार्टियों को लेकर एक केंद्र सरकार बनाने के लिए थी और इस संबंध में अक्तूबर, 1944 को सभी पार्टियों की एक बैठक बुलाई गई। इस पृष्ठभूमि के साथ कांग्रेस की ओर से भूलाभाई देसाई ने जिन्ना के साथ बातचीत की। उन्होंने केंद्र सरकार में शामिल होने की एक योजना बनाई जिसमें केवल दो पार्टियों को प्रतिनिधित्व दिया जाना था जबकि सांप्रदायिक प्रतिनिधित्व का प्रावधान किया गया था। जब वेवल समझौते पर अंतिम रूप से हस्ताक्षर हो गए उस समय अंबेडकर

और उदारवादियों सहित छह अन्य सदस्यों ने इसका विरोध किया था। जब यह पता चला कि यह प्रस्ताव स्वीकार कर लिया जाएगा और इसके अंतर्गत अछूतों को केवल एक स्थान दिया जाएगा तो एस.सी.एफ़. ने प्रधानमंत्री को अपना विरोध पत्र भेजा।

एक ओर राजनीतिक बातचीत चल रही थी तो दूसरी ओर अंबेडकर ने दलितों की शिक्षा के लिए महत्वपूर्ण पहल की। उन्होंने दलितों के लिए एक कॉलेज की परिकल्पना काफ़ी पहले ही की थी। इसी मौलिक विचार के तहत बंबई में सिख खालसा कॉलेज की स्थापना भी इसी का एक हिस्सा था। 1945 में उन्होंने पीपुल्स एजुकेशन सोसाइटी का प्रस्ताव तैयार किया और उन्हें सरकार से 6 लाख रुपए की राशि प्राप्त होने का वचन मिला। हालांकि बड़ौदा राज्य के दीवान ने 11 लाख रुपए के अनुदान की अपील को ठुकरा दिया, फिर भी यह सोसाइटी जुलाई 1945 में स्थापित की गई, औैर अप्रैल 1946 में सिद्धार्थ कॉलेज ऑफ़ आर्ट्स की स्थापना की गई। बाद में औरंगाबाद में मिलिंद कॉलेज की स्थापना की गई।

इस अवधि के दौरान अंबेडकर भारत की सिंचाई नीति तय करने में भी व्यस्त थे। उनके मंत्रालय में केवल श्रम विभाग ही नहीं बल्कि सिंचाई, विद्युत और अन्य लोक निर्माण विभाग भी शामिल थे। उन्होंने बाढ़ नियंत्रण के मुद्दे पर मध्य प्रांत, बंगाल और बिहार सरकारों के प्रतिनिधियों की 3 जनवरी 1945 को कलकत्ता में हुई एक संयुक्त बैठक को संबोधित किया। 1945 में दामोदर नदी में आई विनाशकारी बाढ़ के कारण दामोदर घाटी परियोजना की स्थापना की गई। अंबेडकर ने 'टेनिसी वैली प्रोजेक्ट' की तर्ज पर यह योजना बनाई। तत्पश्चात उन्होंने केंद्रीय जलमार्ग, सिंचाई और नौवहन समिति का गठन किया जिसके पहले अध्यक्ष डॉ. ए.एन. खोसला बने। डॉ. खोसला एक प्रतिष्ठित इंजीनियर थे। अंबेडकर उड़ीसा में हीराकुंड बांध की योजना तैयार करने में भी शामिल थे। इस प्रकार अंबेडकर ने भारत के विकास में 'बड़े बांधों'

की भूमिका के बारे में अपनी अवधारणा को मूर्त रूप दिया, जो बहु-उद्देशीय परियोजनाएं थीं, इनमें सिंचाई, विद्युत उत्पादन और जल परिवहन शामिल थे। वायसराय की परिषद के सदस्य और पुनर्संरचना समिति के सदस्य तथा अधीनस्थ सिंचाई और विद्युत समितियों के प्रमुख के रूप में वे युद्ध के पश्चात सर्वप्रथम योजना में शामिल थे। इन पदों पर रहते हुए उन्हें औद्योगिकीकरण के महत्व और विद्युत शक्ति, सिंचाई की भूमिका के बारे में अपने विचारों को मूर्त रूप देने तथा स्वतंत्र भारत की समग्र आर्थिक योजना पर बल देने का सुअवसर प्राप्त हुआ। (इस अवधि के पूर्ण अध्ययन के लिए थोरात 1998 का अवलोकन करें।)

1937 में पहली बार विधानसभा चुनाव संपन्न हुए थे। इसके बाद भारत में मार्च 1945 में आम चुनाव हुए। इस चुनाव के अवसर पर पहली बार एस.सी.एफ़. ने अखिल भारतीय स्तर पर दलितों की पार्टी के रूप में चुनाव में भाग लिया। यह वह अवसर था जब धार्मिक आधार पर स्पष्ट विभाजन सामने आया। कांग्रेस को सभी सामान्य वर्ग की सीटों और मुस्लिम लीग को सभी मुस्लिम सीटों पर जीत हासिल हुई परंतु एस.सी.एफ़. अपने लिए जगह नहीं बना पाई। एस.सी.एफ़. के लगभग सभी उम्मीदवारों को, मद्रास और पंजाब में दो स्थानों को छोड़कर, हार का सामना करना पड़ा। इसके कई कारण थे। पहला कारण तो यह था कि कांग्रेस पार्टी किसी विपक्ष को स्वीकार करने के लिए तैयार नहीं थी और वह बढ़-चढ़कर अपनी पार्टी को स्वतंत्रता दिलाने वाली पार्टी के रूप में प्रचारित करती थी और इसके लिए उसने झूठे आरोपों, डराने-धमकाने और हिंसा का सहारा लिया। उदाहरणस्वरूप नागपुर में चुनाव कार्यकर्ता वसंत मून ने यह बताया कि किस प्रकार से सभी दलित मतदान बूथों को हिंदू जाति के वार्ड में रखा गया था। उस समय एस.सी.एफ़. ही एक ऐसी राजनीतिक पार्टी थी जिसने कांग्रेस का विरोध किया। तब विद्रोह की घटनाएं हुईं और इसके साथ-साथ समता सैनिक दल ने अपने ध्वज के साथ पदयात्रा की। चुनाव से पूर्व के माहौल में

दलितों के प्रति नफ़रत की भावना भड़क उठी थी और दलिंतों के ख़िलाफ़ 'महारों का रक्त पीऊंगा' जैसे नारे लगाए गए और अंबेडकर को देशद्रोही बताते हुए भित्तिपत्र लगाए गए। इन सबकी वजह से 'महार-हिंदू' दंगे हुए। महारों ने कुश्तीबाजों और समता सैनिक दल के दस्तों की सहायता से इसका मुक़ाबला किया। बाद में बढ़ते हुए सांस्कृतिक आंदोलन पर बने गीतों में इस अवधि की काफ़ी प्रशंसा की गई और यह गाया गया कि 'पूछो वीर शिवाजी से कि हमने कैसी लड़ाई लड़ी' और 'हमने' एक-एक करके उनके युवा कार्यकर्ताओं को मार गिराया।' (मून 2001)

यद्यपि हिंसा एक सामान्य घटना थी किंतु इसके अलावा अंबेडकर के विश्लेषण ने यह दर्शाया कि चुनाव प्रक्रिया कांग्रेस की जीत के लिए किस प्रकार सहायक रही है। पूना समझौते के परिणामस्वरूप किए गए क़ानूनी उपबंधों के अनुसार उन निर्वाचन क्षेत्रों में प्राथमिक चुनाव, जिसमें केवल दलितों ने मतदान किया, किए जाने वाले थे जिनमें चार से अधिक दलित उम्मीदवार थे। ये 151 में से केवल चालीस निर्वाचन क्षेत्रों में कराए गए और यह केवल चार उम्मीदवारों के चयन के लिए किया गया। बंबई प्रेसीडेंसी में एस.सी.एफ़. उम्मीदवारों को कांग्रेस के 5333 मतों की तुलना में 28,489 मत मिले और उन्हें बारह में से पांच सीटें मिलीं जबकि कांग्रेस को तीन सीटें प्राप्त हुईं। मध्य प्रांत में, जहां उनका जनाधार था, कांग्रेस को मिले 1131 मतों की तुलना में उन्हें 8685 मत मिले और उन्हें बीस में से ग्यारह सीटें मिलीं जबकि कांग्रेस को पांच सीटें मिलीं। मद्रास में भी उन्होंने अच्छा प्रदर्शन किया और यहां उन्हें 30,199 मत मिले जबकि कांग्रेस को 27,838 मत मिले और उन्हें चौबीस सीटें मिलीं जबकि कांग्रेस को दस सीटें प्राप्त हुईं। अंततः उत्तर प्रदेश में, यह संगठन का अपेक्षाकृत नया क्षेत्र था, उन्हें 3093 मत प्राप्त हुए जबकि कांग्रेस को 4101 मत मिले और उन्हें बारह में से पांच सीटें मिलीं जबकि कांग्रेस को चार सीटें प्राप्त हुईं। बंगाल में निर्दलीय उम्मीदवारों को अधिकाधिक सफलता मिली। कुल

मिलाकर 168 सीटों में से एस.सी.एफ़. को इक्यावन और कांग्रेस को अड़तीस सीटें मिलीं और एस.सी.एफ़. को 91,595 मत, कांग्रेस को 1,03,449 मत और निर्दलीय उम्मीदवारों को 1,19,273 मत प्राप्त हुए। यहां प्रदर्शन ख़राब नहीं था और यह स्पष्ट हो गया कि बंबई और मध्य प्रांत में एस.सी.एफ़. का जनाधार काफ़ी था और मद्रास प्रेसीडेंसी में यह प्रमुख पार्टी बन गई थी। इस दौरान बंगाल में स्वतंत्र रूप से संगठित नामशूद्र और अन्य दलित समूह कांग्रेस में शामिल होने का विरोध कर रहे थे।

पूना समझौते पर अंबेडकर की आपत्तियां थीं कि आरक्षित सीटों के बावजूद सामान्य निर्वाचन क्षेत्रों में हिंदू मतों का वर्चस्व रहेगा। यह तो बिल्कुल स्पष्ट था कि प्राथमिक उम्मीदवार होने पर भी कांग्रेस के उम्मीदवारों को केवल चार उम्मीदवारों वाले पैनल का सदस्य बनाने की आवश्यकता थी और वे आम चुनाव तो हिंदुओं के मतों की सहायता से जीत जाते। कुल मिलाकर इसका यह परिणाम निकला कि भारत स्वतंत्रता की ओर अग्रसर होने लगा और इसके दो प्रमुख अल्पसंख्यक—मुस्लिम और दलित—उपेक्षित महसूस करने लगे।

चुनाव परिणामों से यह पता चला कि दलितों के लिए राजनीति का रास्ता बंद हो गया है। लार्ड वेवल योजना में यह व्यवस्था थी कि कार्यकारी परिषद में मुस्लिम लीग द्वारा चुने गए मुस्लिम उम्मीदवार और राष्ट्रीय कांग्रेस द्वारा चुने गए हिंदू उम्मीदवार (जिनमें दलित भी शामिल होंगे) शामिल किए जाएं। अब अस्पृश्यों को कोई स्वतंत्र राजनीतिक ताक़त नहीं माना जाता था। क्रिप्स ने यह टिप्पणी की कि अब एस.सी.एफ़. चुनाव में असफल रहा है और इसलिए हम इसे राजनीतिक पार्टी का दर्जा नहीं दे सकते। निस्संदेह दलित वर्गों को कांग्रेस से संबद्ध संगठन के माध्यम से, पूरा प्रतिनिधित्व दिया जाएगा। (खैरमोडे, 1998 सी, 9: 85)। अतः 16 जून को एक मंत्रिमंडल की घोषणा की गई जिसमें कांग्रेस के पांच सदस्य, लीग के पांच सदस्य, और पांच अल्पसंख्यक सदस्य शामिल

किए गए; जगजीवन राम ने अस्पृश्यों का प्रतिनिधित्व किया। जिन्ना ने इसका विरोध किया जिसके परिणामस्वरूप कांग्रेस प्रतिनिधि के रूप में जोगेंद्रनाथ मंडल का नामांकन किया। अंबेडकर ने इसका स्वागत किया परंतु अपनी आपत्ति जताई कि यह सही स्वायत्तता का प्रतिनिधित्व नहीं है, क्योंकि अब दलित शक्तिशाली राजनीतिक पार्टियों के सहारे और उनमें बंटकर रह गए हैं।

25 और 26 अगस्त, 1946 को एस.सी.एफ़. की कार्यकारिणी की बैठक में अंबेडकर ने हार पर प्रतिक्रिया देते हुए कांग्रेस शासन वाले प्रांतों में राष्ट्रीय स्तर पर सत्याग्रह आंदोलन शुरू करने का आह्वान किया। हज़ारों कार्यकर्ताओं ने नागपुर और पुणे में गिरफ़्तारी दी। इसके अलावा, अंबेडकर ने विंस्टन चर्चिल और अन्य नेताओं के साथ बातचीत करने के लिए नवंबर 1946 में लंदन की यात्रा की। इस बार उन्होंने लेबर पार्टी का समर्थक होने के विपरीत कंज़र्वेटिव पार्टी के प्रति सहानुभूति जताई। इसकी वजह यह थी कि लेबर पार्टी ऐसे समाजवाद का समर्थन करती थी जिसका प्रतिनिधित्व कांग्रेस करती थी और जो ग़ैर-वर्ग मुद्दों को अलग करना चाहती थी।

इस बैठक के लिए अंबेडकर ने संविधान, सांप्रदायिक समस्या और अनुसूचित जातियों के अधिकारों से संबंधित मुद्दों पर ज्ञापन लिखा। यह एक वर्ष के बाद 'स्टेट्स एंड माइनॉरिटीज़' के रूप में प्रकाशित हुआ, यह सामाजिक के साथ-साथ आर्थिक घोषणापत्र भी था। इसमें उत्तराधिकार के अधिकार के बिना संयुक्त राज्य भारत के रूप में प्रस्ताव किया गया। इसके अलावा, इसमें पृथक मतदान, पृथक ग्रामीण बस्तियों और अछूत व्यक्तियों के सामाजिक बहिष्कार के विरुद्ध सख़्त कार्रवाई और अंबेडकर द्वारा परिकल्पित 'राज्य समाजवाद' (स्टेट सोशलिज़्म), मूलभूत उद्योगों का राष्ट्रीयकरण, भूमि और इसके संगठनों के सामूहिक रूप से राष्ट्रीयकरण की मांग की गई है। इस घोषणा-पत्र से उनकी आर्थिक क्रांति की श्रेष्ठता परिलक्षित होती है। इसमें मूल अधिकार के लिए विशिष्ट धारा है जिसमें

यह खंड शामिल है कि कोई राज्य किसी व्यक्ति को जीवन, स्वतंत्रता और संपत्ति से क़ानूनी प्रक्रिया के बिना वंचित नहीं करेगा,' परंतु, यह भी उल्लेख किया कि पूंजीपतियों की शक्ति को स्वतंत्रता का प्रवर्तक नहीं कहा जा सकता है। उन्होंने यह लिखा 'स्पष्टतया यह एक ऐसी स्वतंत्रता है जिससे ज़मींदारों को अपना लगान बढ़ाने, पूंजीपतियों को काम के घंटे बढ़ाने और मज़दूरी को कम करने की स्वतंत्रता मिल जाएगी।' उन्होंने यह तर्क दिया कि राज्य का समाजवाद 'भारत के तीव्र औद्योगिक विकास के लिए अनिवार्य है।' (अंबेडकर, 1979, 1:410-12) अंबेडकर ने इसे समाजवादी राष्ट्र इसलिए कहा क्योंकि यह संविधान में लिखा जाना था और इसे संसद की परिवर्तन करने की शक्ति से अलग रखा जाना था।

विभिन्न संवैधानिक प्रस्तावों में यह आकर्षण का केंद्र रहा। इस प्रकार से अंबेडकर न केवल उस समय उपस्थित थे जब संविधान सभा की बैठकें (बंबई प्रांत से हार जाने के बाद वे बंगाल प्रांत से निर्वाचित हुए) शुरू हुईं बल्कि वे एक ऐसे महत्वपूर्ण व्यक्ति थे जो विवादों से घिरे रहे और उनकी बहुत प्रतिष्ठा भी थी। 13 दिसंबर, 1946 को स्वतंत्रता के लिए सभा में एक संकल्प पारित किया गया। नेहरू ने इसका प्रस्ताव किया, और एम.आर. जयकर, श्यामा प्रसाद मुखर्जी से बात करने के बाद अंबेडकर से बोलने के लिए कहा गया।

हालांकि राष्ट्रवादी नेता एक डर के साथ उनकी बात सुनने के लिए तैयार हुए फिर भी वास्तविक टिप्पणियां उत्साहजनक और प्रेरणादायक रहीं। उन्होंने राज्य और अल्पसंख्यकों के बारे में अपने दृष्टिकोण को दोहराते हुए यह कहा कि उद्देश्यों की घोषणा से समाजवादी अर्थव्यवस्था और उद्योग तथा भूमि के राष्ट्रीयकरण को और समर्थन प्राप्त हुआ है। उन्होंने यह भी कहा कि मूल अधिकारों के बारे में कोई उल्लेख नहीं था। तत्पश्चात उन्होंने एक संयुक्त भारत के लिए अपनी इच्छा व्यक्त कीः 'मैं यह जानता हूं कि आज हम विरोधी खेमों में हैं और मैं यह

भी कह सकता हूं कि मैं संभवतः एक ऐसे खेमे का नेता हूं। परंतु, महोदय, इन सबके साथ मैं इस बात से सहमत हूं कि मौक़ा देने और परिस्थितियां उत्पन्न करने से इस देश को एक होने से कोई रोक नहीं सकता है।' (खैरमोडे, 1998 सी, 9:219) इस वक्तव्य को लोगों ने काफ़ी सराहा और इसकी प्रशंसा भी की कि उन्हें यह आशा थी कि एक दिन मुसलमान यह महसूस करेंगे कि उनके लिए एकीकृत भारत ही उपयुक्त है, हालांकि वे स्वयं एक मज़बूत केंद्र के पक्षधर थे (फिर से तालियां बजने लगीं), उन्होंने पुनः यह तर्क दिया कि देश का पुनः वर्गीकरण अर्थात प्रांतों को खंडों में बांटना, जिसमें मुस्लिमबहुल प्रांत की व्यवस्था शामिल है, आवश्यक होगा। (खैरमोडे, 1998 सी 9:221-22)।

इस भाषण से अंबेडकर के प्रति नेहरू जैसे नेताओं के रवैये में बदलाव आया। अंबेडकर बंटवारे के ख़िलाफ़ थे, वे एक संयुक्त सरकार के पक्षधर थे, वे एक मज़बूत केंद्र के समर्थक थे और वामपंथियों के प्रति उनकी सहानुभूति जगज़ाहिर थी। कांग्रेस ने यह साबित करने के लिए कि केवल वही अछूतों की एकमात्र प्रतिनिधि है, जो कोई भी दावे किए हों, हालांकि आम चुनाव में एस.सी.एफ़. को पूरी तरह से हार का सामना करना पड़ा, फिर भी उसने यह साबित कर दिया कि मराठी भाषी क्षेत्रों में, तमिल भाषी क्षेत्रों में और यहां तक कि उत्तर प्रदेश के कुछ हिस्सों में भी उसका मज़बूत आधार है। नेहरू और पटेल जैसे नेताओं ने भी इस तथ्य को स्वीकार किया है। लोगों को इकट्ठा करने की एस.सी.एफ़. की शक्ति, दलितों द्वारा स्वयं मतदान करने की पद्धति के बारे में राजनेताओं को सुस्पष्ट जानकारी थी। इस पृष्ठभूमि में, जब बंबई प्रांत से संविधान सभा के लिए चुने गए बैरिस्टर एम. आर. जयकर ने अपने पद से त्यागपत्र दे दिया तो नेहरू और सरदार पटेल ने इस रिक्ति को भरने के लिए जुलाई, 1947 में अंबेडकर का नाम सुझाया। इस प्रकार अंबेडकर कांग्रेस की सहायता से संविधान सभा में पहुंचे। वे 29 अप्रैल को संविधान का प्रारूप तैयार करने के लिए गठित समिति के सदस्य के रूप में चुने

गए और फिर वे इस समिति के सभापति भी चुने गए। इस प्रकार जब 4 नवंबर, 1948 को भारत के संविधान का प्रारूप स्वीकृति के लिए प्रस्तुत किया गया तो यह कार्य पूर्व-अछूत के द्वारा संपन्न हुआ।

इस दौरान अंबेडकर के जीवन में महत्वपूर्ण घटना घटी। वे बंबई में डॉ. माधव मलवानकर के क्लिनिक में मधुमेह, हृदय और उच्च रक्तचाप के इलाज के लिए जाया करते थे। जनवरी 1948 में क्लिनिक में आते-जाते रहने के कारण मलवानकर की सहायक डॉ. शारदा कबीर के साथ उनका मेलजोल बढ़ा। उनका यह संबंध अधिक प्रगाढ़ हुआ और 15 अप्रैल, 1948 को दोनों ने शादी कर ली और उनकी पत्नी का नया नाम (महाराष्ट्र की परंपरा के अनुसार) 'सविता' रखा गया। अब अंबेडकर को पत्नी के रूप में एक संगिनी और घर में परिचारिका मिल गईं। उनके स्वास्थ्य में गड़बड़ी जारी रही और सविता ने भी यही पाया कि, जैसा कि रमाबाई ने भी महसूस किया था, उनके पति की अधिक कार्य करने की आदत को छुड़ाना आसान नहीं था इसलिए वे उनका अधिकाधिक साथ देती रहीं।

दरअसल उन्होंने अपने विवाह से पहले सविता की मां को लिखे पत्रों में इस आशय की चेतावनी दे दी थी। 1 जनवरी 1948 को लिखे एक पत्र में उन्होंने अपने बारे में गूढ़ और कुशल चित्रण प्रस्तुत किया।

> मैं बहुत जटिल व्यक्ति हूं। सामान्यतया मैं पानी की तरह शांत और घास की तरह विनम्र हूं। परंतु, जब मुझे ग़ुस्सा आता है तो मैं बेक़ाबू हो जाता हूं और अपने आपको संभाल नहीं पाता हूं। मैं शांतिप्रिय व्यक्ति हूं। मेरे ऊपर यह आरोप है कि मैं महिलाओं से बात नहीं करता। परंतु, मैं तो पुरुषों से भी तब तक बात नहीं करता जब तक कि वे बहुत क़रीबी न हों। मेरा स्वभाव हमेशा एक जैसा नहीं रहता। कभी-कभी तो मैं लगातार काफ़ी समय तक बोलता रहता हूं और कभी मैं एक शब्द भी नहीं बोलता हूं। कभी बहुत गंभीर

रहता हूं तो कभी हंसता भी रहता हूं। मैं ख़ुशमिज़ाज नहीं हूं। मुझे जीवन की ख़ुशियां लुभाती नहीं हैं। मेरे साथियों को मेरी मितव्ययिता और वैराग्य की क़ीमत चुकानी पड़ती है। मेरी किताबें ही मेरे साथी हैं। ये मुझे अपनी पत्नी और बच्चों से भी कहीं अधिक प्रिय हैं। (रत्तू, 1997, 204)

इस विवाह को लेकर उनके अनुयायियों में विवाद चलता रहा और यह उनके जीवन की एक पहेली बन गई। इनमें से अधिकांश लोग सविता से नफ़रत करते थे और यहां तक कि वे अंबेडकर के निधन के लिए सविता को ही ज़िम्मेवार मानते थे; तो कुछ लोग उनका पक्ष भी लेते थे। जहां तक समग्र समुदाय का संबंध है, महाराष्ट्र के सभी अंबेडकर अनुयायी रमाबाई को ही अंबेडकर की पत्नी मानते थे, दलित महिलाओं द्वारा रचित गीतों में बहुत तीखी प्रतिक्रिया व्यक्त की गई है: 'मैं समुदाय का बाबा हूं इसलिए मैं किससे विवाह करुं?' उनके अनुसार यह बहुत आश्चर्यजनक नहीं है, उन्होंने एक ब्राह्मण महिला को पत्नी बनाया। उनकी एक अंग्रेज़ मित्र के बारे में भी एक गाना था, जिसे अब 'एफ़' के रूप में नहीं बल्कि लूसी के रूप में जाना जाता है।

इस प्रकार से अंबेडकर के निजी जीवन में थोड़ी स्थिरता आई जिसके चलते अंबेडकर संविधान बनाने की प्रक्रिया में भाग ले पाए। संविधान प्रारूप समिति में उनकी सदस्यता और बाद में उन्हें मंत्रिमंडल में शामिल किया जाना इस बात का प्रमाण था कि वे संवैधानिक विधिवेत्ता के रूप में काफ़ी निपुण थे और अछूतों के नेता के रूप में लोकप्रिय थे। संविधान संबंधी कार्य में उनकी गहरी दिलचस्पी थी। कई लोग उन्हें संविधान का जनक मानते थे तो अन्य उन्हें भारत में एक नया और लोकतांत्रिक शासन क़ायम करने वाला आधुनिक मनु मानते थे। कुछ लोग तो यह तर्क भी देते हैं कि संविधान में कोई परिवर्तन करना अंबेडकर से टकराने जैसा है। वहीं दूसरी ओर कुछ आलोचक इनकी किसी स्वतंत्र

भूमिका से इनकार करते हैं, और इनके बाद में दिए गए वक्तव्य का उद्धरण देते हैं जिसमें उन्होंने अपने आपको केवल एक 'भाड़े का टट्टू' बताया। आलोचकों का यह मानना था कि संविधान तो एक लंबी प्रक्रिया का नतीजा है जो मुख्य रूप से कांग्रेस की राजनीति द्वारा निर्देशित था और प्रारुप तैयार करने के स्तर पर मुख्य भूमिका अंबेडकर के अधिकारी तंत्र के सलाहकार, सर बेनेगल राउ ने निभाई थी। संभवतः सर्वाधिक बुद्धिमत्तापूर्ण और संतुलित विचार नेहरू के आत्मकथा लेखक माइकेल ब्रेचर का है जिन्होंने अंबेडकर को प्रमुख वास्तुकार माना या, और सही कहा जाए तो नए संविधान के निर्माण में फ़ील्ड जनरल के रूप में माना है। (ब्रेचर 1959)

संविधान का प्रारूप तैयार करते समय अनेक विवादित मुद्दों पर अक्सर गर्मागरम बहस होती थी। इन सभी मामलों के संबंध में अंबेडकर ने चर्चा को दिशा दी, इस पर अपने विचार व्यक्त किए और मामलों पर सर्वसम्मति लाने का प्रयास किया। एक मज़बूत केंद्र सरकार जैसे महत्वपूर्ण मुद्दों पर उनका दृष्टिकोण कांग्रेस के नेतृत्व जैसा ही था। अनुसूचित जातियों के संबंध में वे यह चाहते थे कि उन्हें सार्वजनिक सेवा में आरक्षण मिले और उनके लिए नौकरियों में आरक्षित सीटें हो, अंततः कुल मिलाकर उन्हें इस उद्देश्य में सफलता मिली। इसके अलावा, उन्होंने 'सामाजिक और शैक्षिक दृष्टि से पिछड़े वर्ग' के रूप में परिभाषित एक वर्ग को सुविधाएं दिलाने में सहायता की, जो आगे बढ़कर 'ओ.बी.सी.' (मोटे तौर पर पूर्व शूद्र) के लिए आरक्षण के मुद्दे तक पहुंच गया और यह आने वाले वर्षों में समय-समय पर उभरकर सामने आया। अब पृथक मतदान की कोई बात नहीं रह गई है परंतु उस समय अंबेडकर का हमेशा ही यह दृष्टिकोण रहा कि यदि वयस्क मतदान और सुरक्षा-उपाय होंगे, तभी आरक्षण का प्रयोजन सिद्ध होगा।

25 नवंबर, 1949 को संविधान पर अपना अंतिम भाषण देने से पहले कई संसद सदस्यों ने अंबेडकर को बधाई दी। ग़ैर-ब्राह्मण नेता केशवराव

जेधे सहित कुछ लोगों ने अंबेडकर की तुलना मनु से की, और यह कहा कि यह भारत का नया युग है। महाराष्ट्र के एक अन्य व्यक्ति एच.जे. खांडेकर ने कहा 'मैं इसे महार क़ानून का संविधान कहूंगा क्योंकि डॉ. अंबेडकर महार हैं और अब...हम मनु के क़ानून के स्थान पर महार का क़ानून लागू करेंगे और मैं आशा करता हूं कि महार का क़ानून मनु के क़ानून की भांति न होगा जिसमें भारत समृद्धि नहीं कर पाया बल्कि ऐसा क़ानून होगा जो भारत को स्वर्ग बनाए। (अंबेडकर 1994, 13:1201)

अंबेडकर ने अपने भाषण में समिति द्वारा अपेक्षाकृत कम समय में किए गए विस्तृत कार्य का वर्णन किया और इसका श्रेय राउ, प्रारूप समिति के अन्य सदस्यों और मुख्य प्रारूपकर्ता एस.एन. मुखर्जी को दिया। उन्होंने यह बताया कि संविधान की निंदा के दो प्रमुख प्रस्ताव आए। इनमें से पहला प्रस्ताव कम्युनिस्टों की ओर से था जो यह चाहते थे कि संसदीय लोकतंत्र में कोई परिवर्तन न लाया जाए, और दूसरा प्रस्ताव समाजवादी लोगों की ओर से आया जो यह चाहते थे कि निजी संपत्ति का राष्ट्रीयकरण करने अथवा समाजीकरण करने और प्रांतों की व्यवस्था को समाप्त करने के लिए असीमित शक्तियां प्रदान की जाएं। समाजवादियों को उन्होंने जवाब दिया कि परिवर्तन की व्यापक संभावना है, और उन्होंने थॉमस जेफ़रसन की प्रसिद्ध उक्ति का उद्धरण दिया जिसमें उन्होंने प्रत्येक पीढ़ी के लिए इस तर्क के आधार पर संविधान में संशोधन की बात की है कि एक पीढ़ी को दूसरी पीढ़ी को बांधकर रखने का कोई अधिकार नहीं है, 'क्योंकि इसका यह मतलब होगा कि यह पृथ्वी सिर्फ़ मृत लोगों की है, न कि जीवित लोगों की।' अंबेडकर ने इस बात को बिल्कुल सही माना। उनके अनुसार संविधान को परिवर्तन रोकने का कोई अधिकार नहीं है। (अंबेडकर 1994, खंड 13)

उन्होंने यह तर्क दिया कि नए लोकतंत्र में सामाजिक परिवर्तन की पद्धतियों के रुप में हिंसा और सत्याग्रह दोनों का ही त्याग किया जाए।

उन्होंने यह उल्लेख किया कि लोकतंत्र के लिए अधिक घातक है—अर्ध दैविक लोगों को गुरू बनाने की भारतीयों की प्रवृत्ति। धर्म के संबंध में 'भक्ति से आत्मा को मोक्ष मिल सकता है परंतु राजनीति में भक्ति निश्चय ही पतन और अंततः तानाशाही का कारण है।' उन्होंने यह तर्क दिया कि नया भारतीय समाज, एक ऐसे सामाजिक लोकतंत्र पर आधारित हो जिसमें जीवनयापन के तौर-तरीक़ों में स्वतंत्रता, समानता और बंधुत्व जैसी विशेषताओं को मान्यता प्रदान की गई हो। हालांकि वे यह मानते थे कि प्रत्येक व्यक्ति के लिए अधिकार अत्यावश्यक हैं फिर भी अंबेडकर समानता और बंधुत्व के प्रति अत्यधिक चिंतित थे। भारतीय समाज में समानता का अत्यधिक अभाव है और जब तक राजनीतिक जीवन में समानता का विरोध और सामाजिक असमानता बनी रहेगी तब तक लोकतंत्र ख़तरे में रहेगा। उन्होंने प्रस्ताव किया कि 'हमें इन अवरोधकों को यथाशीघ्र दूर करना होगा, अन्यथा जो असमानता से पीड़ित होंगे वे राजनीतिक लोकतंत्र के उस ढांचे को ध्वस्त कर देंगे जिसे इस सभा ने अपनी कड़ी मेहनत से बनाया है।' (अंबेडकर, 1994, 13:1216) सामाजिक और आर्थिक समानता की आवश्यकता पर बल देते हुए उन्होंने अपने वक्तव्य में इन बातों को फिर दोहराया।

अंत में, उन्होंने भारत को एक राष्ट्र के रूप में विकसित करने के बारे में अपने सिद्धांत को फिर से दोहराया। वस्तुतः भारत एक निर्माणाधीन राष्ट्र था, न कि एक पूर्ण राष्ट्र। 'जितनी जल्दी हम यह महसूस करेंगे कि हम अभी सामाजिक और मनोवैज्ञानिक दृष्टि से एक राष्ट्र नहीं बन पाए हैं, उतना ही हमारे लिए बेहतर होगा... क्योंकि तभी हम एक राष्ट्र बनने की आवश्यकता समझ पाएंगे और अपने लक्ष्य की प्राप्ति के लिए गंभीरतापूर्वक उपाय करने के बारे में विचार करना आरंभ करेंगे।' भारत की समाज विरोधी जाति प्रथा के कारण स्वतंत्रता, समानता और बंधुत्व की भावना को साकार करना मुश्किल हो गया है और यह समस्या संयुक्त राज्य अमेरिका से भी कहीं अधिक जटिल हो गई है। उन्होंने यह भी

उल्लेख किया कि भारत में राजनीतिक शक्ति काफ़ी समय से कुछ ही लोगों के हाथ में केंद्रित रही है, जबकि कई लोगों को इसका सामना करना पड़ा है और कई तो इसके शिकार भी हुए हैं। परंतु ये दलित अब अपना शासन चलाने के लिए बेताब हो रहे हैं। उन्होंने यह स्पष्ट किया कि दलित वर्गों की 'आत्मानुभूति की ऐसी भावना को वर्ग संघर्ष अथवा वर्ग युद्ध में परिणत नहीं होने देना चाहिए।' (अंबेडकर, 1994, 13:1217-18) इससे बचने के लिए समानता और भाईचारे को बनाए रखना बहुत ज़रूरी था।

यह भाषण अंबेडकर के जीवन का स्वर्णिम क्षण था। इसके बाद नए मंत्रिमंडल में उन्हें क़ानून मंत्री बनाने की घोषणा की गई परंतु संविधान के बारे में किए गए उनके प्रयासों के कारण उन्हें देश के निर्माण में महत्त्वपूर्ण स्थान मिला। दलितों के लिए आधुनिक मनु स्वतंत्र भारत को आगे बढ़ाने में प्रगति के प्रतीक बन गए।

आठ

'गोबर के ढेर पर एक महल का निर्माण'

स्वतंत्रता के बाद के वर्ष

हिंदू-मुस्लिम संबंधों में कड़वाहट को दूर न कर पाने के कारण बंटवारे के दौरान हुए नरसंहार के फलस्वरूप ख़ून की नदियां बहने लगीं। ऐसी काली छाया के साथ भारत ने स्वतंत्र राष्ट्र के रूप में अपनी शुरुआत की और इसका असर दलितों के साथ-साथ अन्य लोगों पर भी पड़ा। वस्तुतः दलित हिंदू-मुस्लिम झगड़े के बीच फंसते चले गए। पाकिस्तान से आए शरणार्थियों में अछूतों की संख्या काफ़ी अधिक थी। पाकिस्तान सरकार उन्हें छोड़ना नहीं चाहती थी क्योंकि ये बहुत सस्ते मज़दूर होते थे और इसके साथ-साथ शौचालयों की सफ़ाई और झाड़ू लगाना जैसे कार्य कर देते थे जिसके लिए अन्य लोगों का मिलना मुश्किल था।

जब दलित शरणार्थी के रूप में भाग निकले तो उस समय पूर्वी पंजाब के हिंदुओं और जाट सिखों ने दलितों को उत्पीड़ित किया। यद्यपि अंबेडकर ने दिसंबर 1947 में नेहरू को पत्र लिखा ताकि इन दलितों को न्याय मिल सके परंतु कोई नतीजा नहीं निकला। अछूत शरणार्थियों को गांवों में पुनर्वास के लिए भूमि नहीं मिल सकी क्योंकि यह माना गया कि वे भूमिहीन थे। उनका दिल्ली में ही पुनर्वास किया गया, परंतु वह भी

कच्चे घरों में, और उनकी स्थिति अन्य शरणार्थियों की अपेक्षा काफ़ी ख़राब थी। हिंदुओं की अन्य जातियों और सिख शरणार्थियों को शहर में अच्छे घरों में या गांवों में भूमि देकर बसाया गया।

हैदराबाद में तनाव की स्थिति उत्पन्न हो गई। यह भारत का सबसे बड़ा रज़वाड़ा था। इसके शासक तानाशाह थे और वे लोकप्रिय लोकतांत्रिक भावनाओं से लेशमात्र भी सहमत नहीं थे। हालांकि यहां सदियों पुरानी दक्खिनी संस्कृति थी, जिससे वस्तुतः सर्वप्रथम हिंदी/उर्दू या हिंदुस्तानी संस्कृति उत्पन्न हुई। यहां के लोगों में भारी संख्या में दलित शामिल थे जिनमें से अधिकांश लोगों ने इस्लाम को अपना लिया था। इस राज्य में दलित आंदोलन सुदृढ़ परंतु कई वर्गों में बंट गया था। इसका आधार मूल रूप से तेलुगु भाषी माला जाति के लोग थे जो महार के समतुल्य थे। शैक्षिक दृष्टि से अत्यधिक पिछड़े माडिग जाति के लोग धीरे-धीरे संगठित होने लगे और जब इन लोगों ने ऐसा किया, तो वे माला जाति के लोगों से अलग होने लगे और उन्होंने कांग्रेस का समर्थन देने और हिंदू की पहचान रखने का मन बना लिया। मराठी भाषी क्षेत्र, वर्तमान के मराठवाड़ा क्षेत्र में महार भी बहुत धीमी गति से संगठित हो रहे थे और हैदराबाद के नेतृत्व ने भी स्वतंत्र रूप से ऐसा ही किया।

दलित आंदोलन में यद्यपि सभी लोगों ने 1942 में एस.सी.एफ़. की स्थापना बैठक में भाग लिया था, फिर भी कई लोग अलग होते गए और जे. सुब्बैया संगठन के नेता बने। वे बहुत तेज़ और अपनी बात रखने वाले तो साबित हुए परंतु संगठनकर्ता के रूप में बहुत अच्छे साबित नहीं हो पाए। एक अन्य महत्वपूर्ण नेता थे बी.एस. वेंकटराव, जो एक धनाढ्य ठेकेदार थे और जिन्होंने महार सम्मेलन के अध्यक्ष के रूप में 1936 में धर्मपरिवर्तन का समर्थन किया था। वेंकटराव मुसलमानों से जुड़ना चाहते थे। निज़ाम समर्थक दल के नेता श्याम सुंदर बने जो एक उग्र कार्यकर्ता होने के साथ-साथ दक्खिनी संस्कृति में ढल गए थे। निज़ाम रियायतें दे रहे थे। इनमें सर्वाधिक उल्लेखनीय है—दलितों

को परती भूमि प्रदान करना। इसके कारण मराठी भाषी मराठवाड़ा क्षेत्र में विशेष आकर्षण पैदा हुआ क्योंकि वहां कांग्रेस का वर्चस्व था और तेलंगाना में कम्युनिस्ट समर्थक दल की क्रांतिकारी भावना का अभाव था। श्याम सुंदर के दल ने हैदराबाद के लिए स्वतंत्रता का समर्थन किया और वेंकटराव को उनके साथ शामिल होने के लिए राज़ी कर लिया। हालांकि अंबेडकर ने इसका विरोध किया। उन्होंने नवंबर, 1947 में यह आह्वान किया:

> हैदराबाद के अनुसूचित जातियों के लोगों को किसी भी स्थिति में निज़ाम और इत्तेहाद-उल-मुस्लिमीन के साथ नहीं मिलना चाहिए। हिंदू हमारे साथ चाहें जितना भी अत्याचार और उत्पीड़न क्यों न कर लें, फिर भी हमें अपनी दृष्टि और कर्त्तव्य से विमुख नहीं होना चाहिए। अनुसूचित जातियों के लोगों को स्वतंत्रता चाहिए और उनका समग्र आंदोलन स्वतंत्रता प्राप्त करने पर केंद्रित रहा है... अतः वे निज़ाम का समर्थन नहीं कर सकते। (महाराष्ट्र सरकार, 1982, 350)

परंतु, हैदराबाद में दलित लोग मुसलमानों और हिंदुओं के बीच बढ़ती हिंसा में उलझकर रह गए। 1948 में, चूंकि मुसलमान पूरे राज्य में अपनी कमर कसने लगे, उग्र रज़ाकरों के द्वारा दलितों के विरुद्ध अत्याचार की ख़बरें मिलने लगीं। अंबेडकर ने, राजभोज और शिवराज के साथ, एस.सी.एफ़. के अध्यक्ष के रूप में जनवरी 1948 में औरंगाबाद से नासिक तक पूरे राज्य का दौरा किया। इसके बाद कांग्रेस ने सेना द्वारा हस्तक्षेप, 'पुलिस कार्रवाई' करने पर सहमति जताई। इससे लोकतांत्रिक शासन की स्थापना का आधार मिल पाता, परंतु हिंदू किसानों, (जो भाग खड़े हुए थे और बाद में लौट आए) ने अपना आक्रोश सर्वाधिक असहाय विरोधियों अर्थात दलितों पर उतारा, जबकि सेना खड़ी देखती रही। हिंदुओं ने दलितों पर निज़ाम का पक्ष लेने का आरोप लगाते हुए उन पर जानलेवा हमले

किए जिसकी रिपोर्ट प्रकाशित हुई थी। इसकी जड़ में उस भूमि का मुद्दा था, जिसे निज़ाम ने दलितों को दिया था और जिसे अन्य जातियों के किसान वापस हथियाने की कोशिश कर रहे थे। तत्पश्चात, राजभोज ने इस हालत की रिपोर्ट देने के लिए एस.सी.एफ़. के मराठवाड़ा सचिव बी.एस. मोरे के साथ इस क्षेत्र का दौरा किया। अंततः जनवरी 1949 में अंबेडकर ने एक अन्य दौरा किया। वे प्रत्येक रेलवे स्टेशन पर भारी तादाद में दलितों से मिले और इसके साथ ही औरंगाबाद में उन्होंने एक लाख लोगों की जनसभा को संबोधित किया। मराठवाड़ा दलित हालांकि संगठन मामले में बहुत धीरे रहे परंतु अब वे उग्र हो गए थे। इसके बाद स्वतंत्र भारत में भूमि का मुद्दा पहला 'भूमि सत्याग्रह' बना और इसे एस.सी.एफ़. ने संगठित किया था।

एक ओर यह सब जारी था तो वहीं दूसरी ओर अंबेडकर ने अपने अनुसंधान और लेखन का कार्य जारी रखा। उन्होंने इससे पहले एक पुस्तक लिखी थी जिसका नाम था 'हू वर शूद्राज़ : हाऊ दे केम टू बी द फोर्थ वर्ण इन द इंडो-आर्यन सोसाइटी' जिसे उन्होंने ज्योतिराव फुले को समर्पित किया। इसमें भारतीय समाज की उन निचली जातियों की स्थिति का विश्लेषण था जो अछूत नहीं थीं। तत्पश्चात उन्होंने 'द अनटचेबल्स : हू वर दे एंड व्हाई दे बिकेम अनटचेबल्स' नामक पुस्तक में दलितों का प्रश्न उठाया। इस पुस्तक की रचना 1947 में की गई और यह दलित संतों नंदनार, रविदास और चोखामल को समर्पित थी। उन्होंने अपनी पुस्तकों में प्राचीन भारतीय विवादों और जाति के उद्‌भव का विश्लेषण जारी रखा। उनके विश्लेषण के मसौदे 'रिवोल्यूशन एंड काउंटर–रिवोल्यूशन इन एनशिएंट इंडिया' में संकलित किए गए हैं। (अंबेडकर, 1987, 3:1514-37 में प्रकाशित।) उनकी यह विशेषता थी कि उनकी रचनाएं उस समय तक जाति के संबंध में किए सैद्धांतिक कार्यों के मामले में अग्रणी रही हैं।

अंबेडकर ने कभी भी 'आर्यों के सिद्धांत' को पसंद नहीं किया, जिससे

एक ऐसा ढांचा बना जिसके द्वारा कई भारतीयों ने यूरोपीय सूत्रों को मानते हुए जाति की व्याख्या की, वर्ण विभाजन की व्यवस्था को स्पष्ट किया कि यह बाहर से आने वाले आर्यों द्वारा देश में रहने वाले लोगों पर आक्रमण के कारण हुआ। दलितों ने भी इसी स्थिति को स्वीकार किया। फुले क़ी बात को मानते हुए, उन्होंने समानता और समृद्धि वाले मूल देशी समाज की परिकल्पना के सिद्धांत को उसी रूप में लौटा दिया। यह एक जातीय सिद्धांत था जिसे अंबेडकर ने स्वीकार करने से इनकार कर दिया। उन्होंने 'हू वर द शूद्राज़' नामक पुस्तक में इसका कड़ा विरोध किया था, इस पुस्तक में उन्होंने इस बात से इनकार किया था कि कोई जातिगत भेद है और आर्य लोग भारत के बाहर से आए थे। उन्होंने यह भी उल्लेख किया कि ऋग्वेद में इसके प्रमाण नहीं है। इस पुस्तक में यह वर्णन किया गया कि शूद्र मूलतः आर्य जनजाति थे, ब्राह्मणों के साथ संघर्ष के कारण अंततः इन्हें पूजा-पाठ करने के अधिकारों से वंचित करके निम्न श्रेणी में रख दिया गया। हालांकि उसमें भी आर्यों और अनार्यों के बीच जातीय अंतर को तब स्वीकार किया गया जब उन्होंने यह उल्लेख किया कि तत्कालीन हिंदुओं के निम्न वर्ग के लोगों में अंतर था, वे भारतीय आर्य समाज के मूल शूद्रों से जातिगत दृष्टिकोण में बिलकुल अलग थे। (अंबेडकर, 1990, 7:10)। तत्पश्चात 'द अनटचेबल्स' में उन्होंने 'आर्यों' के बारे में अधिक आक्रामक रवैया अपनाया कि यह विदित नहीं है कि क्या 'आर्य' शब्द जाति का सूचक है। इस पुस्तक में दो जातियों के होने की बात स्वीकार की गई है। इसमें यह भी बताया गया है कि उस समय तक 'नागा' पूरे देश में फैल चुके थे और उनकी अपनी अलग भाषा थी, जो प्राचीन दक्षिण भाषा के समतुल्य थी। अंबेडकर के अनुसार दक्षिणी और अधिकांश उत्तरी इलाके में अंतर केवल यही है कि उत्तर भारतीयों ने आर्यों की भाषा-शैली को स्वीकार किया। हालांकि वे 'नागा' लोगों को बहुत पंसद करते थे और उन्हें महाराष्ट्र में महार के पूर्वज मानते थे। उन्होंने वर्गों के जातीय सिद्धांत के ख़िलाफ़ अपने

तर्क को जारी रखा। प्रत्येक प्रांत में अछूत लोग थे और वे शारीरिक विशेषताओं के मामले में उस प्रांत के ब्राह्मणों से बिलकुल अलग नहीं थे। वे यह मानने को तैयार नहीं थे कि 'आर्य' का सिद्धांत जाति के मामले में सही स्पष्टीकरण है। उनका यह तर्क कि 'वर्ग जातीय विभाजन नहीं है, बल्कि जातियों का विभाजन है' यह दर्शाता है कि वे परंपरागत मार्क्सवादी व्याख्या से इनकार करते हैं कि जाति श्रम के सामाजिक विभाजन का परिचायक है। जैसा कि उन्होंने अपने 1936 के निबंध 'एनिहिलेशन ऑफ़ कास्ट' और अन्य प्रकाशनों में कहा है, 'जाति श्रम का विभाजन नहीं है बल्कि श्रमिकों का विभाजन है।' (अंबेडकर, 1979, 1:47)

एक समग्र सिद्धांत प्रतिपादित करने के प्रयास में 'रिवोल्यूशन एंड काउंटर-रिवोल्यूशन' नामक टिप्पणी में, उन्होंने इस बात पर बल दिया कि भारतीय इतिहास के अवलोकन से प्रमुखतया पता चलता है कि ब्राह्मणवाद और बौद्धवाद के बीच आदर्शों की लड़ाई है। प्रारंभिक आर्यों का समाज आदिवासी और पिछड़ा था, परंतु बौद्धधर्म से एक ऐसी क्रांति आई जिसे मौर्य सम्राटों का समर्थन प्राप्त था। प्रति-क्रांति की भावना मनु द्वारा जाति प्रथा की स्थापना के बाद ही शुरू हो गई और इसे मौर्यों के ब्राह्मण सामंत पुष्यमित्र शुंग के विद्रोह से और बल मिला। इस दौरान शूद्रों, अन्य निम्न जातियों और महिलाओं का और पतन हुआ। इस सिद्धांत के तहत भारतीय इतिहास में राजनीतिक और आदर्शवादी कारकों को प्राथमिकता मिली। अस्पृश्यता को स्पष्ट करते हुए विशेष रूप से अंबेडकर ने बौद्धधर्म का सहारा लिया। उन्होंने 'हू वर द अनटचेबल्स' में तर्क दिया है कि अस्पृश्य पराजित अथवा 'निराश व्यक्ति' थे जो विजेता जनजातियों के गांवों के बाहर रहते थे और चूंकि वे अधिकांशतया बौद्ध थे और उन्होंने अपना धर्म त्यागने से मना कर दिया, इसलिए उन्हें ब्राह्मणों द्वारा सबसे वीभत्स रूप में अपमान का सामना करना पड़ा। बौद्धमत के आकर्षण और पशु वध की कड़ी आलोचना से लड़ने के लिए ब्राह्मणों ने शाकाहारी भोजन शुरू किया और गौ मांस के भक्षण

को प्रदूषण का प्रतीक बताया जबकि मूलतः वे ही सबसे बड़े गोमांस भक्षक थे। फिर यह इन गांवों के बाहर रहने वाले निराश लोगों के अपमान का प्रतीक बन गया कि उन्होंने भोजन के मुख्य स्रोत के रूप में गोमांस खाना जारी रखा है। उनका निष्कर्ष था कि स्वयं अस्पृश्यता चौथी और छठी शताब्दियों के बीच स्थापित हुई। 'अस्पृश्यता का जन्म 400 ई. के आसपास किसी समय हुआ था... यह बौद्धमत और ब्राह्मणवाद के बीच प्रधानता के लिए संघर्ष से उपजा था जिसने भारत के इतिहास को पूरी तरह से नए ढांचे में ढाल दिया और जिसके अध्ययन की भारतीय इतिहास के विद्यार्थियों द्वारा बुरी तरह से उपेक्षा की गई है'। (अंबेडकर, 1990, 7:379)

समकालीन चिंताएं भी विश्लेषण के विषय थे। जिस समय उन्होंने जाति की उत्पत्ति के संबंध में अपने लेखों का प्रकाशन किया, उसी समय 'महाराष्ट्र एज़ लिंग्विस्टिक प्रोविंस' के संबंध में एक छोटी पुस्तिका प्रकाशित की थी। इसमें उनका वक्तव्य था, जो राज्य पुनर्गठन आयोग को अक्तूबर 1947 में प्रस्तुत किया गया था। इसमें तर्क दिया गया था कि बंबई को महाराष्ट्र का अंग होना चाहिए। बाद में 1955 में प्रकाशित 'थॉट्स फ़ॉर लिंग्विस्टिक स्टेट्स' में (अंबेडकर, 1979, 1:99-127 में पुनर्मुद्रित) उनका यह कहना था कि जहां राज्यों का सृजन भाषाई आधार पर किया जाना चाहिए, वहीं बड़े राज्यों (जिनमें बिहार, उत्तर प्रदेश और मध्य प्रदेश सम्मिलित हैं) का विभाजन कर दिया जाना चाहिए। 'एक राज्य, एक भाषा' का अभिप्राय, 'एक भाषा, एक राज्य' नहीं है जोकि एक बेतुका फार्मूला था और इसका कोई पूर्व दृष्टांत नहीं था। कुशल प्रशासन की आवश्यकताओं और बहुधा विभिन्न क्षेत्रों की विभिन्न आवश्यकताओं से छोटे राज्यों के लाभ का पता चलता है, जबकि दलितों के दृष्टिकोण में, इससे संख्या की दृष्टि से शक्तिशाली प्रभु कृषक समुदायों का सामना करने में स्थानीय दलित समुदायों को कुछ अधिक फ़ायदा होगा। मराठी भाषी क्षेत्रों के संबंध में, अंबेडकर ने चार राज्यों का सुझाव दिया। इनमें

से तीन पश्चिमी महाराष्ट्र के प्रमुख क्षेत्रों पर आधारित होंगे जिनमें कोंकण, मराठवाड़ा और विदर्भ शामिल होंगे जबकि उन्होंने चौथा सुझाव दिया कि बंबई को स्वतंत्र 'सिटी स्टेट' बना दिया जाए। इस निबंध में भारत के उत्तर-दक्षिण सामाजिक विभाजन का उल्लेख किया, जिसमें दक्षिणी राज्यों को हिंदी भाषी उत्तर के बड़े राज्यों का प्रभुत्व झेलना होगा, जो कि प्रगतिगामी दक्षिण की तुलना में पिछड़े थे।

फिर भी, स्वतंत्रता के आरंभिक वर्षों की उथल-पुथल में अंबेडकर का सबसे अधिक विवादास्पद और सार्वजनिक क्रियाकलाप उनका हिंदू संहिता विधेयक को पारित कराने का प्रयास था। यह विधेयक कई तरह से महिला समाज सुधार प्रयासों, जिसकी प्रक्रिया औपनिवेशिक काल से ही चल रही थी, का चरमोत्कर्ष था। परंपरावादी ब्राह्मणवादी क़ानून के अंतर्गत, जैसा कि इसे ब्रिटिश न्यायालयों में लागू किया गया था—बहुधा निचली जातियों के अधिक उदारवादी रीति-सम्मत क़ानूनों की क़ीमत पर महिलाओं को तलाक का कोई अधिकार नहीं था, उन्हें अपने पति के साथ रहने के लिए बाध्य किया जा सकता था और उत्तराधिकार के अत्यंत कम अधिकार थे। वे अपने नाम से बैंक में खाता नहीं खोल सकती थीं और न ही वैध रूप से धन पर नियंत्रण कर सकती थीं। 1930 के दशक से महिलाओं की इस संसाधनविहीन दशा में सुधार (विशेषकर उन्हें तलाक और उत्तराधिकार का अधिकार देने) के लिए विधायी प्रयास होने लगे थे। सरकार ने 1941 में हिंदू संहिता समिति का गठन किया जिसने इसके लिए दो विधेयकों का प्रस्ताव रखा था। किंतु वे कट्टरवादियों के घोर विरोध के कारण विफल हो गए थे। संशोधित विधेयक मार्च 1943 में प्रस्तुत किया गया था और संसद में पहली चर्चा के बाद उन्हें बी.एन. राऊ की अध्यक्षता में विशेषज्ञ समिति को सौंप दिया गया, क़ानून मंत्री के रूप में अंबेडकर इसका मार्गदर्शन कर रहे थे। नया विधेयक तैयार करने में अंबेडकर ने प्रारूप में कुछ परिवर्तन किए, विशेष रूप से दायभाग परंपरागत क़ानूनी प्रणाली को लेकर, जिसमें

प्रत्येक उत्तराधिकारी को पूर्ण संपत्ति अधिकार था, इसे मूल रूप से प्रस्तावित मिताक्षर की जगह संशोधित क़ानून का आधार बनाया गया, जिसमें व्यक्तिगत दावे समान उत्तराधिकार प्रतिबंधों के अधीन थे। व्यक्तिगत अधिकारों के प्रति यह अभिमुखता उनके समग्र दर्शन के संगत थी।

नया विधेयक 16 अगस्त 1948 को प्रस्तुत किया गया था। इसे अनेक मुश्किलों का सामना करना पड़ा। तीन वर्षों तक यह विवादास्पद बहस के कारण लंबित रहा जिसमें पुरातनपंथी हिंदू-विवाह की पवित्र प्रकृति की घोषणा करके इसका विरोध कर रहे थे। विवाह और परिवार को हिंदू समाज की सच्ची नींव घोषित किया गया और कहा गया कि विवाह विच्छेद हज़ारों वर्षों से चले आ रहे इस समाज को नष्ट कर देगा। विधेयक का समर्थन कर रही महिलाओं पर 'अत्यधिक आक्रामक' होने का आरोप लगाया गया क्योंकि उन महिलाओं को 'शानदार साड़ियों का उपयोग और अपना श्रृंगार करना' था। एक परंपरावादी ने पूछा कि क्या ऐसे क़ानून बनाए जाएंगे जिसमें पति को खाना बनाने के लिए कहा जाएगा। इस विधेयक का विरोध करते हुए श्यामा प्रसाद मुखर्जी ने धमकी दी कि यदि विधेयक पारित हो जाता है तो इससे तूफान खड़ा हो जाएगा। उन्होंने पाश्चात्य देशों में लिंगों के कुसमायोजन की आलोचना की और यह तर्क दिया कि कोई भी परिवर्तन स्वैच्छिक होना चाहिए। (अंबेडकर, 1995, 14, बी के 2:891, 1002) संसद के बाहर, पुरातनपंथियों ने विशेषकर दिल्ली और कलकत्ता में मोर्चों और प्रदर्शनों का आयोजन किया। एक मोर्चा साधुओं का था, जिसके बारे में अंबेडकर की युवा महिला अनुयायी शांताबाई दानी, अंबेडकर द्वारा प्रदर्शनकारियों से कही गई बात का स्मरण करते हुए बताती हैं कि उन्होंने कहा—'मैं समझ नहीं पा रहा हूं कि आप साधुओं को उत्तराधिकार के बारे में चिंता क्यों है?' (साक्षात्कार, शांताबाई दानी, 3 जनवरी 1976)

यह विधेयक 18 सितंबर 1951 को अपने अंतिम पाठ के लिए आया। इस बहस को खींचा गया और एक खंड पर बहस करते हुए पूरा दिन

व्यतीत किया गया। 20 सितंबर को अंबेडकर ने एक लंबा भाषण दिया, जिसमें उन्होंने आलोचनाओं का उत्तर दिया और ज़ोर देकर यह कहा कि हिंदू समाज की अपरिवर्तित प्रकृति और इसकी उत्तरजीविता के बारे में दलीलों का कोई अर्थ नहीं है। अपितु उन्होंने यह कहा कि प्रश्न यह है कि जो उत्तरजीवी है उसकी गुणवत्ता क्या है। उन्होंने कहा कि प्रस्तावित नई विवाह प्रथा पश्चिम का अनुकरण नहीं है, अपितु यह स्वतंत्रता, समानता और बंधुत्व के मूल्यों पर आधारित है जो हमारे संविधान में शामिल हैं। इसके विपरीत उन्होंने कहा पुरातनपंथियों का 'पवित्र विवाह' "पुरुष के लिए बहुपत्नी-सुविधा और स्त्री के लिए चिरस्थायी दासता है।" (अंबेडकर, 1995 14 बी के 2:1161) इसके बाद समाचार-पत्रों में उनकी घोर आलोचना की गई और उन पर राम और सीता जैसे हिंदू आदर्शों के अपमान का आरोप लगाया गया। प्रत्यक्ष रूप से एक अस्पृश्य के लिए हिंदू सामाजिक विधान में परिवर्तन करना, संविधान का प्रारूप तैयार करने में सहभागी होने की अपेक्षा अधिक बड़ा पाप था।

यह विधेयक अंततः पारित नहीं हुआ और नेहरू ने हालांकि इस विधेयक का समर्थन करने का वचन तो दिया था, किंतु कभी भी व्हिप जारी नहीं किया और वे स्पष्ट रूप से कांग्रेस के रूढ़िवादी सदस्यों से न तो अपनी बात मनवा सके और न ही वे ऐसा करने के इच्छुक थे। यह अंबेडकर की अंतिम आशा थी, जो बीमार थे और सरकार से दुखी और निराश थे। 10 अगस्त को उन्होंने यह कहते हुए नेहरू को पत्र लिखा कि वे त्यागपत्र देने का विचार कर रहे हैं और नए हिंदू संहिता विधेयक के पारित नहीं होने से इसकी पुष्टि हो गई। उन्होंने 27 सितंबर को अपना त्यागपत्र दे दिया और संसद में 10 अक्तूबर 1951 को वक्तव्य दिया। विधेयक का पारित नहीं होना उनके त्यागपत्र देने के अनेक कारणों में से एक था। इन कारणों में एक कारण यह भी था कि वे विधि मंत्रालय के स्थान पर योजना आयोग का नेतृत्व करना चाहते थे। उन्होंने सरकार पर अनुसूचित जातियों की सतत उपेक्षा का आरोप लगाया। उन्होंने

भारत की विदेश नीति का उल्लेख किया और कहा कि चीन के साथ मित्रता के कारण संयुक्त राज्य अमरीका के साथ विमुखता हुई जिसे वे नेहरू की अपेक्षा लोकतांत्रिक शक्ति के रूप में अधिक निकट मानते थे। कश्मीर के निरंतर विवादास्पद मुद्दे के संबंध में उन्होंने इसके विभाजन का सुझाव दिया और कहा कि मुस्लिम क्षेत्र पाकिस्तान को दे दिया जाए।

किंतु विवाद का मुख्य मुद्दा हिंदू संहिता विधेयक था, और उन्होंने अपने त्यागपत्र और भाषण के अंत में इसके महत्व के बारे में निम्नलिखित वक्तव्य दिया जिसकी आज भी ज़ोरदार प्रतिनिधि सुनाई पड़ती हैः

> हिंदू संहिता इस देश में विधानमंडल द्वारा अभी तक किए गए सामाजिक सुधार उपाय में सबसे महान था। इसके महत्व की तुलना किसी भी कानून से... न विगत में... न भविष्य में, नहीं की जा सकती है। वर्ग और वर्ग में असमानता, लिंग संबंधी भेद जो कि हिंदू समाज की आत्मा है, को अछूता छोड़ देना और आर्थिक समस्याओं से संबंधित विधेयक पारित करते जाना हमारे संविधान का मख़ौल उड़ाना और गोबर के ढेर पर महल खड़ा करना है (अंबेडकर, 1995, 14 बी के 1:1325)

यह अत्यंत ही अद्‌भुत छवि थी। इससे पता चलता था कि नियोजित, राज्य निर्देशित और मुख्य रूप से राज्य के स्वामित्व वाली अर्थव्यवस्था के आविर्भाव से जो आर्थिक परिवर्तनवाद दिखाई पड़ा, वह सामाजिक परिवर्तनवाद से मेल नहीं खाता था। अंबेडकर की दृष्टि में नेहरू ने ब्राह्मणवादी हिंदू पुरातनपंथी संसद सदस्यों के सामने घुटने टेक दिए। गोबर के ढेर की छवि मार्क्सवाद की प्राचीन अधिसंरचना आधारित छवि के आधार का परावर्तन थी; अब यह पितृसत्तावाद और जाति थी। यहां वर्ग और वर्ग का स्पष्ट रूप से जाति संदर्भ था—जो बुनियाद का निर्माण करता है, जबकि इस पर बना भवन आर्थिक संबंधों का प्रतिनिधित्व

करता है। संभवतः विदेश नीति के बारे में उनका हवाला भी उतना ही महत्वपूर्ण था जो समाजवादी देशों से बढ़ते हुए अलगाव का सूचक प्रतीत होता था। यह चीन द्वारा भारत के उत्तर में स्थित बौद्ध देश तिब्बत के अधिग्रहण के पश्चात और बढ़ गया।

आर्थिक नीतियों के बारे में उनके द्वारा पुनर्विचार की बुनियाद में ये सभी बातें थीं जो जनवरी 1952 के चुनावों के लिए एस.सी.एफ़. के द्वारा जारी चुनाव घोषणा-पत्र में स्पष्ट हो गईं। इसमें समाजवाद का कोई उल्लेख नहीं था और राज्य के स्वामित्व वाले उद्योगों का बहुत ही कम उल्लेख था। सिर्फ़ बीमा के राष्ट्रीयकरण का आह्वान किया गया था। इसके बजाय, भारतीय ग़रीबी के संबंध में आर्थिक विकास पर ज़ोर दिया गया था। मद्य निषेध को पागलपन बताकर इसकी इस आधार पर निंदा की गई कि करारोपण राजस्व का मुख्य स्रोत हो सकता है। अंबेडकर ने व्यवहारवादी आधार पर आर्थिक नीति को देखा था।

> पार्टी की नीति साम्यवाद, समाजवाद, गांधीवाद जैसे किसी विशेष मतवाद या विचारधारा से बंधी हुई नहीं है। पार्टी जन्म का ख़्याल किए बिना लोगों के उत्थान के लिए कोई भी सामाजिक और आर्थिक योजना स्वीकार करने को तैयार रहेगी, बशर्ते यह इसके सिद्धांतों के संगत हो। जीवन के संबंध में इसका दृष्टिकोण पूरी तरह से विचारशील और आधुनिक होगा। (खैरमोडे, 2000ए, 10 : 153)

उद्योगों का संगठन किसी भी मतवाद या पैटर्न से बंधा हुआ नहीं होगा। यह निर्णय कि किस को उपक्रम रखा जाए अथवा राष्ट्रीयकृत (इसे सार्वजनिक क्षेत्र का भाग बनाना) रखें, इस बात पर निर्भर करेगा कि क्या इस तरह का राष्ट्रीयकरण संभव और अनिवार्य था, कोई भी पूर्व विचारित पैटर्न नहीं होगा। व्यवहारवाद पर यह आग्रह और प्रभावशाली विकासात्मक नीति नई थी, किंतु अंबेडकर की कल्याण और औद्योगीकरण

के प्रति चिंता बनी रही। कृषि के क्षेत्र में, घोषणा-पत्र में मशीनीकरण पर बल दिया गया था, जिसमें राज्य द्वारा उपकरण उपलब्ध कराए जाएंगे। इसमें सामूहिक अथवा सहकारिता के आधार पर बड़े खेतों की स्थापना का आग्रह किया गया था और यह मांग की गई थी कि अस्पृश्यों को वह भूमि दे दी जाए जिन्हें परती अथवा बंजर भूमि घोषित कर दिया गया था। इससे अंबेडकर की कृषक खेती के प्रति नकारात्मक अभिवृत्ति का पता चलता है। घोषणा-पत्र में भाषायी प्रांतों का समर्थन किया गया था। इसमें कहा गया था कि चुनावी गठबंधन करने के लिए उन पार्टियों को प्राथमिकता दी जाएगी जो पिछड़े वर्गों और अनुसूचित जनजातियों का प्रतिनिधित्व करती हैं और यदि आवश्यक हुआ तो एस. सी.एफ़. अपना नाम बदलकर बैकवर्ड क्लासिज़ फ़ेडरेशन भी रख लेगी ताकि इसमें अन्य पिछड़े वर्गों का भी प्रतिनिधित्व हो। (एक तरह से यह 1980 के दशक में बहुजन समाज पार्टी द्वारा स्वीकार की गई नीति की भविष्यवाणी थी।) आने वाले चुनावों में कांग्रेस, सांप्रदायिक पार्टियों अथवा साम्यवादियों के साथ कोई गठबंधन नहीं किया जाएगा। घोषणा-पत्र में सुझाव दिया गया था कि पार्टी को ब्रिटिश लेबर पार्टी जैसा बनना चाहिए जो आई.एल.पी. के लिए प्रेरणा का स्रोत थी, किंतु यह विचारधारा के रूप में अधिक था।

चुनाव अभियान के दौरान यद्यपि एस.सी.एफ़. ने सोशलिस्ट पार्टी के साथ गठबंधन किया था, परंतु अंबेडकर ने पुनः इस बात पर ज़ोर दिया कि यह गठबंधन सिर्फ़ चुनाव के लिए है क्योंकि वे किसी भी वाद का अनुसरण नहीं करते हैं–अर्थात यथार्थवाद और तर्कवाद ही पार्टी के कार्यक्रम के आधार थे। समाजवाद की अपेक्षा लोकतंत्र के प्रति उनका बढ़ता रुझान तब स्पष्ट हुआ जब 22 दिसंबर, 1952 को उन्होंने पुणे में डिस्ट्रिक्ट लॉ क्लब लाइब्रेरी के लिए संसदीय लोकतंत्र के संबंध में भाषण दिया था। इससे पहले उन्होंने इस विषय के संबंध में जॉन डेवी के एक पुराने निबंध की एक प्रति की समीक्षा

की थी। उन्होंने लोकतंत्र के लिए पूर्व शर्त के रूप में क़ानून के
सम्मुख समानता, समाज में एक नैतिक व्यवस्था, सार्वजनिक अंतरात्मा
की क्रियाशीलता और समाज में अत्यधिक असमानताओं की कमी पर
बल दिया। अंतरराष्ट्रीय मुद्दों पर उनके विचार 26 अगस्त 1954 को
राज्य सभा में उनके द्वारा दिए गए भाषण से स्पष्ट होते हैं जिसमें
उन्होंने सरकार की रूस समर्थक नीति की पुनः आलोचना की और
कहा कि साम्यवाद 'दावाग्नि' की भांति है जो किसी भी चीज़ और
हर उस चीज़ को जला देती है जो उसके मार्ग में आती है। (खैरमोडे,
200 बी, 11:03) उन्होंने अपना मुख्य उदाहरण पूर्वी यूरोप में सोवियत
संघ से लिया, किंतु उन्होंने चीनियों को ल्हासा पर क़ब्ज़ा करने देने
का भी उल्लेख किया। उनकी काठमांडू यात्रा के पश्चात तिब्बत और
बौद्ध मत के प्रति उनकी बढ़ती हुई चिंता ज़रूर उनके मन में रही
होगी।

इन सभी भाषणों, घोषणा-पत्रों, और व्याख्याओं से पता चलता है
कि वे राज्य-समाजवाद के आर्थिक पैटर्न की अपनी पहले की दलीलों
से स्पष्ट रूप से पीछे हट रहे थे। वे अभी भी राज्य की कार्रवाई के
प्रति उत्सुक थे, जैसा कि योजना आयोग में उनकी रुचि से स्पष्ट था।
किंतु उनका इस बात से पलटना कि कोई मतवाद नहीं होगा, कोई
पूर्वविचारित पैटर्न नहीं होगा, मार्क्सवादी अर्थशास्त्र से सचेत अलगाव को
दिखाता था। दूसरे शब्दों में, वे सामाजिक लोकतंत्रवादी बन रहे थे। उनके
लेखों और भाषणों से पता चलता है कि यह प्रक्रिया बौद्ध मत के प्रति
उनके बढ़ते हुए रुझान से संबंधित थी। वास्तव में मार्क्सवाद की शक्ति
इसके एकाधिकारवादी सिद्धांत के रूप में है; इसके धार्मिक पहलू को
हटा दें, और यह उसके प्रति ग्रहणशील है जिसे अन्यथा पुनर्विचारवादी
कहा जाता है। अंबेडकर मार्क्सवादी सिद्धांत की तुलना बौद्ध मत से
कर रहे थे और यह तुलना अनिवार्य रूप से आर्थिक संगठन संबंधी उनके
विचारों को भी प्रभावित करने वाली थी।

1956 में अंबेडकर ने मार्क्सवाद बनाम बौद्धमत विषय पर काठमांडू में विश्व बौद्ध सम्मेलन को संबोधित किया। उनके भाषण में एक अप्रकाशित लेख की छाया थी, जिसका शीर्षक 'बुद्ध या कार्लमार्क्स' था। (अंबेडकर, 1987, 3 : 441-62 में प्रकाशित) इसमें उन्होंने मार्क्सवाद–जिसमें वर्ग संघर्ष, शोषण और राष्ट्रीयकरण अथवा निजी संपत्ति का उन्मूलन भी शामिल है–की प्रस्थापना का खाका खींचा था और इसे मानवीय दुखों का समाधान बताया था। उन्होंने उल्लेख किया कि इनमें से अनेक प्रस्थापनाएं तर्क और अनुभव के कारण नष्ट हो चुकी थीं। फिर भी उन्होंने कहा 'अग्नि का अवशेष' बचा हुआ है। इसमें वर्ग संघर्ष की अवधारणा, शोषण की बुनियाद के रूप में निजी संपत्ति और निजी संपत्ति के उन्मूलन की आवश्यकता और यह विचार कि 'दर्शन का कार्य विश्व की पुनर्रचना करना है' सम्मिलित है। शेष निबंधों में उन्होंने यह स्पष्ट किया कि वे राष्ट्रवाद को उन्मूलन के रूप में क़तई नहीं देखते हैं, अपितु भिखु संघ का स्वैच्छिक साम्यवाद एक बेहतर विकल्प है। उन्होंने मौलिक बौद्ध धर्मग्रंथों के प्रारंभिक सूत्रों में से एक 'दीर्घ निकाय' के 'चकवातिसूत' को पुनः कहा जिसमें कहा गया था कि साम्राज्य का पतन इसलिए हो गया क्योंकि वह निर्धनों को धन नहीं उपलब्ध करा सका। इस कहानी से यह संदेश मिलता था कि राज्य के कल्याणकारी कार्य महत्वपूर्ण थे। किंतु उन्होंने गृहस्थों (निजी व्यक्तियों) द्वारा विधिसम्मत और ईमानदारी से संपत्ति अर्जित करने पर भी बल दिया था। अंबेडकर ने पाली ग्रंथों का अध्ययन किया था, जिनमें व्यापारियों को काफ़ी सम्मान दिए जाने और उनके द्वारा धन अर्जित किए जाने तथा उस अर्जित धन का तब तक उपभोग करने का उल्लेख किया गया था जब तक कि ऐसा ईमानदारीपूर्वक किया गया है। उनके समग्र आर्थिक चिंतन पर इन ग्रंथों का स्पष्ट रूप से प्रभाव पड़ा था।

उन्होंने स्वतंत्रता, समानता और भ्रातृत्व की आवश्यकता का हवाला देते हुए अपने निबंध का उपसंहार किया था।

फ्रांस की क्रांति का स्वागत उसके नारे के कारण हुआ था। यह समानता स्थापित करने में विफल रहा। हम रूस की क्रांति का स्वागत इसलिए करते हैं कि इसका लक्ष्य समानता लाना है। किंतु इस पर बहुत अधिक बल नहीं दिया जा सकता क्योंकि समानता स्थापित करने में समाज, भ्रातृत्व अथवा स्वतंत्रता का बलिदान नहीं कर सकता... ऐसा प्रतीत होता है कि तीनों का अस्तित्व सिर्फ़ तभी रह सकता है जबकि बुद्ध के बताए मार्ग का अनुसरण किया जाए। (अंबेडकर, 1987, 3:462)

दूसरे शब्दों में, बौद्धमत अंबेडकर को आर्थिक संगठन के अधिक व्यावहारिक दृष्टिकोण की ओर ले जा रहा था और यह दृष्टिकोण 1952 के चुनावों में एस.सी.एफ़. के चुनाव घोषणा-पत्र में भी प्रतिबिंबित हुआ था।

हालांकि, पार्टी को चुनाव में सफलता नहीं मिली। एस.सी.एफ़. ने कुछ सीटें जीतीं। राजभोज और बी.सी. कांबले क्रमशः संसद और बंबई विधान सभा के लिए चुने गए किंतु और कोई नहीं जीता। स्वतंत्रता की लड़ाई जीतने वाली कांग्रेस की छवि का जादू अभी भी बरकरार था। किंतु 1957 के चुनावों में ही, जब एस.सी.एफ़. ने (रिपब्लिकन पार्टी ऑफ़ इंडिया के अपने नए रूप में) संयुक्त महाराष्ट्र समिति का अंग बनकर चुनाव लड़ा तो इसे महत्वपूर्ण विजय प्राप्त हुई। यह समिति वामपंथी पार्टियों का एक व्यापक गठबंधन थी, जिसका लक्ष्य मराठी-भाषियों के लिए पृथक राज्य का गठन था, किंतु यह अंबेडकर के निधन के पश्चात हुआ। 1952 में समाजवादियों और दलितों दोनों का प्रदर्शन ख़राब रहा था। अंबेडकर स्वयं अपने गढ़ बंबई में हार गए और इस पराजय के लिए उन्होंने साम्यवादियों को ज़िम्मेदार ठहराया। वास्तव में, साम्यवादियों और अंबेडकर के मतदाता बंबई में एक ही क्षेत्र में थे—कपड़ा मिल जहां दलित और अन्य पिछड़े वर्ग काफ़ी पहले से बसे थे और मज़दूरी कर रहे थे। अंबेडकर ने जनवरी 1952 में न्यायालय में वाद दायर किया

जिसमें एस.ए. डांगे के नेतृत्व में साम्यवादियों के विरुद्ध चुनावी धोखाधड़ी का आरोप लगाया गया था। यह तर्क बहुत ही सामान्य था। तत्कालीन चुनाव प्रणाली में आरक्षित चुनाव क्षेत्रों को आम चुनाव क्षेत्रों के साथ इकट्ठा कर दिया गया और मतदाताओं को दो मत, अर्थात प्रत्येक सीट के लिए एक-एक मत देने का अधिकार था। इस चुनाव में 78,000 वोट रद्द कर दिए गए। इनमें से आधे डांगे के पक्ष में दिए गए थे और अंबेडकर ने दावा किया कि साम्यवादियों ने उनके ख़िलाफ़ प्रचार किया था कि मतदाताओं ने एक ही उम्मीदवार के पक्ष में मतदान किया जोकि अवैध था। यद्यपि वे यह केस हार गए किंतु अंबेडकर का क्रोध कम नहीं हुआ। वे संसद में राज्यसभा के सदस्य के रूप में बने तो रहे किंतु इसका अर्थ था कांग्रेस पर उनकी निरंतर निर्भरता।

इतना होने पर भी, अंतरराष्ट्रीय स्तर पर उनका महत्व बढ़ता ही जा रहा था। जून 1952 में उन्हें एक और सम्मान प्राप्त हुआ—कोलंबिया विश्वविद्यालय ने उन्हें डॉक्टर ऑफ लॉ की मानद उपाधि प्रदान की। वे अमरीका गए और अपने निरंतर ख़राब होते स्वास्थ्य के लिए वहां अस्पताल भी गए। प्रशस्ति में उनकी डिग्रियों का उल्लेख किया गया और उन्हें संविधान का निर्माता, मंत्रिमंडल और राज्यसभा का सदस्य, भारत का अग्रणी नागरिक, एक महान समाज सुधारक और मानवाधिकारों का सजग समर्थक बताया गया। (खैरमोडे, 2000 ए, 10:280) क्या इस तरह के मानवाधिकार स्वतंत्र भारत में कार्यांवित किए जाएंगे, क्या समाज के भवन के नीचे दबा सामाजिक न्याय के गोबर का ढेर साफ़ किया जाएगा—यह अभी भी अनिश्चित था।

नौ

'बुद्धम् शरणम् गच्छामि'

जीवन का उत्तरार्ध

जहां एक ओर नवस्वतंत्र राष्ट्र भारत अपने जातिगत तथा पुरुष सत्तात्मक समाज की मूल समस्याओं का हल ढूंढ़े बिना ही समाजवादी समाज की स्थापना का दावा करते हुए अपने भविष्य की ओर अग्रसर था, वहीं अंबेडकर बुद्ध धर्म के समीप होते जा रहे थे। बुद्ध धर्म उन्हें मुक्ति का मार्ग लग रहा था।

1950 का दशक ज्यों-ज्यों आगे बढ़ रहा था, अंबेडकर के मन में कई और मुद्दे हिलोरे मार रहे थे। इनमें सबसे बड़ा मुद्दा दलितों के राजनीतिक भविष्य को लेकर और भाषायी आधार पर महाराष्ट्र का पृथक प्रांत के रूप में वजूद में आने का मुद्दा था।

दलितों के प्रतिनिधित्व के लिए एस.सी.एफ़. के आधार को विस्तृत करने का प्रस्ताव था। हालांकि इस पार्टी का राष्ट्रव्यापी नेटवर्क था, लेकिन इसके स्वरूप का निर्माण अंबेडकर द्वारा नहीं हुआ था। उनके आदर्शों पर निर्मित सबसे पुरानी पार्टी थी—इंडिपेंडेंट लेबर पार्टी। यह दलित-आधारित पार्टी थी लेकिन इसमें सभी ग़रीबों के हितों को ध्यान में रखकर कार्यक्रम बनाए गए थे। यही कारण था कि ग़ैर-दलित मतदाताओं में भी इसकी पैठ थी। ऐसा सिर्फ़ इसलिए था कि दलितों के लिए सीमित पार्टी बनाने

के लिए सरकार ने अछूतों के उनके प्रतिनिधित्व के बारे में सबूत की मांग की थी। अब जबकि दलितों के आरक्षण की व्यवस्था इत्यादि जैसी कई महत्वपूर्ण मांगें मान ली गई थीं और वयस्क मताधिकार के आधार पर अन्य राजनीतिक दलों से प्रतिस्पर्धा कर पाने की चुनौती महसूस की गई, अतः पार्टी के जनाधार को बढ़ाए जाने का मुद्दा उभर कर सामने आया। यह मुद्दा स्वतंत्र भारत में दलितों के नेतृत्व में बढ़ोत्तरी किए जाने के मुद्दे से जुड़ गया जिसके बारे में एक सामान्य आंदोलन चलाया जा रहा था। अंबेडकर सभी मोर्चों पर दलितों की वृहत पहचान दर्ज कराना चाहते थे। अतः यह स्वाभाविक ही था कि पार्टी के आधार को विस्तृत किया जाए।

उन्होंने समाजवादी की जगह लोकतांत्रिक विरासत से जुड़ने का निर्णय लिया। यह उनकी राजनीतिक तथा आर्थिक सोच की दिशा में परिवर्तन को दर्शाता है। उन्होंने कहा कि उनकी नई पार्टी स्वतंत्रता, समानता तथा भ्रातृत्व के सिद्धांतों पर आधारित होगी, लेकिन लाल झंडे वाली पूर्व पार्टी आई.एल.पी. की तरह इसकी छवि उग्रवादी कामगार वाली नहीं होगी। अंबेडकर ने नई पार्टी का नाम 'रिपब्लिकन पार्टी' रखने का निर्णय लिया। यह लिंकन की पार्टी का नाम था जिसने अमेरिका में दास प्रथा को समाप्त कराया था। 'द रिपब्लिकन पार्टी ऑफ़ इंडिया' (आर.पी. आई.) का विस्तृत सामाजिक-लोकतांत्रिक कार्यक्रम तय किया गया जो भारत में विद्यमान जाति प्रथा का विरोधी था। इसका ढांचा पुरानी पार्टी एस.सी.एफ़. तथा दलित आधारित था। पार्टी ने समस्त पददलित वर्ग की आकांक्षाओं को लेकर चलने का निर्णय लिया। आर.पी.आई. का औपचारिक गठन अंबेडकर की मृत्यु के पश्चात ही हो सका, लेकिन पार्टी का आधार उन्होंने पहले ही तैयार कर दिया था।

दूसरा लंबित मामला भाषायी राज्यों का, विशेषकर महाराष्ट्र का, था। भारत में भाषायी आधार पर राज्यों के सृजन की मांग उठ रही थी। तेलुगु भाषी राज्य की मांग तेज़ी पकड़ रही थी। 1953 में इस मांग

को लेकर भूख-हड़ताल के दौरान एक कांग्रेसी कार्यकर्ता की मृत्यु हो जाने के पश्चात अंबेडकर ने राज्यसभा में इसके समर्थन में वक्तव्य दिया। 1955-56 में मराठी भाषी लोगों ने बंबई को शामिल करते हुए संयुक्त महाराष्ट्र की मांग की। अंबेडकर ने इसे भी अपना समर्थन दिया। उन्होंने पहले से ही चार मराठी भाषी राज्यों की मांग की थी, लेकिन बाद में संयुक्त महाराष्ट्र की मांग ज़ोर पकड़ने लगी। अंबेडकर कांग्रेस के उस प्रस्ताव के सख़्त विरोधी थे जिसमें पृथक गुजराती भाषी तथा मराठी भाषी राज्यों के निर्माण का प्रावधान था लेकिन बंबई को अलग रखे जाने का विचार था जो द्विभाषायी राज्य होगा। उनका मत था कि इससे गुजरात की राजधानी होने तथा मराठी भाषी लोगों की संख्या अधिक होने के कारण बंबई 'गुजरात का मराठवाड़ा' बन जाता। अंबेडकर ने संयुक्त महाराष्ट्र के निर्माण के लिए हुई एक बहुत बड़ी रैली में हिस्सा लिया। अंबेडकर की मृत्यु के पश्चात रिपब्लिकन पार्टी का औपचारिक रूप से संयुक्त महाराष्ट्र समिति में विलय हो गया। यह एक बड़ा गठबंधन था जिसमें केवल वामपंथी पार्टियां शामिल थीं। 1957 के चुनाव में इस गठबंधन को राज्य विधानसभा तथा लोकसभा दोनों के ही लिए महत्वपूर्ण सफलता मिली।

इन सभी कार्यों के बावजूद और उनके गिरते स्वास्थ्य तथा लिखने के दबाव के होते हुए भी धर्मांतरण का मुद्दा अंबेडकर के मन में प्रमुखता से बसा हुआ था। 1940 के दशक में भारत के दलितों को बौद्ध धर्म एकमात्र विकल्प प्रतीत होने लगा था।

एक समय ऐसा आया कि दलितों द्वारा सामूहिक रूप से बौद्ध धर्म अपनाया जाने लगा। बौद्ध धर्म के पुनर्जागरण के पश्चात उच्च जाति के लोगों द्वारा छिटपुट तौर पर इस धर्म को अपनाया जाने लगा, लेकिन उन्नीसवीं सदी के पश्चात बौद्ध धर्म का प्रथम वृहत पुनरुत्थान दलितों द्वारा ही हुआ। इसमें तमिलनाडु के पंडित इयोथी थास का नाम प्रमुखता से लिया जा सकता है जिन्होंने थियोसोफ़िकल सोसाइटी के कर्नल ऑलकॉट

को मद्रास बुलाया और बाद में श्रीलंका जाकर वहां के महान बौद्ध गुरु अंगारिका धर्मपाल तथा अन्य प्रमुख बौद्ध धर्मावलंबियों से मुलाकात की। उन्होंने तथा उनके अनुयायियों ने मिलकर 1901 में शाक्य बुद्धिस्ट सोसाइटी की स्थापना की थी। यह नाम बुद्ध के शाक्य वंश से लिया गया है। इयोथी थास तथा उनके अनुयायी उन्हें तमिल पेरियाओं के पूर्वज मानते थे। इयोथी थास के लिए बौद्ध धर्म में शामिल होना दलितों का अपने पुराने धर्म में लौटना था। 1920 के दशक में अन्य दलित नेताओं ने भी बौद्ध धर्म के प्रति रुझान प्रकट किया। इनमें भाग्यरेड्डी वर्मा जो हैदराबाद आदि-हिंदू आंदोलन के प्रथम चरण के नेता थे तथा उत्तर प्रदेश के अच्युतानंद शामिल थे, जिन्होंने अपने राज्य में उक्त आंदोलन को प्रचारित-प्रसारित किया था, उनका मानना था कि रविदास तथा कबीर जैसे संत बौद्ध धर्म के ही प्रचारक थे। 1920 के दशक में केरल के दलितों तथा अन्य पिछड़े वर्ग के लोगों में भी बौद्ध धर्म अपनाने की चर्चा होने लगी। हालांकि अंत में श्री नारायण गुरु का वेदांतवादी सिद्धांत हावी रहा।

वर्ष 1940 में अंबेडकर ने लक्ष्मी नरसू का महत्वपूर्ण सर्वेक्षण 'द एसेंस ऑफ़ बुद्धिज़्म' प्रकाशित किया। इसमें बौद्ध धर्म की आधुनिक व्याख्या की गई थी जिसमें पुनर्जन्म के लिए धर्म को नकारा गया था और अध्यापन के सामाजिक पहलू पर बल दिया गया था। नरसू ने लिखा (1993, 32) :

शरीर विज्ञान के दृष्टिकोण से विचार करें, तो किसी भी व्यक्ति का उसकी आने वाली पीढ़ियों के माध्यम से पुनर्जन्म होता है और उसका शारीरिक कर्म उनमें स्थानांतरित हो जाता है। आचार के दृष्टिकोण से विचार करें तो व्यक्ति का मानसिक जीवन समस्त समुदाय के मानसिक जीवन से, जिसका वह सदस्य होता है, पृथक नहीं किया जा सकता।

नरसू तथा अन्य शाक्य बौद्ध धर्मावलंबियों द्वारा बौद्ध धर्म की यह सामाजिक तथा नैतिक व्याख्या अंबेडकर के 'द बुद्धा एंड हिज़ धम्म' पुस्तक में भी मिलती है। अंबेडकर ने 'जनता' में भी ऐसे लेख लिखना शुरू कर दिया और बौद्ध धर्म के महत्व की व्याख्या करने लगे।

बौद्ध धर्म का चयन अपरिहार्य विकल्प रह गया था, विशेषकर 1930 के दशक में वित्तीय तथा संगठनात्मक रूप से मज़बूत समुदाय के साथ जुड़ने की आवश्यकता महसूस की गई। बौद्ध धर्म की दुनिया-भर में उपस्थिति थी। लेकिन भारत में इसका प्रभाव कम था, दक्षिणी शाक्य बुद्धिस्ट सोसाइटी 1920 में मृतप्राय हो चुकी थी और इसके पास दलितों के लिए संसाधन के नाम पर कुछ भी नहीं था। हालांकि धर्मांतरण से दलितों को होने वाले फ़ायदे से अंबेडकर असंबद्ध हो गए थे। अब तक दलितों में स्वयं इतनी क्षमता उत्पन्न हो गई थी कि वे संगठनात्मक संरचना का सृजन करने की स्थिति में थे और कोष का भी सृजन कर सकते थे। इस संदर्भ में बौद्ध धर्म के अंतर्गत कुछ किया जा सकता था। बौद्ध समुदाय का सबसे बड़ा हिस्सा होने के कारण दलित बौद्ध धर्म के लिए इसकी अपनी जन्मभूमि भारत में बहुत कुछ कर सकते थे।

भारत में विशेषकर महाराष्ट्र में दलित समुदाय की ओर से बौद्ध धर्म के प्रति अनुकूल माहौल था। वसंत मून ने अपनी आत्मकथा 'ग्रोइंग अप अनटचेबल इन इंडिया' (2001) में इस बारे में लिखा है। दलित वर्ग के पढ़े-लिखे लड़ाकू युवाओं ने जो 'हरिजन' उद्बोधन को अस्वीकार करते थे और गलियों में हिंदू जाति के अन्य लोगों से हमेशा लड़ने के लिए तत्पर रहते थे, एक सांस्कृतिक पुनर्जागरण की शुरुआत की। वे लोग पुराने रीति-रिवाजों की ख़िलाफ़त करते थे, हिंदू पर्व-त्योहारों का बहिष्कार करते थे, मूर्तियों को तोड़ डालते थे क्योंकि देवी-देवताओं की मूर्तियों को वे दासता का प्रतीक मानते थे। वे बुआओं, बाबाओं तथा साधुओं से बहस करते थे और इनमें से अधिकांश को अपने आंदोलन में शामिल

कर लेते थे। पढ़े-लिखे युवाओं ने ग्रंथालयों की स्थापना की और वे उच्च जाति के बौद्ध मतावलंबियों को व्याख्यान के लिए बुलाते थे। 1950 के दशक तक बौद्ध धर्म की ओर यह सामूहिक रुझान स्पष्ट हो गया था।

इस पूरी अवधि के दौरान, विधि मंत्री के पद से त्यागपत्र देने के पश्चात भी अंबेडकर ने अपना दिल्ली आवास बनाए रखा। उनका स्वास्थ्य ख़राब रहता था। उन्हें मधुमेह, गठिया, उच्च रक्तचाप तथा पैर में दर्द रहता था। इस सबके बावजूद वे देर तक काम करते थे और अक्सर देर रात तक लेखन कार्य करते थे।

उनके अध्ययन का केंद्र अब बौद्ध साहित्य था। उन्होंने शब्दकोश की मदद से पाली सीखनी शुरू की। वे परिभाषाओं को मराठी तथा गुजराती भाषा में लिखने लगे। सन् 1949 से ही वे निजी बातचीत में बौद्ध धर्म पर चर्चा करते थे। 1950 में उन्होंने 'जर्नल ऑफ़ द महाबोधि सोसाइटी' में 'द बुद्धा एंड द फ़्यूचर ऑफ़ हिज़ रिलीजन' शीर्षक से लेख प्रकाशित किया, जिसमें उन्होंने लिखा कि बौद्ध धर्म पूरी दुनिया का धर्म बनना चाहिए। उनके शब्द हैं–"यदि नई दुनिया पुरानी दुनिया से भिन्न है तो नई दुनिया को पुरानी दुनिया से अधिक धर्म की आवश्यकता है और वह धर्म बौद्ध धर्म ही हो सकता है।" (संघरक्षित, 1986, 71) दिसंबर 1950 में उन्होंने विश्व बौद्ध सम्मेलन में शिरकत की और जुलाई 1951 में उन्होंने भारतीय बौद्ध जनसंघ की स्थापना की, जो मई 1955 में भारतीय बौद्ध महासभा बन गया।

बौद्ध धर्म को उचित धर्म मानने के पीछे इस धर्म में छिपी नैतिकता तथा विवेकशीलता थी। यह अंबेडकर का यक़ीन था कि नई दुनिया में नैतिकता पर आधारित धर्म की ज़रूरत है। इस पैमाने पर बौद्ध धर्म खरा उतरता है, क्योंकि ईसा पूर्व प्रथम सहस्राब्दी के समाज में भी आज जैसी ही उथल-पुथल थी। आज आर्थिक विकास की पूरी संभावना है, लेकिन ग़रीबी तथा पिछड़ापन भी मौजूद है, जबकि दूसरी ओर अथाह समृद्धि है, संभ्रांत दुनिया में शक्ति और संपन्नता है। इस दुनिया में

आध्यात्मिक तथा मनोवैज्ञानिक चिंता के विषय भी हैं जो परिवर्तन, सामाजिक आंदोलनों, युद्धों, फ़ासीवाद, महाविनाश, परमाणु युद्ध से होने वाले विनाश से उद्भूत हैं। आर्थिक विकास, व्यावसायीकरण तथा प्रौद्योगिकीय विकास के साथ-साथ नैतिकता की भी आवश्यकता है। अंबेडकर बौद्ध धर्म के समाजवाद से अधिक इसकी नैतिकता से प्रभावित थे।

सन् 1954 में बर्मा की यात्रा के दौरान अंबेडकर ने वहां भारत में बौद्ध धर्म में धर्मांतरण के लिए अभियान चलाने का अनुरोध किया। 19 जुलाई को बुद्धिस्ट सासना काउंसिल ऑफ़ बर्मा में बोलते हुए उन्होंने कहा कि इस समय भारत में धर्मांतरण के लिए अनुकूल माहौल है। बौद्ध धर्म का उद्भव भारत में हुआ था, वहां बुद्ध को हर कोई जानता है, उन्हें विष्णु का अवतार भी कहा जाता है। लेकिन अंबेडकर ने लोगों को सचेत करते हुए कहा कि ईसाई मिशनरियों द्वारा की गई गलती दोहराई नहीं जानी चाहिए, जिन्होंने यह सोचते हुए ब्राह्मणों पर ध्यान केंद्रित किया कि बाद में और समुदाय भी शामिल हो जाएंगे। शुरू से ही 'निम्न जाति..., अछूत तथा पिछड़ी जाति के लोगों पर' ध्यान केंद्रित होना चाहिए। उन्होंने आगे कहा कि बौद्ध के विचारों को प्रचारित करने के लिए सरलतम बौद्ध साहित्य तैयार किया जाना चाहिए।

लेकिन बर्मा के लोग इस प्रायोजन के लिए तैयार नहीं हुए और अंबेडकर ने यह कार्य स्वयं करने का निर्णय लिया। उन्होंने बुद्ध के उपदेशों पर आधारित सरल साहित्य का लेखन शुरू किया। अंबेडकर दलितों को बौद्ध धर्म से जुड़े पारंपरिक साहित्य से रूबरू नहीं कराना चाहते थे। 'द बुद्ध एंड हिज़ धम्म' पुस्तक की प्रस्तावना में बौद्ध धर्म से जुड़े चार महत्वपूर्ण क्षेत्रों को छुआ है, जिनका बौद्ध मत के अनुसार दिया सामान्य अर्थ उनके लिए अस्वीकार्य थे। इनमें उल्लेख था कि सिद्धार्थ एक मृत व्यक्ति, एक बीमार व्यक्ति, एक वृद्ध को देखने के

पश्चात घर से निकल पड़े थे। दूसरी बात पुनर्जन्म से जुड़ी थी। तीसरी बात यह थी कि दुनिया में 'सर्वत्र दुख है, और अंत में बौद्ध संघ का संगठन के रूप में उल्लेख था। दुख के कारणों (कष्ट या दुख) के बारे में उनका मत इसे स्पष्ट करता है। चार सत्यों को नकारते हुए उन्होंने लिखा, ''यह सिद्धांत बौद्ध धर्म की शिक्षा के प्रतिकूल है। यदि जीवन दुख का कारण है, मृत्यु दुख का कारण है और पुनर्जन्म दुख का कारण है तो फिर प्रत्येक चीज़ का अंत है। ...ग़ैर बौद्धों द्वारा बौद्ध मत को स्वीकार करने के मार्ग में सबसे बड़ी बाधा चार आर्य सत्य है।'' (अंबेडकर, 1992, 11:दो) दूसरे शब्दों में वे इस तरह का धर्म चाहते थे जो स्पष्ट रूप से विश्व को त्यागने वाला नहीं हो, अपितु इस तरह लौकिक हो कि यह नैतिकता का पाठ पढ़ा सके जिसमें स्वतंत्रता, समानता और भ्रातृत्व के आधार पर विश्व के पुनर्निर्माण की संभावना हो।

'बुद्ध एंड हिज़ धम्म' में आगे उन्होंने बौद्ध मत की इस व्याख्या को समझाने का प्रयास किया। पुनर्जन्म और देहांतरण के रूप में कर्म को अस्वीकार करते हुए उन्होंने इसकी पुनर्व्याख्या की जिसका अभिप्राय था वह नैतिक नियम जिसमें सभी कर्मों का परिणाम था। यद्यपि ऐसा नहीं था कि इनका परिणाम आवश्यक रूप से किसी विशेष व्यक्ति को ही भुगतना पड़ेगा अपितु सामाजिक स्तर पर भी इनका प्रभाव होगा। उन्होंने इसे ब्राह्मणवादी विचार 'कर्म' से अलग करने के लिए पाली शब्द 'काम' कहा। पुनः सिद्धार्थ को अपने घर का त्याग करते हुए चित्रित किया गया और इसका कारण रुग्णता, वृद्धावस्था और मृत्यु से उत्पन्न धार्मिक रूप से प्रेरित खोज नहीं था अपितु यह शाक्य और कोलिया वंशों के बीच सिंचाई के पानी को लेकर होने वाले युद्ध को रोकने के लिए था (जातकों में मिलने वाली प्राचीन कथा से यह तथ्य लिया गया है)। और जब इस संघर्ष का समाधान हो गया तो उन्होंने घर लौटने की अपेक्षा यह निर्णय किया कि वे समाज

के अंदर संघर्ष और झगड़ों की बड़ी समस्या के समाधान का प्रयास करेंगे।

'युद्ध की समस्या संघर्ष की समस्या है। यह सिर्फ़ बड़ी समस्या का एक भाग है। यह संघर्ष न सिर्फ़ राजाओं और राष्ट्रों के बीच हो रहा है अपितु यह कुलीनों और ब्राह्मणों, गृहस्थों के बीच, मित्रों के बीच और परिवार के सदस्यों के बीच भी हो रहा है। राष्ट्रों के बीच संघर्ष कभी-कभी होता है। किंतु वर्गों के बीच संघर्ष सतत और चिरस्थायी है। विश्व में सभी दुखों का यही कारण है। मुझे सामाजिक संघर्ष की इस समस्या का समाधान खोजना होगा।' (अंबेडकर, 1962, 11:57-58)

यह मुद्दा लगभग इस तरह से प्रस्तुत किया गया है कि मानो सिद्धार्थ शोषण की दृष्टि से मार्क्सवाद द्वारा प्रस्तुत की गई समस्या का समाधान खोज रहे थे। वास्तव में, अंबेडकर ने दुख को किसी हद तक शोषण, सामाजिक दुख के रूप में देखा। इसे सामूहिक क्रांति और समाजवाद में पाने के बजाय उन्होंने इसका उत्तर नैतिक और मानसिक प्रबुद्धता में ही खोजा। 'निर्वाण' की अंबेडकर की परिभाषा में इस सार को तीन विचारों की दृष्टि से दोहराया गया है—इनमें से एक संवेदन-समर्थ जीव की प्रसन्नता आत्मा की मुक्ति से भिन्न है। दूसरा विचार संसार में संवेदन समर्थ जीव की प्रसन्नता है जब तक कि वह जीवित है। ...तीसरा विचार जो उनके निर्वाण की अवधारणा को रेखांकित करता है वह सदैव जलती रहने वाली वासनाओं की ज्वाला के ऊपर नियंत्रण का अभ्यास है। (अंबेडकर, 1992, 11:234) वासनाओं और भावनाओं की अग्नि पर यह नियंत्रण सामाजिक जीवन पर सामूहिक मानवीय नियंत्रण का आधार है और इसे बुद्ध की ज्ञान की प्राप्ति में बुनियादी तत्व के रूप में चित्रित किया गया है। इस पृष्ठभूमि में वे उपदेश देने और इहलौकिक दृष्टिकोण को सिर्फ़ रेखांकित करने निकले। अंबेडकर कहते हैं कि उनके पांच प्रारंभिक श्रोताओं ने उन्हें इस ढंग से सुना 'विश्व इतिहास में कभी भी मुक्ति को प्रसन्नता के आशीष के रूप में नहीं सोचा ग़या था जिसे मनुष्य

द्वारा इसी जीवन में और इस पृथ्वी पर स्वयं उसके प्रयासों से जनित साधुता से प्राप्त किया जाना था' (अंबेडकर, 1992, 11:130-31) जहां लगभग पूरी पुस्तक (और बुद्ध की अपनी सभी शिक्षाएं) वास्तव में पाली सूत्रों से ली गई हैं, वहीं पहले पांच शिष्यों की यह प्रतिक्रिया अंबेडकर की अपनी प्रतीत होती है, जोकि बौद्ध धम्म की नैतिक प्रकृति पर बल देने के लिए है। इसी तरह से, ब्राह्मणवादी जाति व्यवस्था से युक्त धर्म से बौद्ध धम्म में अंतर दिखाने का भी वे अच्छा प्रयास करते हैं।

यह आंशिक रूप से मार्क्सवादी प्रश्नों का बौद्धिक उत्तर था। यह स्पष्ट रूप से सामूहिक भौतिकवाद की अस्वीकृति थीः मानसिक और नैतिक समाधानों पर बल दिया गया था। फिर भी यह बौद्ध मत और थेरावडा के परंपरागत रूपों के विशुद्ध आध्यात्मिक रुझान से भिन्न था। अंबेडकर के शब्दों में इसका लक्ष्य विश्व की पुनर्व्यवस्था करना था, यह लक्ष्य ऐसा था जो उनके जीवन में आरंभिक काल से ही पल्लवित हो रहा था। किंतु मार्क्सवाद का उत्तर अब उनके लिए अधिक आकर्षण का विषय नहीं रह गया था। बौद्धमत में रुचि तो थी किंतु यह बौद्ध मत की दोबारा व्याख्या थी जो मानसिक भौतिकवाद का एक प्रकार था। 'धम्म' और 'धर्म' में भेद करते हुए अंबेडकर ने यह तर्क दिया कि परंपरावादी धर्मों के लिए नैतिकता गौण और व्युत्पन्न थी। एक बौद्ध के लिए धम्म नैतिकता है, यद्यपि यह पवित्र नैतिकता थी जोकि समाज को एक सूत्र में रखने के लिए आवश्यक थी। इस मौलिक अंतर्दृष्टि ने इस पुस्तक के लिए रूपरेखा उपलब्ध कराई। अंबेडकर की बौद्ध मत के लिए नियमावली जिसमें बुद्ध, उनके शिष्यों और उनकी शिक्षाओं की मुख्य पाली ग्रंथों से ली गई कहानियों का संग्रह था, जिनमें इस पर प्रकाश डाला गया कि किस तरह उनके अनुयायी महिला और पुरुष सभी समुदायों और समाज के सभी स्तरों से आए थे; उनमें बुद्ध की प्रबुद्धता और उनकी शिक्षा के हिंदुत्व से अलग होने पर बल दिया गया था; और उन्होंने तर्कवाद पर ज़ोर दिया। निर्वचन के प्रश्न पर, अंबेडकर ने

लिखा, तर्क पथप्रदर्शक था, क्योंकि बुद्ध यदि तर्कवादी नहीं थे तो कुछ नहीं थे। यह बौद्धमत का एक रूप था जिसे विद्वतापूर्ण शोध से औचित्यपूर्ण ठहराया जा सकता था, किंतु इसने विद्यमान बौद्ध व्यवस्था की ओर से कुछ विरोध को उभारा, विशेषकर हिंदू प्रभुत्व वाले महाबोधि समाज की ओर से।

ये सिर्फ़ व्यापक हिंदू समाज की दृष्टि से ही प्रासंगिक थे। 1957 में जब यह पुस्तक तैयार हुई, इसके प्रकाशन के लिए अंबेडकर ने नेहरू को 20,000 रुपए की सरकारी सहायता उपलब्ध कराने के लिए पत्र लिखा। नेहरू ने उत्तर में लिखा कि वे इसकी व्यवस्था नहीं कर सकते किंतु उन्होंने यह पुस्तक एस. राधाकृष्णन को भेज दी जो इस समय महा-परिनिर्वाण की 2500वीं वर्षगांठ मनाने के लिए गठित समिति के अध्यक्ष थे। बौद्ध मत पर राधाकृष्णन की अपनी व्याख्या, जिसे धम्मपद के उनके अनुवाद में देखा जा सकता है, में इसकी वेदांत और गीता के उपदेशों से समरूपता पर बल दिया गया था और 'द बुद्ध एंड हिज़ धम्म' स्पष्ट रूप से उसके अनुरूप नहीं बैठता है। पुरातनपंथी ब्राह्मणवाद के अंदर बौद्ध मत के प्रति प्रतिद्वंद्विता की हिंदुत्व के अंग के रूप में दोबारा व्याख्या करने के प्रयास को केवल आंशिक तौर पर छिपाया गया। इस बात से स्पष्ट हो गया कि इसकी किसी अन्य व्याख्या को सार्वजनिक करने से इनकार कर दिया गया।

किंतु अंबेडकर और उनके अनुयायियों को राजनीतिक नेतृत्व से और आशा नहीं रह गई थी। उनके द्वारा सार्वजनिक तौर पर नए धर्म को स्वीकार करने की तैयारी ज़ारी थी। इसकी काफ़ी पहले घोषणा की जा चुकी थी, अनेक लोग उत्सुकता से प्रतीक्षा कर रहे थे, वहीं कई अन्य लोग विरोध भी कर रहे थे। इसके लिए 14 अक्तूबर का शुभ दिन चुना गया। अंबेडकर ने मूलतः यह घोषणा की थी कि 'धम्म दीक्षा' का समारोह बंबई में होगा जो उनकी कर्मभूमि रहा था। किंतु समता सैनिक दल के उग्र संगठनकर्ता वामन गोडबोले के नेतृत्व में नागपुर से

आए शिष्टमंडल ने अत्यधिक दृढ़तापूर्वक इस शहर के पक्ष में तर्क रखा। उन्होंने तर्क दिया कि बंबई के विपरीत नागपुर का बौद्ध मत से ऐतिहासिक संबंध था, यह उस धर्म का प्राचीन केंद्र था। उनके पास स्थान था, उनके साथ सहानुभूति रखने वाले एक व्यक्ति ने चार एकड़ भूमि अर्जित की थी और वे एक संगठन उपलब्ध करा सकते थे जोकि बाबा साहब को हिंदू प्रतिक्रिया से बचाएगा क्योंकि इस प्रतिक्रिया की उन्हें आशंका थी।

इस समारोह की अध्यक्षता कौन करेगा? भारत में विद्यमान कोई संगठन उसके लिए पर्याप्त नहीं था। महाबोधि सोसाइटी प्रसिद्ध थी किंतु इसमें भी परंपरावादी हिंदुओं का एकाधिकार थाः जैसा कि अंग्रेज़ भिक्षु संघरक्षित ने बंबई में अंबेडकर से मिलकर बताया कि उस समय महाबोधि समाज के मुखिया जनसंघ के नेता श्यामा प्रसाद मुखर्जी थे। अंबेडकर ने निर्णय किया कि उस समय भारत में मौजूद कुशीनगर के मठ में निवास कर रहे बर्मा के सबसे वृद्ध बौद्ध संन्यासी उन्हें दीक्षा देंगे।

अंतिम समारोह अत्यंत ही विराट था और इससे न सिर्फ़ आम जनता पर अंबेडकर के प्रभाव का पता चलता है, बल्कि इसके साथ ही नए धर्म में दीक्षा लेने की भावात्मक प्रतिबद्धता का भी पता चलता है। पूरे महाराष्ट्र के गांवों और क़स्बों से आए अपने सबसे अच्छे सफ़ेद परिधान में लिपटे लोगों से मैदान भर गया। समारोह के पहले सप्ताह तक वे चार लाख पुरुष, महिलाएं और बच्चे नगर में भर गए जिन्हें पहले अस्पृश्य माना जाता था। भारी भीड़ के सामने अंबेडकर ने दीक्षा ली। संघरक्षित यह भी लिखता है कि वे पहले पहल परंपरागत तीन शरणों (बुद्ध, धम्म और संघ) में से तीसरा स्वीकार करने के अनिच्छुक थे, क्योंकि इससे व्यक्ति के बौद्ध होने की पहचान बनती थी। वे विद्यमान संघ के घोर आलोचक थे और यह महसूस करते थे कि इसे समाज सेवा के लिए समर्पित संगठन बनना चाहिए और निस्संदेह वे उस जातिवाद का विरोध कर रहे थे, जिसका उन्होंने सामना किया था, जो सिंहली संन्यासियों

और भारतीय संन्यासियों द्वारा दर्शाया गया था। ये संन्यासी मूलतः ब्राह्मण थे। फिर उन्होंने ज़िद छोड़ दी थी। (संघरक्षित, 1986, 136-137)। बाद में उन्होंने अभूतपूर्व भावाभिव्यंजना प्रदर्शित करते हुए अपने अनुयायियों को स्वयं दीक्षा दी। उन्होंने इसमें इक्कीस और संकल्प जोड़ दिए जिनमें ब्राह्मणवादी हिंदुत्व के सभी पहलुओं को त्यागना शामिल था। उनके दिखाए मार्ग का अनुसरण करते हुए विराट भीड़ ने ब्रह्मा, विष्णु, शिव, राम और कृष्ण की पूजा-अर्चना छोड़ दी और श्राद्ध समारोह नहीं करने तथा बौद्ध मत के उपदेशों—झूठ न बोलने, चोरी न करने और मदिरापान नहीं करने का संकल्प किया। दलितों ने अपनी सामूहिक शपथ में अपने आप को नए जीवन के लिए समर्पित कर दिया। हिंदुत्व के अंतर्गत उन्होंने जो पदसोपान-क्रम और अत्याचार महसूस किया था, उसे छोड़कर उन्होंने बुद्ध, धम्म और संघ की शरण ली। विश्व में सर्वाधिक दबे-कुचले लोगों, भारत के अस्पृश्यों, राजनीतिक गतिविधियों और सर्वांगीण नेतृत्व के अध्ययन के जीवन का चरमोत्कर्ष था।

डॉ. अंबेडकर और दलितों का मुक्ति आंदोलन

बड़े पैमाने पर धर्मांतरण समारोह के दो महीने के भीतर ही अंबेडकर की मृत्यु हो गई। 6 दिसंबर की सुबह वे उन्हीं काग़ज़ों पर गिरे पाए गए, जिन पर वे देर रात तक काम कर रहे थे। उनकी मृत्यु से चारों ओर शोक छा गया। धम्म-दीक्षा से उभरी भावना जैसा ही माहौल था। समस्त भारत विशेषकर महाराष्ट्र के दलितों के अश्रु थमने का नाम नहीं ले रहे थे—मानो उनके पिता की मृत्यु हो गई हो। सारी दुनिया से श्रद्धांजलि संदेश आ रहे थे।

अंबेडकर अपने पीछे विभिन्न विषयों पर लिखे नोटों, पुस्तकों का अपार संकलन छोड़ गए थे। महाराष्ट्र के भक्ति आंदोलन के संतों पर लिखने की उनकी परियोजना शुरू भी नहीं हो पाई थी। लेकिन 'रिवोल्यूशन एंड काउंटर-रिवोल्यूशन इन एंशिएंट इंडिया' तथा 'अनटचेबल्सः द चिल्ड्रन ऑफ़ इंडियाज़ घेटो' पर उनकी अधूरी हस्तलिपियां महत्वपूर्ण दस्तावेज़ हैं। अपने अंतिम समय के अध्ययन के दौरान वे भारत का वैकल्पिक सामाजिक-सांस्कृतिक इतिहास प्रस्तुत करने की परियोजना पर कार्यरत थे। जहां मार्क्स ने सामाजिक द्वंद्व तथा विरोध को उजागर किया था,

वहीं अंबेडकर ने दार्शनिक धार्मिक-पृष्ठभूमि में विषयों की व्याख्या की थी। उन्होंने ब्राह्मणवाद तथा बौद्ध दर्शन के स्थायी द्वंद्व को उजागर किया।

अंबेडकर का जीवनकाल बीसवीं सदी के प्रथम भाग में पड़ता है। यही वह अवधि थी जब भारतीय स्वाधीनता संग्राम अपने निर्णायक चरण में था। अंबेडकर की बुनियादी लड़ाई एक अलग स्वाधीनता की लड़ाई थी। यह लड़ाई भारतीय समाज के सर्वाधिक संतप्त वर्ग की मुक्ति की लड़ाई थी। उनका स्वाधीनता संग्राम उपनिवेशवाद के विरुद्ध चलाए जा रहे स्वाधीनता संग्राम से वृहत और गहरा था। उनकी नज़र नवराष्ट्र के निर्माण पर थी। उनके संग्राम का उद्भव अकारण नहीं हुआ था। यह उन तमाम छोटे-छोटे आंदोलनों का समेकित प्रस्फुटन था जो 'शूद्र' तथा 'अछूत' लोगों द्वारा चलाए जा रहे थे। दलित-बहुजन समाज से भी ज्योतिराव फुले, इयोथी थास, पेरियार, मंगू राम तथा अच्युतानंद जैसे प्रखर विद्वान उभरे जिन्होंने संघर्ष को बुलंदी व आवाज़ प्रदान की। वे उपनिवेश काल के भारत के उच्च जाति के विद्वानों से क़तई पीछे न थे। सही मायनों में वे आधुनिकतावादी थे जो एक नए उदात्त समाज का आगाज़ करना चाहते थे। इस बात को अच्छी तरह से समझा जा सकता है कि भारत के सर्वाधिक पददलित व निचले तबक़े से आने वाला और शिक्षा के सर्वोच्च शिखर को छूने वाला अंबेडकर, वैदिक तथा वेद केंद्रित परंपराओं का समर्थक न होकर क्रांति, विशेषकर पूरी दुनिया को प्रभावित करने वाली फ़्रांसीसी क्रांति के तीन शब्दों—स्वतंत्रता, समानता तथा भ्रातृत्व का ही समर्थक होगा। उन्होंने फ़्रांसीसी क्रांति के इस मूल मंत्र को भारत में ही बुद्ध द्वारा हज़ारों साल पूर्व दी गई शिक्षा में पा लिया।

उनके स्वतंत्रता संघर्ष, दलितों के स्वतंत्रता संघर्ष के कई आयाम थे। उनके आंदोलन की शुरुआत छोटी सी मांग अर्थात सार्वजनिक कुओं से पानी पीने का अधिकार दिए जाने से हुई। यह ठीक उसी प्रकार था जैसे पूर्व में दलितों ने सार्वजनिक सड़कों, परिवहन तथा स्कूलों के उपयोग की मांग उठाई थी। विधानमंडलों तथा नगर निगम द्वारा गत कुछ वर्षों

से इस आशय के संकल्प पारित किए जा रहे थे, लेकिन वे नज़रअंदाज़ कर दिए जाते थे। जीवन को सहुलियत देने वाले सभी स्रोतों को सही अर्थों में सार्वजनिक रूप से खोल दिए जाने संबंधी अंबेडकर के आंदोलन का पुरातनपंथियों ने कड़ा विरोध किया। पुरानी व्यवस्था को तब सांस्कृतिक चुनौती मिली जब दलितों तथा हिंदुओं ने अंबेडकर के नेतृत्व में मनुस्मृति को जलाया। मनुस्मृति एक ब्राह्मणवादी संहिता थी और जातिगत दासता का, सांस्कृतिक क़ानून का प्रतीक थी। ब्राह्मणवादी परंपराओं को दी गई अंबेडकर की इस चुनौती ने उन्हें भारत के राष्ट्रीय आंदोलन के महानायक महात्मा गांधी के सामने ला खड़ा किया। कहना न होगा कि अंबेडकर का राष्ट्रवाद अपनी जगह बरकरार था। गोल मेज़ सम्मेलन के समय से लेकर 1935 में अंबेडकर की इस घोषणा कि 'मैं हिंदू के रूप में नहीं मरूंगा' के समय तक अंबेडकर-गांधी द्वंद्व की आवाज़ पूरे भारत में सुनाई पड़ती रही।

अंबेडकर का गांधी से विरोध कांग्रेस के किसी परंपरावादी नेता का विरोध न था बल्कि एक ऐसे व्यक्ति से विरोध था जिसे सुधारवादी कहा जाता था, जो अपने को भारत के ग़रीबों से जोड़ता था और जो उस समय तक विद्यमान सामाजिक सुधार तथा राजनीतिक सुधार के विभेदों को एक करके देखता था। गांधी का सुधारवाद दलितों को प्रभावित नहीं करता था। ऐसा शायद इसलिए था क्योंकि गांधी के विचार हिंदूवादी ढांचे के भीतर ही संचालित थे और वर्णाश्रम धर्म की जड़ों पर प्रहार नहीं करते थे। गांधी का प्रेरणा-स्रोत वैष्णव भक्ति आंदोलन था, जिसमें समानता के लिए वह तीव्र आकांक्षा नहीं हुई थी जो कबीर, रविदास, तुकाराम जैसे विरोधी तेवर के भक्ति संतों में दिखती है, जिन्होंने पंडितों के पूजा के रीति-रिवाजों तथा मुसलमानों के पुरातनपंथी विचारों को नकारा था। गांधी की वैष्णववादी विचारधारा लचीली थी जिसकी तुलना गुजराती वल्लभवादी आंदोलन से की जा सकती है। इसका तात्पर्य यह था कि अपने जीवन के अंत काल तक उन्होंने ब्राह्मणवादी धर्म ग्रंथों में वर्णित

जातिगत असमानता का तिरस्कार नहीं किया। वे आधुनिक वर्णाश्रम धर्म में विश्वास करते थे और स्वधर्म को अपनाने पर ठीक इसी प्रकार ज़ोर देते थे, जिस प्रकार बच्चों को अपने पिता के पेशे को अपनाने से परहेज़-गुरेज़ नहीं होना चाहिए। वे जिस मूल्य में विश्वास करते थे उसके अनुसार हर पेशे का सम्मान होना चाहिए। इससे उनके उद्योग-विरोधी होने का पता चलता है और यह भी पता चलता है कि वे पारंपरिक ग्रामीण समाज तथा वहां की सामाजिक प्रणाली को महिमामंडित करते थे और उसी में समरसता तथा स्थायित्व ढूंढ़ते थे। उनके विचार राम-राज्य की अवधारणा में प्रतिफलित होते हैं। इसे निरक्षर व्यक्ति भी समझ सकता है लेकिन दलितों के लिए राम-राज्य का अर्थ ऐसे राज्य से था जिसमें स्थान छोड़ने से मना करने पर शंबूक जैसे अछूत का वध कर दिया गया था। आधुनिक युग का दलित जो अंबेडकर का अनुयायी है, वह अपना स्थान छोड़ने पर उसे नष्ट कर देना पसंद करेगा।

यह द्वंद्व अथवा संघर्ष परवान नहीं चढ़ा होता यदि गांधी केवल हिंदू समाज के नेता के रूप में कार्य करते रहते, लेकिन उनका दावा राष्ट्रीय आंदोलन को नेतृत्व प्रदान करने का था। हिंदू-मुस्लिम एकता के प्रति उनकी चिंता के बावजूद वे अपने निजी धार्मिक विश्वासों से आंदोलन को प्रभावित करते रहे। गांधी और अन्य अनेक कांग्रेसी अपने नेताओं की भांति हिंदूवाद को राष्ट्रवाद से पृथक कर पाने में असमर्थ थे। इस प्रकार भारत का राष्ट्रीय आंदोलन एक ऐसे हिंदूवादी दर्शन के साये में पुष्पित-पल्लवित हो रहा था जिसे आज की भाषा में 'हिंदुत्व दर्शन' कहा जाता है और जिसका उद्देश्य घोषित अथवा अघोषित रूप से हिंदू राष्ट्र की स्थापना करना है। सावरकर जैसे कुछ ऐसे अग्रणी लोग थे जो हिंदू धर्म को भारतीय उपमहाद्वीप का राष्ट्रीय धर्म बनाने के पक्ष में थे। लेकिन गांधी ने स्वयं लीक से हट कर कोई निर्णय नहीं लिया, विशेषकर तब जब उन्होंने कहा कि अछूतों को विदेशी धर्म नहीं अपनाना चाहिए। मुसलमानों के साथ एकता स्थापित करने का उनका तरीक़ा एक-दूसरे

की धार्मिक ज़रूरतों को पुष्ट तथा पूरा करने पर आधारित था। ऐसा करने के पीछे उनकी यह मान्यता थी कि भारत धार्मिक समुदायों का संघ है।

गांधी तथा अंबेडकर का द्वंद्व केवल दो स्वभावगत विलक्षणता वाले नेताओं का द्वंद्व न था बल्कि दो ऐसे व्यक्तियों का संघर्ष था जिनकी भारत राष्ट्र के प्रति विरोधाभासी मान्यताएं थीं। यह एक ऐसा पहलू था जिसे अंबेडकर अपनी अप्रकाशित हस्तलिपियों में लेखनीबद्ध कर रहे थे तथा जिसे 'हू वर द शूद्राज़' जैसी पुस्तक में लिखा था।

अंबेडकर ने अपना कार्य आर्थिक चिंतक के रूप में शुरू किया। उन्होंने किसानों और कामगारों का मुद्दा उठाया, कम्युनिस्टों द्वारा हड़ताल का समर्थन किया और कोंकण में ज़मींदारी प्रथा का विरोध किया। उनकी प्रथम पार्टी आई.एल.पी. का झंडा लाल रंग का था जैसा कि कम्युनिस्टों का था। उनकी आर्थिक नीति पर मार्क्सवाद का असर था जिसे वे 'स्टेट सोशलिज़्म' कहते थे। अंततः उन्होंने मार्क्सवाद को अपर्याप्त बताया क्योंकि उसमें दर्शन तथा संस्कृति की अनदेखी की गई है और सर्वाधिक महत्वपूर्ण बात यह है कि इसमें भारतीय संदर्भ में जातिगत समस्या की उपेक्षा की गई थी। इसके अलावा एक बात यह भी थी कि मार्क्सवाद अपने आप में पर्याप्त लोकतांत्रिक व्यवस्था नहीं थी। अपने जीवन के अंत में वे उदारवादी कल्याणकारी सामाजिक राज्य के लिए आर्थिक नीति पर ज़ोर दे रहे थे। वे योजना के माध्यम से, औद्योगीकरण पर ध्यान देकर लेकिन यथार्थपरक नीतियों के सहारे तथा अर्थव्यवस्था में तेज़ी के लिए प्रतिस्पर्धा को बढ़ावा देकर सामाजिक न्याय सुनिश्चित करना चाहते थे। हालांकि उनका मार्क्सवाद से घोषित विरोध था, फिर भी उनके जीवन पर मार्क्सवाद का प्रभाव था। यह प्रभाव, उनके द्वारा की गई बौद्ध धर्म की व्याख्या पर भी नज़र आता है। ग़रीबी से मुक्ति पाने के लिए आर्थिक विकास तथा औद्योगीकरण के मॉडल के लिए मार्क्सवादी अवधारणा का अवलोकन जारी था। इस बिंदु पर उनका गांधीवादी विचारधारा से मतभेद

था जिसका स्वछंदतावाद आज भी दुनिया में लोगों को अपनी ओर आकृष्ट करता है।

अपनी आर्थिक तथा सांस्कृतिक विश्लेषण की क्षमता के कारण अंबेडकर को पहली पंक्ति के लोगों की क़तार में खड़ा होना चाहिए था जिन्होंने अपने विचारों से भारत देश का निर्माण किया। लेकिन उन्हें वह स्थान शायद ही मिल सका। उनके लेखों तथा पाकिस्तान का मुद्दा, स्वतंत्र भारत के आर्थिक पुनर्निर्माण आदि महत्वपूर्ण विषयों पर तैयार की गई नीतियों के बावजूद एक वृहत राजनीतिक गठजोड़ तैयार न हो पाने के कारण अंबेडकर की पहचान भारत के अछूतों के नेता के रूप में ही है। जब उनका आंदोलन कांग्रेस के लिए राजनीतिक ख़तरा न रह गया तब उनकी नेतृत्व क्षमताओं का उपयोग करने के लिए उन्हें भारत के संविधान की प्रारूप समिति का अध्यक्ष बना दिया गया और बाद में स्वतंत्र भारत की प्रथम कैबिनेट में विधिमंत्री बनाया गया। लेकिन सामाजिक परिवर्तन की वृहत परियोजना कहीं न कहीं विफल हो गई। दलितों तथा ग़ैर-ब्राह्मणों द्वारा नवराष्ट्र के निर्माण का प्रयास विफल रहा और स्वतंत्र भारत में उन हिंदूवादी ताक़तों का वीभत्स रूप उभरा है। विवाह तथा उत्तराधिकार से जुड़ा हिंदू संहिता विधेयक पारित कराने में विफल रहने पर उन्होंने त्यागपत्र दे दिया और स्वतंत्र भारत के विकास के बारे में टिप्पणी करते हुए कहा कि यह 'गोबर के ढेर पर महल के निर्माण' जैसा है। गोबर के ढेर से उनका अभिप्राय वर्णाश्रम धर्म से उपजी संस्कृति तथा सामाजिक विरासत से है। इसके विपरीत उनका संघर्ष स्वतंत्रता, समानता तथा भ्रातृत्व के लिए रहा। यह लड़ाई अभी भी जारी है।

संदर्भ

अंबेडकर, बी.आर. 1979-95, *डॉ. बाबासाहेब अंबेडकरः राइटिंग्स एंड स्पीचेज़*, 17 खंड, संपादक वसंत मून, मुंबईः महाराष्ट्र सरकार (खंड 1, 1979, खंड 2, 1982; खंड 3, 1987; खंड 6, 1989, खंड 7, 1990, खंड 8, 1990, खंड 9, 1990; खंड 11, 1992; खंड 13, 1994; खंड 14 (भाग 1 और 2), 1995)।

अजनत, सुरेंद्र, संपा. 1993, *लेटर्स ऑफ़ अंबेडकर*, जालंधरः भीम पत्रिका पब्लिकेशंस।

ओमवेट, गेल, 2002 आइडियोलॉजीज़ ऑफ़ ब्राह्मणिज़्म एंड दि करंट क्राइसिस। चैलेजिंग कास्टः आइडियोलॉजीज़, वायलेंस, क्रिएटिविटी विषय पर सम्मेलन पूर्व-संगोष्ठी में प्रस्तुत शोध-पत्र, 31वां दक्षिण एशिया संबंधी वार्षिक सम्मेलन। माडिसन, विस्कॉसिंन, 10 अक्तूबर।

कांशीराम, 1982 *द चमचा एजः इरा ऑफ द स्टूजेज़*, नई दिल्ली।

कीर, धनंजय, 1990, *डॉ. अंबेडकरः लाइफ़ एंड मिशन*, मुंबईः पॉपुलर प्रकाशन।

खैरमोडे सी.बी. 1968-2000 *डॉ. भीमराव अंबेडकर चरित्र* (मराठी में), 14 खंड (खंड 1, 1968 मुंबईः प्रताप रैलेः खंड 2, एनडीसी 1958, मुंबईः बुद्ध जनपंचायत समिति, खंड 6, 1998क पुणेः सुगावा प्रकाशन; खंड 7 1998ख,

पुणेः सुगावा प्रकाशन; खंड 8, पुणेः सुगावा प्रकाशन, 1999; खंड 9, 1998ग, पुणेः सुगावा प्रकाशन; खंड 10, 2000क, पुणेः सुगावा प्रकाशन; खंड 11, 2000ख, पुणेः सुगावा प्रकाशन)।

गांधी, एम.के. *द कलेक्टेड वर्क्स ऑफ़ महात्मा गांधी,* नई दिल्लीः भारत सरकार, सूचना और प्रसारण मंत्रालय, प्रकाशन विभाग (खंड 51: *सितंबर* 1-*नवंबर* 15, 1932 (प्रकाशित 1972); खंड 62: *अक्तूबर* 1-*मई* 31, 1933 (प्रकाशित 1973): खंड 63: *जून* 1-*नवंबर* 2, 1936 (प्रकाशित 1976); खंड 64; *नवंबर* 2, 1936 (प्रकाशित 1976); खंड 64: नवंबर 3, 1936 - *मार्च* 14, 1937 (1997 में प्रकाशित)।

नरसू, पी. लक्ष्मी, 1993, *द एसेंस ऑफ़ बुद्धिज़्म,* नई दिल्लीः एशियन एजुकेशनल सर्विसेज़।

नेहरू, जवाहरलाल, 1959 *द डिस्कवरी ऑफ़ इंडिया,* संपा. रॉबर्ट क्रेन, गार्डन सिटी, न्यूयॉर्क, एंकर बुक्स।

——— 1975 *सैलेक्टेड वर्क्स* खंड 7, संपा. एस. गोपाल, नई दिल्ली, ओरिएंट लौंगमैन, संगम बुक्स।

फुले, ज्योतिराव, 1982, *समग्र वाङ्मय* (मराठी में) धनंजय कीर और जी.टी. मालशे द्वारा संपादित मुंबईः महाराष्ट्र सरकार।

——— 1991, *महात्मा फुले समग्र वाङ्मय,* वाई.डी. फड़के द्वारा संपादित। मुंबईः महाराष्ट्र राज्य साहित्य अनि सांस्कृतिक मंडल।

ब्रेचर, माइकेल, 1959 *नेहरूः ए पॉलिटिकल बायोग्राफ़ी,* लंदनः ऑक्सफ़ोर्ड यूनिवर्सिटी प्रेस।

महाराष्ट्र सरकार, 1982, *सोर्स मैटीरियल ऑन डॉक्टर बाबासाहब अंबेडकर एंड द मूवमेंट ऑफ़ अनटचेबल्स,* बंबईः महाराष्ट्र सरकार।

मून, वसंत, 2001 *ग्रोइंग अप अनटचेबल्स इन इंडियाः ए दलित ऑटोबायोग्राफ़ी,* गेल ओमवेट द्वारा अनूदित, बोल्डरः रोमैन एंड लिटिलफ़ील्ड।

रत्तू, एन.सी. 1997 *लास्ट फ़्यू ईयर्स ऑफ़ डाक्टर अंबेडकर,* नई दिल्लीः अमृत पब्लिशिंग हाउस।

संघरक्षित, 1986, *अंबेडकर एंड बुद्धिज़्म,* ग्लासगोः विंडहॉर्स पब्लिकेशंस।

ग्रंथ सूची

(1) अंबिराजन, एस. 1999 अंबेडकर्स कंट्रीब्यूशंस टू इंडियन इकनॉमिक्स, *इकोनॉमिक एंड पॉलिटिकल वीकली* 20 नवंबर।

(2) अंबेडकर, सविता, एन.डी. *डॉ. अंबेडकरान्स्या साहावसत* (इन कंपैनियनशिप विद डॉ. अंबेडकर), मुंबईः डॉ. बाबासाहेब अंबेडकर फ़ाउंडेशन।

(3) अलॉयसियस, जी. 1997, *नेशनलिज़्म विदाउट ए नेशन इन इंडिया*, नई दिल्लीः ऑक्सफ़ोर्ड यूनिवर्सिटी प्रेस।

(4) ओमवेट, गेल, 1976 *कल्चरल रिवोल्ट इन ए कोलोनियल सोसाइटीः द नॉन ब्राह्मण मूवमेंट इन वेस्टर्न इंडिया*, 1873 से 1930, पूनाः साइंटिफ़िक सोशलिस्ट एजुकेशन ट्रस्ट।

——— 1994, *दलित्स एंड द डेमोक्रेटिक रिवॉल्युशनः डॉ. अंबेडकर एंड द दलित मूवमेंट इन कोलोनियल इंडिया*, नई दिल्लीः सेज।

——— 1999, दलित्स एंड इकनॉमिक पॉलिसीः कंट्रीब्यूशंस ऑफ़ डॉ. अंबेडकर। *दलित्स इन मॉडर्न इंडियाः विज़न एंड वेल्यूज़* में, एस.एम. माइकेल द्वारा संपादित, नई दिल्लीः सेज।

(5) ओ'हैनलोन, रोज़ालिंड, 1985 कास्ट, *कंफ़्लिक्ट एंड आइडियोलॉजीः महात्मा ज्योतिराव फुले एडं लो कास्ट प्रोटेस्ट इन नाइटींथ-सेंचुरी वेस्टर्न इंडिया*, नई दिल्लीः ओरिएंट लौंगमैन।

(6) कांबले, बी.सी., 1987, *समग्र अंबेडकर चरित्र,* भाग 7 बंबईः ऑर्थर।
(7) कुबेर, डब्ल्यू. एन. 1973, *अंबेडकरः ए क्रिटिकल स्टडी,* नई दिल्लीः पीपुल्स पब्लिशिंग हाउस।
(8) कुमार, रवींद्र 1987, गांधी, अंबेडकर एंड द पूना पैक्ट, 1932। इन *स्ट्रगलिंग एंड रूलिंगः द इंडियन नेशनल कांग्रेस* 1885-1985, जिम मैस्सेलॉस द्वारा संपादित, बंगलौरः स्टर्लिंग पब्लिशर्स।
(9) क्वीन, क्रिस्टोफ़र, 1998, अंबेडकर एंड द राइज़ ऑफ़ द फ़ोर्थ याना। राजनीतिविज्ञान विभाग, पुणे विश्वविद्यालय द्वारा 7-9 अक्तूबर को आयोजित 'रिकंस्ट्रक्टिंग द वर्ल्डः डॉ. बाबासाहेब अंबेडकर्स अंडरस्टैंडिंग ऑफ़ बुद्धिज़्म', विषय पर अंतरराष्ट्रीय सेमिनार में प्रस्तुत शोध-पत्र।
(10) गंजारे, एम.पी. संपा. 1973-79, *डॉ. बाबासाहेब अंबेडकरांसी भाषाणे* (मराठी में), 6 खंड, नागपुरः अशोक प्रकाशन।
(11) गनवीर, रत्नाकर, 1981, *महाद समता संगार* (मराठी में), जलगांवः रत्नमित्र प्रकाशन।
(12) गायकवाड़, प्रदीप, संपा. 2002, *कामगार कलवलः डॉ. बाबासाहेब अंबेडकरांसी निवादक भाषाणे वा लेख* (मराठी में), नागपुरः क्षितिज प्रकाशन।
(13) गीता वी. और एस. वी. राजादुरै, 1998, *टुवर्ड्स ए नॉन ब्राह्मण मिलेनियमः फ़्रॉम इयोथी थास टू पेरियार,* कलकत्ताः सम्या।
(14) गौतम, एम.बी., 1976, द अनटचेबल्स मूवमेंट इन आंध्र प्रदेश, आंध्र प्रदेश राज्य में हरिजन कॉन्फ्रेंस स्मारिका, हैदराबाद-10-12 अप्रैल।
(15) चटर्जी, पार्थ, 2001, द नेशन इन हेट्रोजीनियस टाइम; *इंडियन इकनॉमिक एंड सोशल हिस्ट्री रिव्यू* 38 (4) 399-418।
(16) जाधव नरेंद्र, 1991, नेग्लेक्टेड इकनॉमिक थॉट ऑफ़ बाबा साहेब अंबेडकर *इकनॉमिक एंड पॉलिटिकल वीकली,* 13 अप्रैल।
(17) ज़ेलिएट, एलियानॉर, 1970, लर्निंग द यूज़ ऑफ पॉलिटिकल मींसः द महार्स ऑफ महाराष्ट्र; *कास्ट इन इंडियन पॉलिटिक्स,* रजनी कोठारी द्वारा संपादित, नई दिल्लीः एलाइड।
——— 1979, द इंडियन रिडिस्कवरी ऑफ़ बुद्धिज़्म, *स्टडीज़ इन पाली एंड बुद्धिज्मः ए मेमोरियल वॉल्युम इन ऑनर ऑफ़ भिक्कू जगदीश कश्यप,* ए.के. नारायण द्वारा संपादित, दिल्लीः बी.आर. पब्लिशिंग कॉर्पोरेशन।

——— 1986, द पॉलिटिकल थॉट ऑफ़ डॉ. बी.आर. अंबेडकर; *कंटेंपररी इंडियन पॉलिटिकल थॉट*, थॉमस पैंथम और केन्नेथ आई ड्यूश, दिल्लीः सेज प्रकाशन।

——— 1995, चोखामलः पैटी एंड प्रोटेस्ट; *भक्ति रिलीजन इन नॉर्थ इंडिया*, डेविड लॉरिंजेन द्वारा संपादित, अल्बानी, न्यूयॉर्कः सनी प्रेस।

——— 2001, *फ़्रॉम अनटचेबल टू दलितः एसेज़ ऑन द अंबेडकर मूवमेंट*, नई दिल्लीः मनोहर।

(18) थोराट, सुखदेव, 1998, *अंबेडकर्स रोल इन इकोनॉमिक प्लानिंग एंड वॉटर पॉलिसी*, दिल्लीः शिप्रा प्रकाशन।

(19) धवारे, रमेश, संपा. 1982 *मंगाव परिषदः स्मृति महोत्सव विशेष अंक* (मराठी में), कोल्हापुर।

(20) बापत, राम, 1998, सिचूवेटिंग अंबेडकर्स *दि बुद्ध एंड हिज़ धम्म एंड डिस्कवरिंग हिज़ ओन साधना याना; इन रिकंस्ट्रक्टिंग द वर्ल्डः डॉ. अंबेडकर्स अंडरस्टैंडिंग ऑफ़ बुद्धिज़्म*, सुरेंद्र जोधाले और युहेनस बेल्ट्ज द्वारा संपादित, ऑक्सफ़ोर्ड यूनिवर्सिटी प्रेस।

(21) मैक्सवे, प्रभाकर, एन.डी. श्री जगजीवन रामः व्यक्ति अणी विचार (मराठी में) मुंबईः सोमैय्या प्रकाशन।

(22) मैथ्यू, थॉमस, 1991, *अंबेडकरः रिफ़ॉर्म ऑर रिवॉल्यूशन*, नई दिल्लीः सेगमेंट बुक्स।

(23) रेजी, शर्मिला और प्रवीण चव्हाण, आगामी, *कास्ट, आइडेंटिटी एंड पब्लिक स्फ़ीयरः डॉक्यूमेंटिंग दलित कांउटर पब्लिक्स*, नई दिल्लीः सेज।

(24) रॉड्रिक्स, वैलेरियन, संपा. 2002, द *एसेंशियल राइटिंग्स ऑफ़ डॉक्टर अंबेडकर*, नई दिल्लीः ऑक्सफ़ोर्ड यूनिवर्सिटी प्रेस।

(25) वेंकटस्वामी, पी. आर., 1955, *ॲवर स्ट्रगल फ़ॉर इमेंसिपेशन*, 2 खंडों में, सिकंदराबादः यूनिवर्सिटी आर्ट प्रिंटर्स।

(26) शौरी, अरुण, 1997, *वर्शिपिंग फ़ॉल्स गॉड्सः अंबेडकर, एंड द फ़ैक्ट्स व्हिच हैव बीन इरेज़्ड*, नई दिल्लीः ए.एस.ए. प्रकाशन।

(27) सरकार, सुमित, 2000, आइडेंटिटीज़ एंड हिस्ट्रीज़ः सम लोअर कास्ट नरेटिव्स फ़्रॉम अर्ली ट्वेंटिएथ सेंचुरी बंगाल; *इन फ़ेसिंग मॉडर्निटीः एप्रोप्रिएशन ऑफ़ हिस्ट्री एंड पॉलिटिकल मोबिलाइज़ेशन इन साउथ एशिया*, हिरोयुकी कोटानी द्वारा संपादित; ओसाकाः जापान सेंटर फ़ॉर एशिया स्टडीज़।